非真值条件语义学

[意大利] 斯特凡诺·普雷德利 /著

刘龙根　朱晓真 /译

外语教学与研究出版社
FOREIGN LANGUAGE TEACHING AND RESEARCH PRESS
北京 BEIJING

京权图字：01-2016-0739

图书在版编目 (CIP) 数据

非真值条件语义学／（意）斯特凡诺·普雷德利 (Stefano Predelli) 著；刘龙根，朱晓真译. — 北京：外语教学与研究出版社，2016.11（2017.6 重印）
ISBN 978-7-5135-8359-6

Ⅰ. ①非… Ⅱ. ①斯… ②刘… ③朱… Ⅲ. ①语义学－研究 Ⅳ. ①H030

中国版本图书馆 CIP 数据核字 (2016) 第 303845 号

出 版 人　蔡剑峰
责任编辑　付分钗
封面设计　彩奇风
出版发行　外语教学与研究出版社
社　　址　北京市西三环北路 19 号（100089）
网　　址　http://www.fltrp.com
印　　刷　北京九州迅驰传媒文化有限公司
开　　本　730×980　1/16
印　　张　12.5
版　　次　2016 年 12 月第 1 版　2017 年 6 月第 2 次印刷
书　　号　ISBN 978-7-5135-8359-6
定　　价　39.90 元

购书咨询：（010）88819926　电子邮箱：club@fltrp.com
外研书店：https://waiyants.tmall.com
凡印刷、装订质量问题，请联系我社印制部
联系电话：（010）61207896　电子邮箱：zhijian@fltrp.com
凡侵权、盗版书籍线索，请联系我社法律事务部
举报电话：（010）88817519　电子邮箱：banquan@fltrp.com
法律顾问：立方律师事务所　刘旭东律师
　　　　　中咨律师事务所　殷　斌律师
物料号：283590001

敬献给大卫·开普兰

前　言

　　我在加利福尼亚大学洛杉矶分校在大卫·开普兰指导下撰写的学位论文开篇这样写道："1995 年冬季，我正沉浸于每年在《示指词语》中快乐地巡游时，停留在一处熟悉的脚注上。它第一次引起了我的兴趣"。所说的脚注同作用于系统意义的算子有关，激发了我对指示性表达式不那么直接的用法的兴趣。关于录音器材、猛思特算子以及摆脱此时此地之被抛状态方式最终导致我将开普兰的脚注扩展成为一整部专著《语境》(Predelli 2005a)。

　　现在，我可以重述一下我作为局内人的小笑话，使之适应于《示指词语》（以及《后话》）中的情形，这次涉及论述建构语义理论之目标与范围的几句话。[1] 几年前，我在较近的每年巡游中，注意到了开普兰关于*真实性*与*异常性*的区分——这一区分我在《语境》中已经开始论及，但这一区分的重要性在我的语言论著中不断增强，无法控制。正如本书第一编间接表明的那样，我最终认为，抹杀这一区别是一切语义学恶行的根源；两者的混淆极其有害，但又极易出现，我发现这一混淆存在于周围理论界几乎所有我不予苟同的论说之中，带有几分极端悲观的色彩。我在此给这种错误冠上恰当高调的名称：*误置系统意义谬误*，这是本书第 3 章论述的主要焦点。

　　然而，像黑格尔学派那样，人们有时喜欢综合。或者至少人们爱上了前沿的景致——就我而言，则爱上了介于事实性用法的喧嚣粗俗与规定性系统意义的眩目沉寂之间那些平静镇定的窃窃私语。（开普兰隐喻意义上的）那些窃

1　以下信息是为局外人提供的：这个玩笑涉及卡普兰《模糊性》的开头："1978 年，我正沉浸于
　　为期一年的在 [奎因的]《限量词与命题态度》中快乐地遨游时，我停留在一个熟悉的论点上。
　　它第一次令我感到困惑"(Kaplan 1986: 229)。

窃私语属于非真值条件意义的范畴：因其相伴的所有真实性，它们无疑属于意义，但却不是像系统意义那样最终影响真值的那种意义。[2] 因此，我萌生了研究'无真值意义'的兴趣——这一兴趣最终把我引到了对我现在称之为偏性论的研究，该研究呈现在本书的第二、三编。

尽管我的年龄，我的黑格尔倾向从未（至少存心而有意识地）包含矛盾的荒谬。事实上，我始终将我的*偏性论*不仅理解为同我对*误置系统意义*的不屑高度一致，而且将之看作证明该谬误更加严重：现在可能被不恰当地归入系统意义真实性的东西，不仅是行为异常的规律现象，而且正是偏性之不同的真实性。

于是，并不十分奇怪，在我首次尝试逾越真值条件边界时，开普兰的影响犹在。事实上，这从一开始就应当是极其显见的。早在 1990 年代，开普兰就表现出对'哎呦'（ouch）、'哎哟'（oops）以及我在第二编论述的某些现象很感兴趣的最初迹象。我当时为何表现得不冷不热，而且我为何用了那么长时间才理解非真值条件意义对于语义学普遍的极端重要性，其原因很可能同开普兰那时的语言表述有关：令我震惊的是，无非是那句臭名昭著的口号'意义即使用'的翻版。在那些星期三的下午，那种该诅咒的维特根斯坦式话语侵入我们旨在揭示的严格真实性，这是多么不受欢迎啊！[3]

现在，我不能那样确定了。但我的印象是，当涉及大的理论图景的若干方面时，我仍然不能完全赞同开普兰研究一般意义的新方法。至少就口号而言，在我看来，意义依然非常肯定地*不是*使用（在我在第一编所讨论的使用之意义上）。按照第二编的观点，*某种*意义，即偏性，很可能同使用有关（在'使用'这个词十分不同的意义上），但可以很肯定地说不是意义的全部。事实上，我假若在本书中对系统意义几乎没有什么论述，这恰恰是因为我对受偏性影响的领域的探索在真值条件意义不受腐蚀的领域中没有留下任何印迹。

这并不是说，系统意义与偏性依循不同的路径，从来不以语义上有趣、有时是异乎寻常的方式相互作用。正如我在第三编中所阐释的那样，二者确实这样相互作用。我在第三编探讨的论题邻近我称作*顽固*的现象，这是偏性对（指示性）系统意义的影响。正是在这个领域，我敢于大胆地探索语义学家从未探讨过的论题。我从那些据称属于'哲学边缘'的现象入手，诸如呼语、日

---

2 这里我想到的是卡普兰提及的'耳语的旁白'，我现在（极具争议地）看作他对非真值条件维度之兴趣的先兆（参见 Kaplan 1989）。

3 我最初听到卡普兰关于'哎呦'（ouch）、'哎哟'（oops）的观点是在 UCLA 语言哲学研讨班上。这个研讨班那时星期三下午 3 点开始。

期、署名。我提出，分析这些现象能够提供解开熟知的语义学难题的答案：纯引语、乔尔乔涅 - 巴巴拉利疑难、语言的自反用法、示指行为对于示指词语的意义，更具普遍性的是，意义与语境的关系。委婉地说，我最终得出的是出乎意料的结论——我最热衷的结论包括：非语境敏感性指示语的观点、对引号中共指表达式可替换性的辩护。我倘若对这些现象有任何误解，那也不会在微妙地糊涂的意义上出错，或者用最不恰当的哲学话语中的陈词滥调说，犯了‘严重错误’。假如我在第三编中出错，我只会是因表面上的是非正统而出错。别担心：我在此断言，我没有错。

　　本书的主题是哲学语义学或‘元语义学’：我关于异常性与真实性之分的讨论间接描绘了语言学研究不同领域的目标与范围的某种图画，并且在同我的研究相关的‘语义学’意义上，特别关注这些领域同语义学的关系。对整幅图画感兴趣的读者应当从头至尾通读全书。但是如果迫于时间，则可以跳过带有星号的章节。在我的这幅画行将绘就时，我把智慧之珠投向这个或者那个语言学现象以及这个或者那个哲学问题（只是十分偶尔地旨在提供一个完整的理论或者为一种定论性的解决办法做出论辩）。对于在主要章节标题中提到的论题，假如读者对我的观点抱有兴趣，也许可以直接阅读有关章节。但是，第4、8章应当始终至少给予一些初步的关注。第1章铺垫性地描述了我认为理所当然的基本背景：这一章虽然没有提供任何原创性结果，但介绍了在本书其余部分所用的术语以及对我起着引导作用的概念框架，因而是不可或缺的。

斯特凡诺·普雷德利

鸣 谢

在参加了 2007 年第五届巴塞罗那指称理论专题研讨会之后，我对邻近非真值条件意义的论题由最初不冷不热的兴趣转变成放纵不羁的热情。感谢那些组织者与演讲者，特别要感谢克里斯托佛·波茨，他关于规约含义的研究使我相信，精准清晰并非真值条件语义学独有的优势。

在之后的五年里，我用自己关于引语、诋毁语、语域、呼语的观点烦扰国际听众。感谢下述大学耐心（而大有帮助）的听众：英国的*伦敦大学学院*、*曼切斯特大学*、*剑桥大学*；意大利的*托里诺大学*和*博洛尼亚大学*；欧洲大陆的*斯德哥尔摩大学*、*圣塞巴斯蒂安的巴斯克地区大学*、*巴塞罗那大学*、*罗兹大学*、*哥廷根的利希滕贝格语言学校*与*瑟里西拉萨勒国际文化中心*；大洋彼岸的*卡尔顿大学*、*里约热内卢联邦大学*以及*布宜诺斯艾利斯大学*。

还应当感谢牛津大学出版社的一位匿名审阅人和那些杂志的审阅人，我在这些杂志上发表了书中陈述的某些观点的初步形式（具体参见参考文献）。还要感谢埃罗斯·科拉扎、本杰明·柯蒂斯、安德鲁·伊根、曼纽尔·加西亚-卡平特罗、珍妮弗·霍恩斯比、马克·杰戈、罗宾·叶西翁、米哈伊尔·基辛、保罗·莱奥纳尔迪、朱塞佩·隆戈巴尔迪、何塞普·马西亚、迭戈·马尔科尼、杰诺韦瓦·马蒂、杰弗里·农贝格、塞雷娜·尼科利、弗朗索瓦·雷卡纳蒂、斯蒂芬·托尔、朱利亚诺·托伦戈、德尼·万松和阿尔贝托·沃尔托利尼。特别感谢马克斯·克尔贝尔的帮助支持。在本书的脚注中，进一步感谢以这个或那个例子帮助我的那些人。向那些应当在这列名单或者在脚注中出现，而我却忘记提及的人道谢并致歉！

目　录

第二编

第一编

第 1 章
绪论

话说得好是一种好的行为，但说出的话却不是行为。

（莎士比亚《亨利八世》）

第 1 节 语义值

在本章中，我首先介绍真值条件语义学路径，为下文的讨论提供背景。这是一个极其简单、得到确认的理论框架，为从一开始会费事拿起这本书的任何人所熟悉。因此，我只是以一般性非形式化的语言对之加以概述，仅在对我即将讨论的问题至关重要的几处引入单调乏味的严格表述。有经验的读者能够填入所需的细节，对其余部分则会抱以恰当的宽容态度。另一方面，希望那些不那么富有经验的读者会感到我有些口语体的小结足以能够理解，可以作为对于我的理论举足轻重的思想观点所做的导论。

第一编直接论述的问题为第二编和第三编提供了总的框架。这些问题涉及语境依赖性的*语义学形式*；假如一切顺利，这种'语义学'的涵义随着我的论述的推进将愈加清晰。预先考虑并满足性急读者的希望：在此论及的语境依赖性的涵义大致为真值条件相关的语境依赖性，即*指示性*。[1] 因

---

1 我用的 'i.e.'（即）很可能会引起争论——至少对那些坚持指示性不能穷尽真值条件相关的语境依赖性形式的人而言是这样。但是，这一点在此并不具有直接的重要性，只要人们同意指示语确实真值条件性地依赖于语境特征。关于我对当代某些诉诸语义学非指示语境依赖性的拒斥，参见我的（Predelli 2005a）。

此，这个导论首先简要叙述指示性语言经典双指号论述中的核心思想。这一理论由汉斯·坎普与汉斯·弗拉赫首创，大卫·开普兰和大卫·刘易斯等人进一步发展。[2]

很快就会清楚，由于教学的原因，我以提供一套得到充分解释的人工语言开始论述，这套语言的词库包括几个专名（'Warpe'、'Wistfull',……）、一些一位谓词和二位谓词、关系表达式（'争辩'、'劝告'，……）、几个内涵算子（'必然地'，……）以及一组表达式；这组表达式被认为体现了为大家熟悉且没有争议的指示语（'我'、'现在'和'这里'）的语义性质。其句法是通常的那种架构，能够使人联想到谓词逻辑语言中的句法，生成诸如'劝告（Warpe, Wistfull）'或'争论（我）'这种复杂表达式与合乎规则的句子。

这种片断式语义学分析的基本任务必须关涉：(i) 将某些语义性质赋予词项；(ii) 对复杂表达式的语义性质、句法结构及其构成成分的语义性质之间结成的关系做出解释。例如，就 (i) 而言，有人可能说，'Warpe' 指称 Warpe、'争辩' 同争辩的那些人的类有某种关系或者同争辩的性质有关，诸如此类；就 (ii) 而论，我们可以推断，比方说，'争辩（Warpe）' 成真的条件正是，'Warpe' 的指称对象 Warpe 是争辩者之一，亦即他是由'争辩'在语义上贡献之集合的一分子。

既然假定我的语义学片断中的算子作为内涵算子发挥作用，那么重要的是，在 (i) 和 (ii) 中得到的那种结论必须相对于一种适当的参数，例如，（对于'必然地'）可能世界，或者（按照有些观点，对于处理时间算子）是可能世界／时间对。因此，对于我的语义学片断，至少语义学理论的部分任务是对简单表达式与复杂表达式的语义性质如何同这些参数系统地相互作用做出解释。譬如，正像在下面这一条款中：相对于可能世界 w 和时间 t，'争辩'与在 t 和 w 争辩的那类人具有如此这般的语义关系。或者在这个条款中：相对于可能世界 w，以'必然地 s'的形式出现的句子具有如此这般的语义性质，当且仅当相对于所有从 w 可以达致的 w^*，s 具有如此这般的性质。诸如此类，不一而足。[3]（正像这些例子所表明的那样，我对有关参数的选择极其

---

2 特别参见 Kamp 1971, Kaplan 1977 和 1989 以及 Lewis 1980。关于指示语的早期研究，还可参见 Bar-Hillel 1954 和 Fillmore 1975。

3 至于对较之这时考虑的片断更加丰富的语义学分析以及对于与本书目标不甚相干的自然语言语义学各种问题的研究，是否包括更多的参数（地点、口味标准，等等）这个问题，我保持沉默（在许多文献中，参见 Kölbel 2002 和 Lasersohn 2005）。关于我自己论述应用语义学中'评价点'的观点，参见 Predelli 2005a。

随便。特别是时间参数偶然会蹦出视界，这取决于我的教学需要：在几个场合，特别是在第一编，这种参数作用重要时，我费事提及。但当不重要时，我径直将之忘在脑后。）

我引入内涵算子的教学原因涉及产生于内涵性与指示性相互作用的某些语义学结果。这些结果提供了经典双指号路径的主要动因，并且因而成为在开普兰为人熟知地称作*境况*（比如，前面提到的时间 – 世界对）与*语境*的两种概念之间做出区分的动因 (Kaplan 1977)。显然，假如前文勾勒的语义学片断中的 'I'（我）、'here'（这里）与 'now'（现在）有任何希望反映英语中诸如 'I'、'here' 或 'now' 这种指示语的语义性质，这些词语的理解必须相对于恰当的语言外因素——就英语而言，大体说来，对于 'I' 是讲话者，就 'here' 与 'now' 来说，是讲话的地点与时间（*非常粗略*，参见后面对此的论述）[4]。下一点也是相对没有争议的，即这种因素不应当干预内涵算子条款所需的参数——归根结底，指示语所需的一切不应当在境况层面编码，而应当在与之不同的语境层面编码。结果就是熟悉的语义值双相对化，例如正像在以下条款中那样：相对于语境 c 和可能世界 w（或者世界 – 时间对 $<w, t>$），句子 '争辩（我）'具有如此这般的语义值，当且仅当 '我' 的指称对象相对于 c 同赋予 '争辩' 的类相对于 w（与 t）结成如此这般的关系。

'语境' 是一个臭名昭著地模糊不清的术语：尽管偶尔用于我刚才提到的专门意义（亦即用于指示语的意义所需的那些项目之集合这一涵义）。这个术语还（也许更加频繁地）理解为涉及对于理解这个或者那个语言交流所可能相关的任何背景条件。[5]在其他地方，我试图避免含糊其辞的危险，以听上去不这么自然的 '指号' 代替 '语境'（Predelli 2005a）。由于 '指号' 也并不像我希望的那样中性，在本书中我回到传统术语，在与指示语之语义理解相关的意义上使用 '语境' 这个术语。[6]我将诸如 '布景'、'背景' 或者 '情景' 这样的非正式名称保留给那种语言外特征，这些特征可能对于分析这个或者那个语言现象有利。但在涉及指示性时，这仍然是无关紧要的（关于这一点，参见以后更多的论述）。

我初步将语境看作一个四元组，包含*施事*、*地点*、*时间*（分别针对 '我'、'这里' 和 '现在'）和*可能世界*（可能针对理解包含模态指示语的更加丰富的

4　参见 Kaplan 1997 中的 '第一原则'。

5　关于 '语境' 这个术语更宽广意义上不同作用的讨论出现在许多论著中参见 Stanley 2000, Perry 2001, Glanzberg 2002 与 Predelli 2005a。

6　例如，参见 Lewis 1980 中所使用的 '指号'。

语义学片断，而且出于以后将会清楚的理由）。按照标准的受开普兰启发的标注法，其次序如下：

(a) $c = <c_a, c_b, c_t, c_w>$

每当要考虑其他指示语时，我默默地（或者不那么默默地）以显见的方式扩展呈现在 (a) 中的形式——例如，在第 5 章我包括一个'受话者'并列项 c_y，而在第 11 章我讨论示指对象 c_d。

根据习惯，我将'相对于语境 c 和境况 $<w, t>$，某个表达式 e 的语义值（外延）'缩略为：$[[e]]_{c, w, t}$。[7] 因此，例如：

(b) $[[$ 争辩 (Warpe)$]]_{c, w, t} = T$ 当且仅当 $[[Warpe]]_{c, w, t} \in [[$ 争辩 $]]_{c, w, t}$

亦即句子'争辩（Warpe）'相对于 c、w、t 具有语义值 T（发 *tee* 的音），当且仅当'Warpe'的语义值相对于 c、w、t 属于'争辩'的语义值——口语化地说，当且仅当 Warpe 是在时间 t 在世界 w 争辩的那些人之一。每当句子 s 的性质冖是下述情形时：$[[s]]_{c, w, t} = T$，我即写作 $[[s]]_{c, w, t} = F$（发 *eff* 的音）。（想当然地假定，每个句子关联于 T 或者 F 作为其语义值——下文没有任何内容在相关方面依赖于这一假定。）解释一下标注法与引号：显然，$[[Warpe]]_{c, w, t}$ 是名字'Warpe'的语义值，而不是这个人的语义值。因此，$[['Warpe']]_{c, w, t}$ 是将引号附于该表达式之结果的语义值——换言之，这不是一个由名称理论鉴别的对象，而是一个由引号理论（诸如我在第 10 章中讨论的那种理论）鉴别的对象。

诸如（b）这样的条款将语义值赋予句子，亦即相对于这个或者那个语境与境况，将句子映现到 T 或者 F。如前所示，境况提供了针对内涵算子条款所涉及的参数。结果，假若这类表达式不为语义学家所关注，那就没有任何东西会依赖于境况的可变性。然而，仍会需要某种境况依赖性，以便反映那种直觉意义，例如，在这种直觉意义上，如果'争辩（我）'确实是英语中显见对应表运的恰当模型，应当认识到这只是*依条件而定地*成真——在这个意义上，鉴于讲话者实际的争辩倾向，这很可能碰巧成真；但鉴于讲话者生活中可能不那么好争论的情况，这又不一定成真。这种意义上的依条件而定由那种特定类型的相对化体现，这种相对化对于将*真值*赋予句子是恰当的：相对于语境 c，s 成真，缩略为成真 $_c$(s)，当且仅当相对于 c 和*由 c 决定的*境况，即 c 的世界

7　方便起见，忽略了为变项赋值——本书中几乎没有什么内容依赖于关于限量词及类似手段的重要假设。注意，甚至连这一节讨论的简单的人工语言片断也是作为*充分*解释*了的*语言论述的，亦即对于这样一种语言，替代性*解释功能*的模型论方法不起重要作用。当我更加详细地讨论形式语言时，正像我在第 7 章研究表达词的语义特征时，我按照熟悉的路线将模型引入讨论。也可参见本章脚注 17。

（与时间），s 的语义值是 T。[8] 在这个阶段，稍微不严格地表述（事实上，按照下文即将出现的来看，很不精确地表述）：假如我说'我在争辩'，我的话语成真，当且仅当我作为讲话者在说话的时刻、在现实世界中在争辩。简而言之，以更加正式的方式表述：

　　（c）成真 $_c(s)$ 当且仅当 $[[s]]_{c,w^*,t^*}$ = T，因为 $w^* = c_w$ 且 $t^* = c_t$。
每当右边的条件不能成立时，我（毫不意外地）写作成假 $_c(s)$。

　　因此，语境 c 的类特性如此，从而真值 $_c(s)$ 提供句子 s *真值条件*（至少是*某种*涵义上的）普通观念的形式表征。例如，在前面勾勒的结构中，句子'争辩（Warpe）'恰恰是在 Warpe 争辩的条件下最终成真的，亦即更加学究味地说，这个句子相对于所有而且仅仅是 Warpe 在 c 的时间与世界争辩这样的语境中最终成真。同样，鉴于对诸如'我'这种指示语明显相似的条款，句子'争辩（我）'被赋予的真值条件获得恰好相对于这些语境 c 的真值评判，这些语境中的施事者在 c 的世界与时间处于与'争辩'相关联的外延中。以我有时使用的更加口语化（尽管不那么精确）的方式说：相对于任何 c，从而 c_a 在 c 中争辩，这个句子评价为成真。[9] 用更加通俗的话说：每当讲话者争辩时，这个句子即成真。

第 2 节 场合意义与系统意义

特别在哲学家中间，我至此指向的语义学框架是从*两阶段*模式探究的：表达式相对于语境被赋予某个项目（函项），这个项目相对于境况转而产生某个语义值。既然产生语义值的函项在用于境况作为其主目时通常称作*内涵*，就产生了这样的图景，根据这个图景，表达式 – 语境就相关联于内涵，即同对语义值（外延）的结果负责的函项相关联。例如，根据针对'我'的可能条款（在同英语中明显对应的表达式相关的可能性这一意义上），给定以 Wistfull 作为

8　参见 Kaplan 1977 和 Lewis 1980。语义值与真值之间关系的另一种理论在语义学文献中最近势头很强：按照所谓的*语义相对论*（至少是这个术语目前流行的许多涵义之一），真值谓词须双重相对化（于话语语境与评价语境，例如参见 MacFarlane 2003, 2005, 2008 和 2009；有关讨论参见许多论文中 García-Carpintero 与 Kölbel 2008 中的论文）。我赞成相对论的路径，尽管基于的理由同那些明确推动最近相对论潮流的人的理由具有重要区别（事实上，所基于的理由至少在精神上影响重要地同本书第一编中的某些观点一致，参见 Predelli 2012a）。不过，鉴于随相对论'双语境'路径产生的复杂情况从我这里的观点看无一是重要的，因此，在整本书中坚持通行的框架就足矣。（并参见第 3 章脚注 6）。

9　'在 c 中'这个说法中的'在……中'需要半信半疑地理解，其理由同 Predelli 2011a 中考虑的因素相关。

施事者的语境 c 中，这个指示语关联于恒定的内涵 j_1，从而对于所有的 w 和 t，$j_1(w, t)$ 是 Wistfull。同样，基于我能想到的关于英语专名（形式表达）最为简单的观点，无论考虑什么语境，'Warpe' 这个名字最终获得的是在所有境况中产生 Warpe 的恒定内涵 j_2。举一个内涵性质不那样顽固的例子，给定任何语境 c，谓词'争辩'最终可能被赋予内涵 j_3，从而 $j_3(w,t)$ 是在时间 t 和世界 w 中争辩的个体的集。稍作修改，类似的因素显然适用于复杂表达式，最终也适用于句子。因此，例如，给定通常的语义条款以及前面提及的包含 Wistfull 的语境，句子'争辩（我）'看来可以被赋予内涵 j_4，从而对于任何 w 和 t，$j_4(w,t)$ = T，当且仅当 Wistfull 在 t 和 w 争辩。

在开普兰《示指词语》的哲学章节（Kaplan 1977），更加明确地在《事后的想法》（Kaplan 1989）以及之后的论著中，沿着所谓命题语义学发展的路线，[10] 对于语义机制'第二阶段'的认识由更加精细的场合意义理论相伴。例如，按照这种观点，'争辩（我）'在所讨论的语境中产生的场合意义（可表征）为诸如下列有序 n- 元：

(d) <Wistfull，争辩的性质 >，

这个 n- 元转而在这个或那个境况中为了真值受到评价（不要在意细节）。假如一切顺利，诸如（d）这种结构场合意义提供了编码于非结构内涵的那种语义信息，*然后某些*：内涵上等值的句子可能最终带有不同的结构场合意义。这种可能性显然是区分严格指称性与直接指称性的核心。[11] 结果，结构场合内容在某些人看来更加适宜于反映某种假定前理论地获得的'场合内容'，大致就像日常理解的'信息内容'。由于比内涵更加精细，结构场合意义可能看来至少更加接近于*认知内容*的想法，至少在这个术语的某种意义上如此。譬如，举英语中一个陈腐的例子来说，内涵上不可区分但显然在认知上不等值的两个句子：'2 是偶数'与'4 的正平方根是偶数'可能至少在理论上最终带有（如果一切顺利，确实最终得到）不同的结构场合意义。最后，按照有些人的观点，结构场合意义作为*命题*的形式表达，即作为语义性质与 / 或认知态度对象之假定形而上的最终载体，也发挥着富有成效的作用。[12]

我这么快地提及内涵与结构场合意义的关系，提及结构场合意义与这种

10）有关讨论以及结构命题语义学的形式表述，参见 Salmon 1986。

11）在严肃的哲学语义学中，我想不出一个比这更加深思熟虑（无论更好更坏）的区分。要看'更好的'区分，参见 Marti 2003。

12）关于双指号路径对场合意义（假定的）作用的讨论，参见刘易斯（Lewis 1980）。关于多少有些精细的结构（这些结构可作为态度对象）性质的观点，参见 Salmon 1986, Stalnaker 1987 和 Richard 1990。

或那种传统地理解的'内容'或'命题'之间富有争议的关系，只是旨在表明我在后面（显然）不打算论述的那种问题。内涵会很好地满足我大部分的用途，尽管结构命题偶尔会出现而不带来任何害处。事实上，我如果设法控制使用行话，那么，在下文中'命题'或'内容'都不会频繁出现——每当这些术语出现时，希望读者努力理解我写的内容。鉴于我的目的，对于双指号语义学的两阶段阐释更大的兴趣在于那种语义性质，这种语义性质负责鉴别表达式的内涵（内容），即开普兰称作该表达式系统意义的东西。[13] 在双指号框架中，系统意义定义为从语境到内涵的函数，指示语定义为被赋予非恒定系统意义的表达式。因此，例如，根据前面勾勒的条款，'我'的系统意义是这样一个函数：给定以 Wistfull 作为施事者的语境，这个函数产生前面提到的恒定内涵 j_t，亦即相关于任何时间与可能世界，其值是 Wistfull 的内涵。另一方面，给定（在我的语义学片断与英语中）对专名的非指示性处理，'Warpe'的系统意义是恒定函数，这个函数的值是前面描述的内涵 j_2，亦即该恒定内涵始终产生 Warpe。根据任何拒绝将'争辩'归入指示语的语义学分析，其系统意义是同选择在任何时间、任何世界的争辩者相关的恒定系统意义。[14]

正如上一段所表明，两阶段论结果常常相当笨拙，有时笨拙得没有用处。特别是，严格指称性表达式，诸如指示语'我'与非指示语'Warpe'同绝对乏味的恒定内涵相关联，这种内涵的唯一有趣的作用在于产生独特的语义值。为此，在这些情形下，将系统意义说成从语境直接映现到语义值的函数比较方便：'我'的系统意义是将 c 映现到 c_a 的函数，'Warpe'的系统意义是产生 Warpe 之恒定系统意义。这一些必须始终仅仅理解为一种方便的论述方式，可以不含糊地转述成可读性不这么强但却更加恰当的内涵行话。

简单表达式的系统意义是原始语义特征：例如，在我的语义学片断中，'我'具有那个特定的系统意义只不过是关于这个词之性质的'赤裸的'事实。在这个意义上，系统意义的观点至少提供了表达式规约意义某些方面的形式表征——亦即表征了通过语言规约相关于该表达式之特征的某些方面；就自然语言而言，大概这些方面为具备正常讲话能力者所掌握。所说的这些方面同引起真值条件差异的那些部分意义相关：e 的系统意义是最终对包含 e 的句子之真值条件产生影响的那种性质。譬如，正是借由'我'的系统意义，该词出现其中的句子 s 的真值条件同碰巧在语境中扮演施事者角色的无论何人有关——换

---

13 并参见 Perry 1977 和 1979 以及 Lewis 1980 中类似的区分。
14 当然，忽略时态问题。

言之，这样的语境 c 的类，从而成真 $_c(s)$ 必须通过考虑（在 c 中）对于事态 c_a 碰巧是什么状况加以确定。同样，举一个非指示语的例子，正是借由其系统意义，'Warpe' 将 Warpe 贡献于所出现其中的句子 s 的真值条件，这个意思是说，相对于 c，s 成真或者成假同 Warpe 在 c 的时间与世界的性质相关。

　　显然，复杂表达式的真值条件不仅依赖于其构成成分的系统意义，而且依赖于其句法结构，或者至少依赖于对真值条件产生影响的句法结构的那些方面。这些方面同样具有纯粹规约性质：例如，假如我费力为二位谓词提供一个明确的条款，我就必须武断地决定在我的语义学片断中，每当 Warpe 劝告 Wistfull 时而非每当 Wistfull 劝告 Warpe 时，'劝告（Warpe，Wistfull）'最终成真。于是，在这个意义上，相对于 c '劝告（Warpe，Wistfull）'是否成真，取决于'劝告'、'Warpe' 和 'Wistfull' 的系统意义，*并且*取决于人们就专名占据的位置想要做出何种决定所获得的语义效果。为了避免有些累赘地明确提及句法结构，我经常更加简明地谈论复杂表达式的系统意义，假定其句法结构的相关语义特征是其系统意义的'一部分'。因此，例如，我说'劝告（我，Wistfull）'的系统意义导致下述结论：这个句子相对于 c 成真，当且仅当 c_a 在 c 劝告 Wistfull。这中间没有任何东西应当看成重要的理论策略，特别是不能看作对任何有趣的或者可能富有争议的涵义的承诺，在那种涵义上，复杂表达式承载系统意义。[15]

　　鉴于我至此的术语很大程度上受到开普兰的启发，所以我要赶紧补充，尽管我的系统意义同他正式提供的系统意义概念一致，但我的系统意义并不旨在发挥他用这个概念意在（英语中）发挥的所有作用。特别是至少在《示指词语》（Kaplan 1977）的某些部分，开普兰似乎假设系统意义可以编码某种认知值，而且系统意义的差异可以说明如下事实：比如，Wistfull 的两句话语'Wistfull 就要遭到熊的攻击'和'我就要遭到熊的攻击'可能对他的认知状况与行为产生不同的影响。为记录在案之目的，我仍然对这个说法感到困惑，鉴于系统意义无以区分的表达式可能看起来会在讲话者的认知框架中占据不同的位置。不过，我在下文可以在这方面——更加一般性地说，对于与真正的语义问题与认知值、行为影响或者态度内容的问题之间的关系有关的几乎任何论题，坦率地不表明态度（不过参看第一编的剩余部分，涉及这些问题与语言使

---

15 关于这个问题，参见 King 与 Stanley 2005。

用中不那么'纯正的语义'方面之关系的几点评述)。[16]

某种程度上可以预见的是，我把表达式 e 的系统意义称作系统 (e)。因此，*系统 $(e)(c)$* 是 e 相对于 c 的内涵，*系统 $(e)(c)(w,t)$* 是 e 相对于 c 与 $<w,\ t>$ 的语义值，亦即，

(e) *系统 $(e)(c)(w,t)$* = $[[e]]_{c,w,t}$

既然按照条款（c），对于任何句子 s，*成真 $_c(s)$*，当且仅当相对于 c_w 和 c_t，句子的语义值为 T，那么就可推断，语境 c 鉴别为*成真 $_c(s)$* 通常*既*取决于 s 的系统意义，又取决于在 c 中'碰巧是何种事态'。显然，这要排除那种句子，即无论在什么语境中碰巧都*成真 c*：因为在这种情形下，语境的个性特征对真值条件没有明显的效应，真值*由系统意义本身确保*。因此，例如（用句子性连接词默默地充实所考虑的语义学片断），对于所有 c '争辩（Warpe）或者不争辩（Warpe）'被评价为*成真 $_c$*，正是由于同'或者'和'不'相关联的系统意义（这两个恒定的函数产生析取与否定）。于是，至少就作为编码规约意义真值条件上相关方面的系统意义来说，这部分意义相当于（至少再现某种意义上的）传统概念的'仅由意义决定的真值'：这种不严谨无伤大雅，而且考虑到通常为防止误解所做的说明，比方说，不考虑 c 的特殊性，语言能力足以确定，'争辩（Warpe）或者不争辩（Warpe）'*成真 $_c$*。

每当对于所有 c 而言，$_c(s_2)$ 成真，或者每当恰恰对于那些 c 而言，*成真 $_c(s_1)$*，诸如 s_1 和 s_2 之间的同类语义关系就可以得到定义。既然这些看法构成如下的观点，即 s_1 和 s_2 的意义确保这些句子在其中成真的语境之间存在某些关系，这就很想使用'蕴含'与'等值'等术语指称这种语义性质（并用'分析性'或'有效性'等术语指称在所有语境中成真的句子）。然而，相关于自然语言以及对于逻辑的这个或那个看法，这种术语的选择很可能会引起（完全不相干但却极富争议的）问题。有鉴于此，在下文中，我将满足于那些累赘的说法，这些说法明确表达这个或那个语义结论之'范式本质'且毫无争议的特点。因此，我写道：每当对于所有 c，*成真 $_c(s)$*，句子 s 借由系统意义本身*即成真*；每当对于所有 c，*成真 $_c(s_{n+1})$*，句子 $s_1\ldots s_n$ *系统意义确保某个句子 s_{n+1}*（亦即 $s_1\ldots s_n\ldots s_{n+1}$ 的推理由系统意义确保）。[17]

---

16 这些问题在语言哲学（尽管没有在自然语言语义学）中变得出乎意料地重要，这或许是由于惊人地过高评价了弗雷格关于自然语言探索中同样惊人的洞见（Frege 1892）中某些部分的恶劣影响。

17 在未经充分解释的形式语言之语义学中，这些思想按照模式理论路线阐发，这正如 Kaplan 1977 的形式阐述部分所示，也可参见本书第 7 章。

第 3 节　英语胜论

前面勾勒的形式语言与英语之间存在不少显著差异。一个明显的差异涉及这样一个事实，即英语是我们说的语言，亦即，这种语言的词汇（除了表明其他内容）还表明语音性质。例如，我在第 1 节中有意抽象地陈述的一切表明（或者说，假如我更加具体就可能会表明），所讨论的语言包含某个表达式'争辩'，这个表达式同某个句法类别相关联，根据某个系统意义可以在语义上加以理解。其形式如下：

(f) 争辩 = <动词，k>

其中，动词表明'争辩'的句法分布，k 是在某个境况产生一类争辩者的恒定函项。然而，任何自然语言中适当的词条其作用则不止这些：一方面，词条应当表明有关表达式'如何发音'。

发音标记不可避免地涉及印刷上复杂的标记方法。因此，为了方便起见，我将注意力转向书面英语。我用拼写标记代替发音符号。（当然，这里并不旨在体现任何关于口头英语与书面英语关系的重要理论主张。）[18] 因此，我把英语的词项描述为三元组合，不仅包括句法类别标记与（至少直至第 4 章）一个系统意义，而且包括一个拼写形式，正如以下这个三元组合：

(g) 争辩 = </ 争辩 /，动词，系统意义（争辩）>

其中动词是英语句法中恰当范畴的名称，系统意义（争辩）是在 (f) 中提到的 k 的系统意义（注意像通常那样这里省略了引号）。我把所说的三元组中的第一个成分称为发音。我偶尔用发音 (e) 指表达式 e 的发音；因此例如，发音（争辩）是 / 争辩 /。[19]

正如前面间接指出的那样，我把发音理解为编码拼写的性质，转而（例如）可理解为原始成分的连结。为方便起见，这里仅指英语字母表中字母的连结（或许加上一些标点符号，诸如第 10 章中讨论的引号）。因此，例如，/argue/ 的发音应当按照如下的方式理解：这是先写下字母表中的第 1 个字母，接着写下第 18 个字母、第 7 个字母、第 21 个字母，最后写下第 5 个字母。（这样不甚严谨的表述没有明确区分类型与例型，但应当是足够清楚的；参见后面对此更多的阐述。）考虑到后面要举的例子，我还不做声张地运用了一种平淡无奇的发音'理论'。例如，按照这个理论，/argue/ 恰好 5 个字母长，以

---

18 关于书面英语的讨论，特别要参见杰弗里·农贝格有重要影响的文章（Nunberg 1990）。

19 参见 Potts 2007b。一位匿名审稿人问道：一个动词原形的所有屈折变化形式是否存在不同的词项（比方说，/argue/、/argues/ 和 /argued/ 的三个不同的词条）？这个问题问得好。

'a'开头，包括'ar'的发音。偶尔为了有些变化，我公然作弊，在阐述中（除了其他东西）我将某些声学特性带了进来。例如，我写道，这个或那个发音以诸如此类的音结尾。最后，为了简洁起见，我有时感到模糊地使用类似的方式论述表达式与发音很方便，这正如在：5 个字母的表达式'argue'是一个动词。正如语境所表明的那样，在下面这个句子中，主句的主语命名一个表达式（所命名的对象属于一个句法范畴），而插入成分的主语则涉及这个表达式的发音：'argue'这个表达式是 5 个字母的发音 /argue/，这个词的句法范畴是*动词*。

发音是可以循环往复的：在英语中，/pen/ 作为两个名词的发音，一个包含的系统意义涉及写字用的文具，另一个关涉围栏。可以认为，特别是日常的专名遵循社会规约，这些规约诉诸相对有限的名字选择——正像我们口头所说，许多个人'有着相同的名字'。这个现象可以做出（而且已经做出）很多研究。既可以针对表达式的形而上学性质（在这个术语的某种意义上）加以探究，也可以就词汇歧义及相关现象的恰当阐释进行探讨。[20] 然而，这方面的细节对我在此的目的无关紧要。为了简便起见，我一般将这个问题搁置一旁，即专注于发音混杂现象通过设计得以避免的片断——比如，在那些片断中，/Warpe/ 恰好是一个表达式的发音，这个名字的系统意义产生 Warpe。（关于这方面的一些例外，参见第一编中的几处脚注。）

发音可以循环往复的一种不同方式涉及复杂表达式：特别是，同一个发音可能适用于几个句子，用通俗的话说，这些句子可以'用不同方式分析'，从而带有不同的语义性质。这一点既涉及选择适合作为复杂表达式表征的第二个成分的句法结构，又涉及这一结构在发音层面产生的结果。然而，同样，这种复杂现象在此大多可以搁置一旁。就结构而言，我只不过想当然地采用'句法组合'这个中性而简单的概念，而不费事去讨论句法分析的不同层面及其同语义评价的关系。因此，我通常只是谈论英语复杂表达的句法结构；通过使用十分粗糙的表征形式提醒读者我在这方面的中立态度，这种形式诸如 [$_S$ [$_{NP}$ Warpe][$_{VP}$ 争辩]] 或者甚至只是 [$_S$ Warpe 争辩]。[21]

就发音而言，我再次只是假定某种恰当的规律性支配复杂表达式成分的

---

20 关于专名的其他（指示性与 / 或摹状性）理论阐述，例如，参见 Bach 1981 和 2002，Geurts 1997，Katz 1994，Pelczar 与 Rainsbury 1998，以及 Recanati 1993。出于若干理由，我不想对这些观点做出评论，参见 Predelli 2001b 和 2009a。

21 关于句法分析的不同层面（尤其是关于所谓的 LF）的介绍性论述，可参见 Haegeman 1994 和 Hornstein 1995; 从哲学角度对'逻辑式'的讨论，参见 Preyer 与 Peter 2002。关于'表达式假设'的一个有趣的讨论，参见 Burton-Roberts 1994 和 2007、Burton-Roberts 与 Carr 1999 以及 Burton-Roberts 与 Poole 2006。

发音、该表达式的句法结构与该复杂表达式之间的关系。在教学中假定发音是拼写的形式，这尤其使我能够将复杂的发音说成是结构性书写类型，可以在大体上为常识性的框架中描述为'词'的序列——同样单纯地通过诉诸'空格'而个体化，能够在印刷词汇中得到描述。例如，我写道，只有仅仅包括英语表达式'Warpe'和'argues'并且可以接受的句法形式，亦即 [$_s$ Warpe argues]，所产生的句子才读作某种两词发音：/Warpe argues/，以字母表中第 23 个字母开头，以 6 个字母的一个词结尾。

于是，就复杂表达式来说，（g）中的形式在此假定可以直接改写，如下所示：

(h) Warpe argues = </Warpe argues/, [$_s$ Warpe 争辩], *系统意义*（Warpe 争辩）>。亦即，作为包括发音、结构与真值条件性质的三元组合，同其成分的发音、句法性质与语义理解'恰当地'相联系。至于语义理解，同样只是为了简便起见，我假定在第 1 节中的人工语言表达式的系统意义与其英语的对应表达式之间存在某种明显的一致性，从而

(i) *系统意义*（Warpe 争辩）是恒定函数，从而对于所有 c，*系统意义*（Warpe 争辩）*(c)* 是内涵，从而对于任何 <*w,t*>，*系统意义*（Warpe 争辩）*(c)* (*w,t*) = T，当且仅当 Warpe 在时间 *t*、世界 *w* 争辩，亦即 [[Warpe 争辩]]$_{c,w,t}$ = T 当且仅当 [[Warpe]]$_{c,w,t}$ ∈ [[争辩]]$_{c,w,t}$

简而言之，某个英语句子'Warpe 争辩'最终写作 /Warpe 争辩/、分析成 [$_s$ Warpe 争辩] 并且每当 Warpe 争辩时理解为成真——亦即，只是稍微精确些说，每当 Warpe 在 c 争辩，对于所有 c 且只有在 c 中，这句话评价为成真 $_c$。

第 4 节 用法种种

我在下文讨论的现象分析至少部分地是经验性的：这种或那种方案最终都要将某些直觉考虑在内，只有同这些直觉具有某种恰当的关系才会认为是令人满意的。所说的这些直觉最终同我所称的*用法*有关，亦即初步地说，同在这个或那个场合恰当的讲话行为有关。因此，例如，在适当条件下使用英语句子'Warpe argues'（Warpe 争辩）直觉地获得的，是某种以这样或那样方式相关于 Warpe 的行为的东西。这样，正是在 Warpe 争辩这个条件下，对该情景做出任何经验地适当的论述都应当能够得到成真的判断。这些真值条件的直觉转而制约了我刚才描绘的情景中'包含'的表达式的语义处理：如果某个表达式在那个场合是'重要'的句法客体，那么，最好是对这样一个表达式的语义评

价同前面提及的直觉相符，至少在没有独立的理由忽略或纠正这些直觉时如此。

在一个相对明显的意义上，一些表达式'包含'在某个言说事件中：讲话者产生某种恰当的痕迹，诸如声音、书写符号，等等，这些痕迹转而同这种或那种表达式结成某种适当的关系。必然地，假如对支配语言的规律性可能做出任何一般性处理，这样一种适当的关系可能不是一种同一性关系：语言学，尤其是语义学，并不*直接*关心声音事件或墨水泼溅。而这种具体痕迹之所以有趣，原因在于同假定为可重复的抽象客体的关系——直觉地看，同名字'Warpe'而非我刚画下的符号的关系。后一种关系不具有语言学性质，而具有形而上学性质；因此我假定（这样假定会引起争议，但对我眼下的目的无伤大雅），在适当条件下，某些客体或事件成为恰当抽象*类型*的*例型*。[22]

鉴于我为了教学关注书面语言，所以，语言使用场合可以认为包括某些墨迹，这些墨迹转而可以理解为'印刷类型'的例型，亦即用第 3 节的术语说，理解为发音例型。对由墨迹例示这个或那个发音之范围的分析很可能受制于纯粹的形状因素，但必定还要诉诸更多的语言外因素，完全可能至少部分地与讲话者的意向相关。例如，我匆忙写下的注释是否恰当地分析为 /tin/ 的例型，而非 /ten/ 的例型，除了别的因素，可能与下述事实相关，即在我写出的字母顶端的一点是有意地看作我例型地体现字母表中第 9 个字母之意向的一部分，而不是漏水钢笔意外地留下的痕迹。这儿的问题大概并不像表面上可能看起来那样在语言学上是无足轻重的。我在别处论述过，诸如排印错误、荒唐的用词错误以及首音互换等现象的恰当分析应当诉诸例型过程不那么直接的阐释。[23]不过，这些情形下出现的复杂现象在此可以放心地搁置一旁：从我提供的例子的角度看，关于例型所涉及内容的任何直接的常识性理解就足够了。

按照我对用法这一概念的理解，讲话者不仅例型地产生这个或那个发音——更加确切地说，讲话者例型地产生特定语言中项目的发音，亦即他们使听者（与语义学家）注意完备的表达式，带有句法结构和系统意义。包括讲话者意向、听话者预期以及诸如此类的背景因素，对于做出关于句法结构与系统意义这两个要素的决定也是至关重要的。以例型地产出下列发音的讲话者为例：

(j) /i vitelli dei romani sono belli/

可以认为，这样一个讲话者是否使用了一个表达式，带有简单的主－谓形式，转而理解为指称小牛而非诸神，这取决于讲话者意在使用意大利语而非拉丁

---

22 '词'的本体论性质在 Kaplan 1990, Szabó1999, Truncellito 2000 以及 Cappelen 与 Dever 2001 中讨论。

23 参见 Predelli 2010。

语 取决于他身处意大利语讲话者的社团中，取决于他在用意大利语对话中间说出的话这个事实，并且／或者取决于这类其他因素。[24]

尽管这样，同讲话者表达的例型相关的因素，（或许）加上我提及的那类背景事实，促使在第 3 节的意义上用（除了其他东西）表达式*表征*语言用法。因此，在适当的背景条件下，英语讲话者例型地说出 /Warpe argues/ 的事件可以用（除了其他部分，参见下一段）（h）中的形式表征，除了发音还包括表明有关英语句子的句法结构与语义性质的东西。于是，这个表征（或者更加现实地说，某种更加详细的表征形式）所编码的是下面这样的信息：在有关的事件中，某人例型地产出了某个以 'W' 字母开头的两词发音，某人例型地产出了一个简单的主 – 谓句，某人使用了带有某个系统意义的表达式。

至此应当清楚，特别由于指示性表达式的出现，用法可能无法仅以表达式表征。例如，Wistfull 12 月 25 日使用 'Warpe 现在争辩'，Kubitscheck 第二天使用这个句子，构成言说的不同事件，两者的不同渗透到语义层面：前一个用法不同于后一个用法。这个用法是否成真取决于 Warpe 在圣诞节的行为。鉴于至此为止的论述，反映这个差异可以通过充实使用的表征，不仅考虑表达式，而且考虑表达式 – 语境对子。这样，Wistfull 在 12 月 25 日使用 'Warpe 现在争辩' 最终（至少）表征为一对 <Warpe 现在争辩, *c*>，亦即，以更加详细的形式表征为下面这个对子：

(k) *u* =<</ Warpe 现在争辩 /, [s Warpe 现在争辩], *系统意义* (Warpe 现在争辩)>, *c*>

其中，*c* 是一个语境，假定包含 Wistfull 作为施事、圣诞节作为时间并列项。[25]

严格地说，用法是特定的事件（或者某种那样的东西），在此仅仅表征为

---

24 意大利文句子的英文翻译是 'the Roman calves are good looking'（罗马小牛漂亮）。拉丁文句子的英文翻译是 'go, oh Vitellius, to the sound of war of the Roman gods'（哦，维特里乌斯，听从罗马诸神战争的号角）。感谢亚历山德拉·塔内西尼提醒我这个例子。

25 可以认为，有些话语在至此论述的意义上没有任何表征，也就是说，这些话语可能无法以包含句子与一个语境（在这里假定的意义上的语境）的对子恰当地得到表征。例如，因为相对缓慢地说出 '现在你明白了，现在你不明白'，不会使我们感到必然成假，所以，肯定是第一次出现的 '现在' 指称某个时间参数，而第二个 '现在' 则针对另一个时间参数，从而有关的事件可以通过包括*两个语境参数*（与适当的指号手段将每次出现的 '现在' 锚定于直觉上正确的*对应时间*）的结构恰当地得到表征。此外，至少根据 '话语' 的某种理解，完全可能是*两个话语*对应于一个独特的表征形式。例如，基于第 1 节中引入的语境概念，假如我在计算机屏幕上同时投出 '我现在饿了' 的两个例型，或许就产生了两个话语，这两个话语的表征形式包含相同的表达式类型、施事、时间、可能世界与地点（至少基于不那么精细的 '地点' 概念）。既然对于我眼下的论证，'现在你明白了，现在你不明白' 和诸如我关于胃口的累赘表达的例子都没什么意义，我径直忽略这些例子可能引起的一切复杂问题。

表达式－语境对。不过，因为根据我的观点，编码于这种表征形式的信息在用法中是最为举足轻重的，所以，我经常在人为的意义上使用'用法'一词，亦即将之用作适当类型的 n-元组合。由于是（可表征为）一个表达式－语境对，用法可以直接得到语义评价。特别是，$u = <s=<a, z, k>, c>$ 这个用法，亦即句子 s 用于语境 c、发音作 a、结构为 s、带有系统意义 k，这个用法成真（没有下标），当且仅当 $k(c)(c_w, c_t) = T$，亦即当且仅当成真 $_c(s)$。[26] 例如，(k) 成真，当且仅当在现实世界中 Warpe 12 月 25 日争辩，在这一天 Wistfull 说出'Warpe 现在争辩'。

第 5 节 我现在何处？

就本书而言，表达式的使用可以通过句子－语境对加以表征——粗略地说，这个对子包含讲话者使用的句子和反映使用情景相关方面的语境（不过参见下面两章中的修正与扩展）。鉴于我在此的目标，'使用情景'的这些'方面'转而可以通过一列参数描述。因此，语境可以在通常受开普兰启发的形式中表征为 n-元组合，包含个人、时间、地点，等等。

就用法中涉及的表达式而言，对于我眼下的目的，聚焦于三个显著的特征是恰当的：发音、句法范畴与语境性质。为方便起见，语义性质转而表征为开普兰式的系统意义，亦即表征为从语境到内涵的函数。给定我为了方便论述所运用的几个假设，从这些手段可以获得对于语言使用相当直接的理解：讲话者例型地产生适当的发音；基于所说出的表达式的句法结构获得的语义结果，加上所含简单表达式的系统意义，这些发音转而同特定的语义性质相关联。

最后，就这些特征而言，对于讨论我即将提供的例子，一个简单的方法就足够了——这个方法同我在第 1 节中提供的初步的形式语言片断十分类似。因此，例如，专名直接被赋予恒定的系统意义，最终产生其指称对象；指示语的性质取决于显著的非恒定系统意义，从而'我劝告 Warpe'这样一个句子相关于语境 c 最终成真，当且仅当 c 的施事在 c 中劝告 Warpe。

所有这些都作为简便实用、众人熟悉的基本理论框架明确地呈现。这个框架理想地适合于教学中无可争议地介绍我旨在讨论的问题。结果，各种在其他场合可能十分重要的细节对于我的目的仍然是完全可以商榷的。实际上，只要稍有耐心，从目前流行的任何其他合理的理论学说的观点看，我要说的大部

---

26 我有意忽略了一个有独立趣味的问题，即是否应当必然还是或许偶尔地将所说的例型理解为事件，而非客体（参见 Perry 2001 和 Perry 2003）。

分内容都应当是可以重述的。换言之，重要的不在于这个或那个表达式意义中更细微的特点，甚至也不在于理解我选作范例的语义框架所需要的更加根本的假设。相反，真正重要的是下面两者之间的关系，即一方面是意义研究与随之产生的真值条件，另一方面是语言使用的无常变化——'语义学'这种或那种理解与其应用于特定讲话场景之间的关系。

本书第一编旨在探究这些关系，至少在普遍层面上，分析语言使用中那些最终引起明显语义差异的性质。因此，在下面几章，我将讨论语言使用与语义因素的关系，集中探讨语言使用的某些性质，这些性质不应当包括在对有关表达式的系统意义的阐释之中。我在第一编结尾处提醒：每当对产生于支配语言使用规约的特性过度赋予语义上的重要性，就会犯*误置系统意义*的谬误。

第 2 章
使用的变幻莫测（1）

你活着还是没有活着？你头脑中空空如也？

（T. S. 艾略特，《一盘象棋》）

第 1 节 语言的使用

以 Wistfull 所使用的'我劝告 Warpe'为例：在某些条件下，12 月 25 日 Wistfull 说出了旨在例示某个表达式的例型，转而理解为一个英语句子。按照第 1 章中的观点，这个事件可以用包含表达式和语境的对子表征。在我对该术语所理解的意义上，表达式转而表征为一个三元组合，包含我在第 1 章中称之为发音、句法结构以及（暂时称作）系统意义的东西。因此，这些归结为相当累赘的表述：前面提到的用法 u 可表征为下面的对子：

　　(a) u =<</ 我劝告 Warpe/, [$_S$ 我劝告 Warpe], k>, c>
其中，/ 我劝告 Warpe/ 我称作发音，[$_S$ 我劝告 Warpe] 代表恰当的句法结构，k 是某个系统意义，c 是适当的语境。在第 1 章，我勾勒了这个对子中的成分的某些*理论*：针对 / 我劝告 Warpe/ 的一种发音理论（亦即假如我对口头英语感兴趣，那就是一种音系学理论）；一种句法理论，希望能为我那提供不了什么信息的结构 [$_S$ 我劝告 Warpe] 提供进一步的细节；一种语义理论，以确定系统意义 k（表述为*系统意义*(我劝告 Warpe)）。幸运的是，对于那些决定跳过我的绪论的不耐烦的读者来说，我在第 1 章中提供的若干细节以及我没有提供的许多细节，在这个阶段并无大碍。现在重要的是，假如一切顺利，这些理论将能够提供所需要的资源，证明按以下路线描述 Wistfull 的用法 u 是合理的：

> u 包含这样一个发音，从而（插入你钟爱的发音理论；根据第 1 章中的几点暗示，对书面英语的'印刷类型'做出常识性的描述；按照假定更加合适的方法，对相关的语音与音系特征做出描述）。用平常的（有些不严谨，但却无可争议地可以理解的）英语来说：Wistfull 说出了一个包含三个词、以大写字母'I'开头、含有发咝音的辅音的句子，等等。

> u 包含这样一个句法结构，从而（插入你钟爱的句法理论）。用平常的英语来说：Wistfull 的句子是一个主 – 谓结构的句子，含有一个代词、一个专名，等等。[1]

> u 包含这样一个系统意义，从而（在此插入你钟爱的语义理论，希望同第 1 章中提出的建议一致）。用（几乎是）平常的英语来说：Wistfull 的句子在所有那些语境并且仅仅在那些语境中成真，这些语境中的讲话者劝告 Warpe；这个句子含有一个指称 Warpe 的名字，等等。

在下文的很大篇幅中，每当一个表达式的这个或那个特征之间的差异无关紧要时，或者每当选择恰当的特征显而易见时，我就使用表达式的更加简单、更加符合习惯的表征形式。这样，我有时采用某个用法的读者友好型表征形式，仅仅作为表达式 – 语境对，这正如下面对 Wistfull 的用法所做的表征所示：

　　(b) u_1 = < 我劝告 Warpe, c>。[2]

其中，第一个成分代表发出的句子为 / 我劝告 Warpe/，其结构如在 [s 我劝告 Warpe] 中那样，根据 k 可以理解。我还将这个形式扩展至包含小于句子的表达式的情形，这体现了，比方说，这样一种想法，即在使用'我劝告 Warpe'的过程中，Witstfull 对'Warpe'的使用。因此，例如，我谈论在语境 c 中使用一个专名，可以像下面这样表征：

　　(c) u_2 = <Warpe, c>。

在下文中就会清楚，对于这些对子我主要关心的东西与 c 有关，即同在表征一

1　正如一位匿名审稿人所指出的那样，这个程度的描述（我认为，无害地）混淆了识字的普通讲话者所懂得的书面英语的规约与仅由理论家懂得的口头英语的语音性质。

2　这个形式类似于卡普兰正式意义上的'出现'，明确区别于日常意义上的'话语'（Kaplan 1977: 522 和 546）。关于我对卡普兰所理解的'话语'的讨论，参见 Predelli 2005a。

个用法中所涉及的语境有关。

正像第 1 章中所解释的那样，语境在此理解为一些形式表达，这些形式表达代表对语义评价至关重要的语言使用事件的那些（通常为语言外的）方面。延续第 1 章（第 1 节，条款 (a)）中的简单形式，这些形式手段（暂时）为四元组合，包含个人（语境中的施事者）、地点、时间和可能世界：

(d) $c = <c_a, c_l, c_t, c_w>$。

这些四元组合起着双重语义作用：提供某个表达式的系统意义所要求的主目；参与定义相对于语境的真值概念。因此，例如，借由其系统意义，第一人称代词'我'相对于所有时间与可能世界指称 c_a，语境中的施事者——采用第 1 章中的标注法，即为 $[[I]]_{c,w,t} = c_a$。给定其构成成分的系统意义及其结构，成真$_c$（我劝告 Warpe），当且仅当 c_a 在 c_t 与 c_w 劝告 Warpe，亦即正如我为了简便起见，经常写作：当且仅当 c_a 在 c 劝告 Warpe。

第 2 节 简单的使用论

尽管每个用法都是（可以表征为）表达式 – 语境对，反之则不能成立：对于各种表达式 e 与语境 c，$<e, c>$ 不是一个用法（的表征）。因此，举一个初步的例子，给定任何语境 c，在这个语境的可能世界中没有人曾经例型地产出任何表达式（的发音），没有 $<e, c>$ 对是可能的用法——亦即，正像我有时写到，在这样一种语境中不存在任何表达式可能的用法。于是，正如这个初步的提示所表明的那样，一个 $<e, c>$ 对是一个用法，仅当 c 是一种特殊的语境，即仅当这是一个*使用语境*。换言之，使用语境的类是所有语境的类 C 的恰当子类：例如，早些时候引入的不出声的语境 c 算是一个语境，但却不是可以出现在用法表征中的语境。[3]

我的无例型语境的例子让我觉得是充分地无可争议的，可以用作对任何*使用理论*的典型限制，亦即对任何旨在解释某个语境如何才能成为使用语境的理论。下面是我将在整个第一编中运用的一点标注法（适当地加以修改，将在整本书中运用）：CU^T 是根据使用理论 T 的使用语境的类。因此，至少当以上这一段论述正确时，对于任何 T，

(e) $c \in CU^T$，仅当在 c 中存在（已经存在或者将要存在）表达式（的发音）的例型

---

3 那最好'算是一种语境'是 Predelli 2005a 中的核心论题，下文所考虑的某些因素间接佐证了这一论点。

亦即对于任何表达式 e，$<e, c>$ 对是一个用法，仅当 c 的历史见证了表达式例型的存在。

给定关于例型的某些假设，进一步的条件直接随之出现。我所想到的假设尤其同例型表达过程中大概为*意向性的*某些方面相关：适当的事物或者事件有资格作为某个类型的例型，只是因为这些事物或事件意在作为例型。例如，按照这个观点，非意向性地产生的痕迹（正如通常所述的蚂蚁在沙地上走动留下的痕迹，或者就听觉的情形而言，听到风从峡谷中刮过的声音）都没有资格看作发音的例型，即使当其形状或声音酷似某个类型恰当地形成的例型之形状或声音时也是如此。在我看来，这样理解例型表达的部分原因基于对'算作'的前理论考虑：就蚂蚁的例子而言，根本不存在任何事实说明，一竖划顶端的微小痕迹应当算作字母'i'例型的一部分，而不只是看作一伙人中一个不守规矩的成员未按常规书写的结果，他本意是拼写较短形式的字母 T。所以，在没有人能够确定什么样的物理特征应当'算作'表明有关类型的情况下，根本就不存在关于例证了*什么*的事实——根本不存在关于任何例型表达的事实。假如由于这个或其他任何原因，只有当能够具有意向的施事者在场时，某个发音的例型方能存在，那么就可以推论，对于任何使用理论 T，

(f) $c \in CUT$，仅当在 c 中存在（已经存在或将要存在）具有意向的施事者。

条款 (e) 和 (f) 以及针对这两个条款的简短评述，希望足以能够作为下述研究的初始限制，即研究在语境中表达式（任何种类的）用法所需要的东西。为何我能够相对快速地讨论这些用法，并且能够将与本文无关的重要细节留到另外的场合，其原因是我在这里的主要目的不是提供一个正确而完整的使用理论，而是要强调涉及人们可能钟爱的任何使用理论与*语义学*之关系的某些方面。事实上，这一节（更加普遍地说，第一编）的主旨是解释在什么意义上关于某种使用理论的争论不止是语义学争论（尽管这种争论是独立地有趣的），语义学在此理解为意义研究——而且鉴于我（*至此*）将意义与系统意义看作真值条件研究。

*这种*或*那种*使用理论：就我所知，这意思不仅指我将阐发的理论可能需要修正或被另一种更加完善的理论取代，而且更加重要的，是指不同的理论可能适合于不同*类型的使用*。为了具体起见，还（可能）因为其在交际理论中的基本地位，我将把*面对面的*会话看作范型——尽管为了简便，我经常继续考虑书面例型而非口头交流，这正像在（应当承认不那么真实的）面对面迅速交换笔记的模式中那样。因此，只是为了例示的目的，我接下去将陈述我偏爱的*使用类型理论*——面对面使用语言的理论 F——的一些特征，亦即，阐述*根据 F 成*

为使用语境 CU^F *类之成员的若干必要条件。*

面对面会话情形中的语境要求大概要比 (e) 和 (f) 中提出的要求更加严格。一则，面对面的用法中，可以认为，有关的例型需要 '当时当地' 存在，亦即在使用时存在，从而证明了以下更加严格的限制：

(g) $c \in$ CU^F，仅当在 c_w 和 c_t 例型存在。

就我所知，条件 (g) 可能不适用于一种不同的语言使用实例：例如，考虑一下这样一个情景，我寄出一张空白明信片，附有一个机械装置，投递明信片时在上面印上一句话 '我真希望你现在和我在一起'。在这种情形下，似乎可以假定使用时间与我寄出（或 '组装'）明信片的时间重迭，至少在下述意义上是这样，即我使用的 '现在' 应当相对于那个时间加以理解。[4] 然而，假如至此的讨论对路，我的 '机械明信片' 情景就包含一个语境，语境中的时间很可能完全失去了任何发音的例型，即违反了条件 (g)。

类似的限制可以从 (f) 得到：给定关于面对面交流的某些显见的事实，看来在这些情形下，怀有意向的施事者需要在使用时在场——*或许*与下列广泛讨论的情形相对立，即写在遗嘱中的 '我现在不再在你们中间了'。[5] 因此，

(h) $c \in$ CU^F，仅当在 c 中存在怀有意向的施事者

（即，在 c_t 和 c_w）。最后，给定其他相对无害的假设，可以认为，有关使用例型者是语境中的施事者——这与下述情景相对，例如，前面提到的遗嘱是别人代表死者写的。因此，

(i) $c \in$ CU^F，仅当 c_a 存在于 c 中。

至此尝试性地提出的限制机制是针对某种使用的*普遍*限制机制：在缺乏例型和处于恰当语境地位的使用例型者时，就没有表达式可以用于面对面的会话。换言之，这些限制是关于哪种语境 c 可以参与面对面的那种使用 *<e, c> 的条件*，这些条件的确定可以完全不考虑 e 的特殊性。但是，当然，某个语境 c 很可能满足所有这种条件，但结果 $<e, c>$ 却不是任何用法的表征形式——这正如在这样一个情形中，即某个语境有资格*作为*某个表达式 e^* 的使用语境，但却不能作为 e 的使用语境。以某个语境 c 为例。在这个语境中，从来没有人例型地使用 '我劝告 Warpe' 这个句子（的发音），尽管大家都坚持例型地使用各种其他类型。至少就这些条件而言，c 很可能有资格作为面对面使用的语

---

4 参见 Predelli 1998a，1998b，2005a 以及 2008。

5 与此相关的问题，参见 Fillmore 1975，Vision 1985，Colterjohn 与 MacIntosh 1987，Smith 1989，Salmon 1991，Sidelle 1991，Predelli 1996，1998a，1998b，2002 和 2011a，Corazza et al. 2002，Romdenh-Romluc 2002，Gorvett 2005，Atkin 2006，Krasner 2006，Voltolini 2006，Recanati 2007，Sorensen 2007，Mount 2008，Egan 2009，Stevens 2009 和 Åkerman 2009。

境。但是，这显然不是那个句子的使用语境：给定这样一个语境 c，< 我劝告 Warpe, c> 这个对子不是任何（面对面或者其他）使用的表征。于是，这个例子中肯定存在争论的不只是前面提到的那种普遍限制，而是针对那个特定表达式的限制：针对'我劝告 Warpe'的面对面使用语境必须不仅包含某个例型，而且包含正是那个句子（发音）的例型。

我把按照 F 施加的限制的某个表达式之一类使用语境称作 $CU^F(e)$。于是，例如：

(j) $c \in CU^F(e)$，仅当 c_a 在 c 中例型地使用发音 (e)

亦即，非形式化地说，仅当讲话者在那个语境中说出 e 的例型。正如在第 1 章中所解释的，尽管我正式地将发音仅仅理解为成串的字母（专注于书面语言，以避免复杂的语音标记），我经常默默地将各种关于表达式例型的常识性因素引入我的发音理论。因此，大多为了在第 3 节使用大体上为口头英语的例子，我还把诸如 (j) 这样的条件看作足以证明下述概念，即，例如，（根据 F）对于'我劝告 Warpe'的任何使用语境 c，讲话者在 c 中例型地使用含有三个词的句子，在 c 中存在'劝告'一词的例型；某人在 c 中例型地使用以字母表中第 9 个字母开头的表达式。当然，对于非句子性例子，要考虑类似的因素：比如，某个语境是专名'Warpe'面对面使用的语境，仅当讲话者在该语境中例型地使用了含有 5 个字母的发音、某人有时例型地使用一个以字母'w'开头的表达式，等等。

复言之，这一论述中很多还停留在非正式层面。为了从诸如 (j) 这种条件中获得任何这样的结论，还需要各种进一步的细节。不过，这里并不旨在独立地探索 F 施加于例型过程的条件，即面对面会话的理论。相反，无论人们可能希望什么东西包括其中，作为任何这种完备理论的一部分，本文的目的就在于研究这样做的某些结果。我在下一节就转向其中的一个结果，涉及某些句子的我称之为'确定的'性质。

第 3 节 确定

正如第 1 章中所解释的，某些句子结果证明在所有语境 c 中成真 $_c$，亦即这些句子*借由系统意义本身*结果证明就成真。在我的语义学框架中，这个概念反映了（至少某种涵义上的）'仅凭意义成真'的直觉想法，或者更加确切地说，反映了仅凭有关表达式意义*同真值条件相关*的方面而成真的直觉想法。因此，例如，

（1）要么 Warpe 争辩，要么 Warpe 不争辩

正是通过所包含的表达式的系统意义，特别是通过'要么……要么'和'不'的系统意义（我假定，这两个恒定函数最终分别产生析取与否定），这个句子对于所有 c 成真 $_c$。[6] 给定某些进一步的合理假设，这样仅仅借由系统意义本身理解真值，体现了为真值所适用的句子用法确保某种形式的真值：我每当使用（1）时，可以放心地得到正确的结果，因为无论我的语境碰巧是什么样的，我所使用的句子在该语境中结果都将成真。

正如第 1 章中所提到的，制约经验上完备的语义理论的那种直觉同使用相关：例如，可以认为，（1）的使用具有那种性质（确保的真值、平凡成真，诸如此类）。这些性质恰当地反映在能够认识到（1）借由系统意义本身而成真的一种语义学理论之中。不过，并非所有引发这种直觉的例子都可以通过系统意义确保的真值加以解释。到这个程度显然是下述事实的结果，即只要使用类型理论 T 不是空洞的，CU^T（对于任何句子 s，*更有理由是* $CU^T(s)$）是所有语境类之恰当的子类。因此，假若 s 的所有使用必须在满足 T 中的条件的语境 c 进行，结果很可能出现这样的情形，即 s 碰巧相对于所有这种 c 成真，而不会是 s 相对于一切无论什么的语境成真。更通俗地说，情形可能是，s 的所有使用最终确保成真（或者平凡地成真，或者其他说法），其原因不仅同 s 的系统意义相关，而且同编码于 T 中的语义外规律性相关。如前所示，第 2 节中介绍的面对面会话理论 F 的特定情形提供了这种例子教学上有用的来源。

首先，考虑一下这个观点，即正如在条款 (g) 中，任何面对面使用语言的语境包含在语境的可能世界与语境的时间中的某些例型。相对于任何这样的语境，句子

（2）现在存在例型

最终成真。换句话说，每当在面对面的会话中使用时（2）最终成真：至少只要 (g) 正确，对于任何语境 c，假若 <(2), c> 是 (2) 面对面使用的表征，这样的语境就不可能是没有例型的语境；而且相对任何这样的语境 c，成真 $_c$(2)。此外，假若（如在条件 (h) 中）我关于例型使用过程中的意向性成分的论述正确，类似的结论对于如下的句子是适当的：

（3）现在存在一个怀有意向的施事者。

然而，希望不会引起争议（但参看后面关于这一点的进一步论述），（2）和（3）都不能借由系统意义本身成真。例如，对于所有失去例型的语境（2）（最好）成假 $_c$——譬如，对于所有没有存在过任何语言的语境，或者在没有人费事说

---

6 正像在第 1 章的人工语言片断中，可能要忽略非指称性表达式。

话的语境中。对于任何语境，例如，在这样的语境中从未产生过有智力的生命体，那么，（3）（最好）成假。

我把一个对于所有在 CU^T 的语境 c 成真$_c$ 的句子 s 称作（普遍地）*确定的*^{T}。因此，（2）和（3）皆为普遍地*确定的*^{F}，这就是说，从面对面会话理论的观点看，这两个句子是普遍地确定的。显然，既然对于任何使用理论 T，CU^T 是所有语境类之子类，那么，所有借由系统意义本身成真的句子也是普遍地*确定的*^{T}。我把普遍地确定但不是借由系统意义本身成真的句子称作*仅仅普遍地确定的*^{T}。所以，（1）借由系统意义本身成真，从而*更加普遍地确定的*^{F}，这与（2）和（3）不同，它们仅仅普遍地*确定的*^{F}。

'普遍地确定的'中的'普遍地'意在暗示独立于这个或那个表达式的特性。然而，正如第 2 节中所示，对于特定实例的使用，可能还要施加进一步的限制。因此，我把对于所有 $c\in$CU$^T(s)$ 成真$_c$ 的句子 s 称作（自反性地）*确定的*^{T}。同前面一样，如果 s 自反性地确定的^T，但却不是借由系统意义本身成真，我将之写作*仅仅自反性地确定的*^{T}。例如，依照前面为'我劝告 Warpe'这个例子勾勒的思想以及附于条件 (j) 的非形式化的论述，下面两个句子结果证明为*自反性地确定的*^{F}：

(4) 现在存在恰好包含 10 个词的句子的例型。

(5) 现在存在以字母表中第 14 个字母开头的句子的例型。

这两个句子为*仅仅自反性地确定的*^{F}，即并非借由系统意义本身成真，应当是不言而喻的。

既然对于任何使用理论 T 和任何句子 S，对 CU$^T(s)$ 的限制附加于对 CU^T 的限制之上，那么如果 S 是普遍地确定的，就也是自反地确定的，但反之则不然。每当（正像经常碰巧是这种情况）CU^T 与 CU$^T(s)$ 的区别并不特别相关，并且／或者每当 s 的'特殊性质'的来源足够明显时，我简单地写作*确定的*^{T}，而不费事去具体表明究竟其性质是由于普遍的还是自反的限制。

回忆一下，我针对一般性的表达式 e，而非仅仅针对句子本身，考虑了 CU$^T(e)$ 的想法。然而，既然成真$_c$ 或者成假$_c$ 的是句子，所以，'x 是确定的'这个定义显然不能扩展到非句子性实例。但是，在这些实例中，可以定义的是这种表达式与句子之间的关系，即一种二位关系'x 确定^T y'。在我的讨论中，这种关系将证明某种程度上不如*确定*突出，但却值得考虑，因为这种关系凸现了某些特征，而这些特征对于正确理解*确定*概念具有教学上的相关性。

于是，我要说，表达式 e 确定^T 句子 S，当且仅当对所有 $c\in$CU$^T(e)$，成

真 $_c(s)$。因此，例如，'Warpe' 确定 ^{F} 下面几个句子：

(6) 现在存在 'Warpe'（发音）的例型。

(7) 现在存在 5 个字母的单词的例型。

(8) 我现在例型地使用字母 'w'。

这个定义所强调的是如下事实，即在某种意义上，在确定关系中的'语义责任'是在受到确定者的肩膀上。为了由某个表达式 e 确定，句子 s 必须履行某种语义责任（尤其是，这个句子必须意谓所意谓的东西），然而，*在这个阶段*（但有关修正，参见第 3 章），e 的语义特征中没有任何东西对于判定 e 是否确定 $^T s$ 是有价值的。因此，例如，至少在这个阶段的讨论中，'Warpe' 确定 ^{F} (6)，都与 (6) 的系统意义和 'Warpe' 的发音有关，但与 (6) 的发音和 'Warpe' 的系统意义毫不相干。既然'受确定'这一方的句子所起的作用仅仅是系统意义载体的作用，那么就可以推论，假如 s_1 蕴含 s_2，并且如果 e 确定 $^T s_1$，那么，e 确定 $^T s_2$。例如，'Warpe' 也确定 ^{F}

(9) 要么现在存在 5 个字母的单词的例型，要么月亮由奶酪制成，

这仅仅通过以下事实，即 (9) 由 (7) 蕴含，一个句子由那个名字确定 ^{F}。毫不奇怪，说 s 受确定 ^{T} 是说 s 确定 $^T s$。因此，这一节的讨论所表明的是这样一个事实，即在某种意义上，在确立其作为受确定的 ^{T} 的性质时，s 起着双重作用：在'受确定的'位置上作为系统意义的载体；并且至少按照本章的定义，在其'确定者'的位置上作为发音的载体。正是由于这后一种作用，在 s 受确定的 ^{T} 之情形下，即使是最细微的保持系统意义的修改，即所谓*仅仅重述*，最终可能产生重大影响。我在下一节转而讨论这一现象。[7]

7　顺带地说，可能值得注意的是，在我粗略地提及'使用理论'中，我在几个信条上做了停顿。这些信条让我觉得*构成*了面对面地使用表达式的思想，例如，关于任何这样的事件需要一个怀有意向的施事者的思想。但是，使用理论的边界很可能不是清晰界定的；影响面对面用法的这个或者那个规律性很可能也是派生于那些同这种或者那种会话具体不甚相关的规律性。关于我在此心中所想到的东西，举一个完全可以商榷的例子：对于任何面对面地使用表达式的语境，讲话者在使用时*醒着*，这个概念很可能是使用规律性（大致是条款 (h)）与偶发的心理学事实（如果这是个事实）相结合的产物，这个心理学事实是，不是醒着的施事者无法参与适当类型的意向性活动。如果这一点正确，'我现在没有睡着'证明不是确定的 ^{F}：任何语境 c，从而在 c 的可能世界中，处于某种心理状态同从事某些意向性活动是相容的，证明是 CU^F（我现在没有睡着）的一个成员；相对于某个这样的 c，那个句子很可能成假。有关讨论，参见 Woods 1965。卡斯塔涅达在下面这段文章中提到的'正常语境'似乎同我对使用理论与另外的规律性之不自在的区分相一致：'……我在正常语境中说出 P 足以使 P 暗含我醒着，或者我有意识，因此，这儿的含义是语法单位类型的' (Castañeda 1957: 91)。卡普兰在写下面这段话时，也许表达了类似的态度：'甚至关于应当提出什么论证对于话语是有效的（与对于出现是有效的相反），我并不清楚' (Kaplan 1989: 脚注 40)。

第 4 节 确定之脆弱

我在开始讨论'仅仅重述'对确定的影响之前，*普遍性*确定^{T}的某种'固态'也许值得强调：作为第 2 节中提供的定义的结果，普遍地确定的^{T}句子的蕴含（在由系统意义确保的步骤这种意义上）是普遍地确定的^T：如果 s_1 对于在 CU^T 中的所有 c 成真$_c$，而且如果相对于 s_1 成真的所有 c，s_2 成真$_c$，那么，对于 CU^T 中的所有 c，s_2 成真 CU^T。因此，既然重复如下并重新编号的句（2）

（10）现在存在例型

是普遍地确定的^F，下一句也是普遍地确定的^F：

（11）要么有时存在例型，要么月亮由奶酪制成。

与普遍性确定^{F}相反，*自反性*确定^{F}的要旨同以下事实相关，即在这种情形下，相关语境类通过明确参照表达式的'印刷'特性（即发音）定义。因此，s_1 很可能是自反地确定的^F，亦即，它很可能相对于 $CU^F(s_1)$ 中的所有语境成真$_c$，s_2 很可能由 s_1 蕴含。其结论是，对于所有针对 s_1 的使用语境，s_2 成真。对于 s_2 也是自反性地确定^{F}的主张，这个结论也许是不充分的。事实上，自反性确定^{F}十分'脆弱'，不仅在系统意义确保的转换中可能失去，而且由于最为明显地与语义无关的修饰也会丢失。换句话说，甚至在下面这样的情形中，s_1 和 s_2 显然在语义上如人们所希望的那样等值，结果可能 s_1 是自反性地确定的^F，而 s_2 却不是。我在下一段中探讨几例这样的困境。

举几个多少类似于那些在第 3 节讨论过的例子，为了可读，这里用更加通俗的语言表达：

（12）现在存在以't'开头的句子

（13）有时存在正好含有 8 个单词的句子

将这两个句子分别与下面两句对比：

（14）以't'开头的句子现在存在

（15）有时存在 8 个单词的句子

前面两句是自反性地确定的^F，而后面两句则不是，尽管（12）与（14）、（13）与（15）之间仅在同语义完全无关的方面存在差异。例如，只要'重新措辞'一下（14）就能够从（12）产生，两者如此相近，我几乎想不出一个更不具有争议的例子，表明不同的句子共有其系统意义。

可能存在系统意义相同、确定^{F}之性质不同的句子，这不足为奇。究其原因，确定^{F}基于使用语境的概念，转而还以与系统意义无关的发音特征定义。这种现象更多的明显例子涉及英语句子翻译成不同语言，即使假定有关翻译是尽可能'按字面意义的'。例如，将自反性地确定的[F]英语句子（12）字面地译成意大利语，就不是自反性地确定的[F]：

(16) adesso ci sono enunciati che iniziano con la 't'.

顺带地说，这些论述也直接适用于诸如自反性地确定的[F]英语句子的情形（假定将'这'理解为指称（17）本身）

(17) 这个句子以四个字母的代词开头

这个句子的非自反性地确定的[F]德语译文：

(18) Dieser Satz fangt mit einem Pronomen mit vier Buchstaben ein.

当然，这儿的要旨与自我指称，尤其是与翻译，显然几乎没有什么有趣的关系，却完全与发音的变化无常有关。[8]

一个熟悉的例子包含第一人称指示语，可以作为我讨论确定的[F]适当结尾，并且进一步提醒，根据任何对于确定的[F]完整阐释，发音应当更加宽泛地理解，而不只是一串串性质的集合。例如，假定发音理论还关心重读与韵律结构的性质，下面这个句子（引自 Lewis 1970）：

(19) 用六韵步扬抑格我在讲话

是一个自反性地确定[F]的句子的典型例子，其性质可能受到语义上完全无害的修饰之影响：毕竟，显然，

(20) 我在用六韵步扬抑格讲话

不是自反性地确定的[F]。

*第 5 节 信息传递简论

表达式 e 的使用 u 施加的语境限制独立于 e 的意义，这个概念也说明了 u 如何能够直接传递没有编码于 e 语义内容中的信息，基于对'语义内容'任何可能的理解。在此，借由系统意义本身确保成真的实例提供了合适的例子。例如，从真值条件的观点看，诸如（1）这样的句子，重复如下并重新编号：

(10) 要么 Warpe 争辩，要么 Warpe 不争辩

没有提供任何有趣的语境需求：无论 c 证明是什么样的，都获得成真。因此，可以认为，语义编码的这种信息是极其无趣的信息，要么 Warpe 的行为是一种情况，要么不是那种情况。可是，这句话面对面地使用，就此而论任何其他表达式，要求说例型、讲语言，而且要求有智力的人出现在某处。这个具体句

---

8 这些例子派生于 Hart 1970 和 Burge 1978。

子面对面的使用还要求当下存在（发音的）例型，以字母'e'开头，要求怀有意向的施事者有时例型地使用 8 个词的句子，等等。结果，从听者的角度看，某个事件的确是（21）面对面的使用，这个假设就足以支持比那个句子平凡的语义稍微有趣些的结论。事实上，正像下面几段中简要地讨论的那样，除了通过更加习惯的编码意义的手段传递信息外，正是这样的信息传递，在某些场合讲话者和听话者可能认为是至关重要的。相反，正像我在本节剩余部分所解释的那样，正是这种必定由使用生成的信息，在受到忽略或误解时，会导致悖论或幽默效果的产生。[9]

关于讲话者在面对面会话情形下的地点，让我们默认地接受几个无害的假设。这样，考虑一下小熊维尼与兔子瑞比的对话：

(22) 维尼（看着似乎是空的地洞）：那儿有人吗？

瑞比（从地洞一个隐藏的一角）：没有。

（经过适当修改，这章开头 T. S. 艾略特的问题有异曲同工之妙。）维尼的问题可以获得的两个答案都可以或者不可以真实地描述面对的语境：对于某些而非所有的语境 c，分别为某人在有关地点的语境和没有人在那个地点的语境，'这儿有人'和'这儿没人'（或者更加简洁地'有'和'没有'）成真c。此外，维尼的问题是这样的，面对面地*使用*肯定的回答同其编码的信息吻合：尽管沉默会使维尼无法确定地洞里是否有不做声的会话者，瑞比使用'这儿有人'会满足维尼的好奇心。另一方面，(22) 中问题的特殊性在于，对于所有使用语境，另一个可以获得的回答'这儿没有人'成假。（再构拟一个术语，这是*未确定的*）。同样地说，这确定^F'这儿有人'，结果传递了地洞不是空的这一信息。注意，像通常那样，F 在这方面很关键：在瑞比可能采用声音激活录音装置的背景下，使用'没有'同样可以起到这个作用。[10]

这方面几个众人熟知的例子为本章提供了适当的结尾，因为这些例子还使我有理由提及一个论题，这个论题一直被搁置一旁，或者更糟糕的是，至此只是随便地提到过：一种观点认为在使用语境中例型地使用的是语言项目，亦即属于某种'语言'的发音（用于'语言'这个术语的某种意义，在此无需更

---

9 这些提示显然同佩里（Perry 2001）阐发的*自反性*机制有关。

10 继续脚注 6 的旁白：正是为了这个原因，至少在日常情景中，'你睡着了吗？'这个问题在某种意义上说是'异常的'：鉴于任何回答确定^F'我现在是一个怀有意向的施事者'，而且鉴于在任何正常情景下，这一点能够成立，仅当讲话者醒着，所以，肯定的回答最终确保成假。换言之，很可能是这样的情况，如果醒着与作为意向性施事者之间的关系不为 F 所关注，那么，'我现在醒着'必须被剥夺确定的^{F}性质。可是，在这种关系足够明显且没有问题的情景中，正如在惯常的会话情景中，'我现在醒着'最终'等于'确定的^F。

加严格地加以定义）。[11] 当我提到某人的使用时，我不可避免地想到某人例型地使用语言中某个表达式的发音。这一点在下一章将证明是极其重要的。在下一章，我将讨论句法结构与系统意义对确定 [F] 问题的影响。不过，即使就到目前为止所讨论的发音这种简单问题而言，对讲话者语言的考虑并非完全是多余的：发音遵守拼写与读音的规律性，这些规律性至少在某种程度上是与具体语言相关的。这样，例型使用者必定传递关于使用何种语言的信息，这独立于所说出句子编码的语义内容；基于这样的证据，听话者则形成那方面的假设。

通过考虑使用所谓的*填充成分*提供信息的情况（亦即那些相关具体语言的项目，几乎无可争议地剥夺了系统意义，因而*更加*几乎无可争议地无法以依赖于意义的方式编码任何东西），*使用传递*的信息与*意义编码*的信息之间的这种分界就能清晰地表明。因此，例如，使用 /er/ 可能透露某人为英语社团成员的信息，这与某人使用，比方说，典型的法语填充成分 /euh/ 形成对照。同样，即使在涉及赋予系统意义的表达式的情景中，信息掌握足够充分的听话者也许能够对'当时当地'所说的内容形成合理的假设，无需依赖于任何系统意义的解码过程，而仅仅基于发音因素。众所周知，基列的居民非常高效地运用了这种认识优势，让以法莲族逃亡者付出了代价：

> 然后，基列人将以法莲族人从约旦的浅滩切断。每当以法莲族逃亡者说道："让我过去"，基列人就会问道"你是以法莲族人吗？"如果他回答："不是"，那么他们就说"很好，说'Shibboleth'"。假如某人因为发不出来而说成"Sibboleth"，他们就会抓起他来，杀死在约旦浅滩上。这一次，四万二千个以法莲族人丧生。
>
> （《士师记》第 12 章）

类似的考虑为约翰·塞尔的故事提供了背景。这是一个被俘美国士兵的故事，他说出'kennst du das Land wo die Zitronen blühen?'（你知道柠檬花盛开的那个地方吗？）旨在让只懂得一种语言的意大利敌人相信他是德国人 (Searle 1969)。任何其他德语句子，事实上任何听起来像德语的胡言乱语也会取得同样的效果。但是，如果那些意大利人对德语的无知发展到连德语发音的语音特性都听不出来的话，这个花招就会一败涂地。

---

11 在很多文献中，参见 Lewis 1975。

第 6 节 我现在何处？

我在这一章引入了确定这个概念，讨论了确定[F]的若干方面。这些方面同在面对面使用时的例型过程的某些特征相联系。所述的性质同发音特征相关，即同所使用的例型表达式之无可争议地外在于系统意义、非意义编码的特征相关。下一章转入确定[F]的其他情形，这次聚焦于面对面使用的那些方面，也同这样的事实相关，即每当某个表达式作为使用的一部分，它在使用中遵循特定的句法、语义规律性。不过，我将集中讨论的确定[F]情形，讨论的程度并不比这一章所讨论的程度差，这些确定[F]情形结果证明是*仅仅*确定[F]的情形：我们关于某些句子'偏向成真'的直觉将再次需要抑制，不能用于为得到关于这个或者那个表达式系统意义之结论的论证之中。

第 3 章
使用的变幻莫测（2）

听我说，哦不，我从来不说什么。

（Ting Tings 乐队《那不是我的名字》）

第 1 节 命题行为

至少按照我对'使用'的理解，表达式的使用不仅仅包括发音的例现：例如，作为一种口头练习，说出 / 我劝告 Warpe/ 的口语例型不是（或者至少不一定是）这个句子的使用。相反，非正式地，我在此探寻的是使用'我劝告Warpe'作为一个英语句子的思想，亦即，作为受制于英语句法学与语义学规律性的句子。换言之，我所追寻的是在'表达式'这个术语的完整意义（这个涵义能够用第 1 章和第 2 章开头提供的那种三元组合表征）上表达式的使用这一思想。

这样的考虑导致某些相当明显的进一步的必要条件，限定这类使用语境中的成员。例如，至少根据 F，即我在第 2 章开始描述的关于面对面使用之理论，大体类似下述条件应当成立：

(a) $c \in CU^F$，仅当在 c 中存在语言

(b) $c \in CU^F$，仅当在 c 中存在有意义的表达式

(c) $c \in CU^F$，仅当在 c 中 c_a 说了些什么。

（至少假定，在'带有系统意义'和'语义上相关于内容'的意义上理解'有意义的'和'说了些什么'。顺带地说，鉴于我偶然愿意在包含非句子性表

达式的情形下也谈论‘用法’，所以‘说了些什么’必须半信半疑地理解。）

　　在此同前面一样，诸如这些条件直接产生（普遍）确定^{F}的结论。在这方面值得注意的是下面的例子（大多是为了历史上的兴趣，参见这一段所附的脚注）：

　　（1）我现在正在说些什么。

这个句子（无可争议地）证明是普遍地确定的^F：每当人们在面对面的会话中使用这个（或任何其他）句子，最终确实说了些什么。学究式地说，人们例型地使用一个发音，同一个系统意义相关联，产生一个内涵，决定语义结果成真或者成假；亦即系统意义产生有时称作‘命题内容’的东西。另一方面，更加重要的是，对于诸如条件 (a)–(c) 所起作用的正确理解也必然意味着诸如（1）这样的实例尽管是确定的^F，却并不借由系统意义本身而成真——用我的术语来说，它们是*仅仅*确定的^F。这是因为显然（1）至少对于某个 c 成假$_c$，例如，对于任何这样的 c，c_a 在 c 生活在连续不断的沉默之中。[1]

　　从 CU^F 的普遍情形到相关于这个或者那个特定表达式 e 的情形，亦即同相关的情形 $CU^F(e)$，我满足于再看几个仅仅（自反性地）确定的^{F}句子，将为其提供限制机制的任务作为练习留给读者。先从一个基于对 $CU^F(e)$ 的限制入手。这同 e 的句法结构相关。下面是一个（自反性地）仅仅确定^{F}的例子：

　　（2）我现在正说出一个以代词开头的句子。

亦即，非常罗嗦地说，我现在正在例现一个句子的发音，这个句子的句法结构包含如此这般句法范畴的表达式，在如此这般的句法布局中在如此这般的位置作为终端节点出现。下面是一个借由同 e 的系统意义相关的事实（自反性地）确定^{F}的句子的例子：

　　（3）我现在正说出一个不自相矛盾的句子。

亦即，不那么通俗地说，我现在正例现一个句子 s 的发音，这个句子的系统意义如此，从而对于某些语境 c，成真$_c(s)$。

　　为了多样性，现在从确定的句子转向非句子性表达式确定句子的例子：按照 F，一个语境成为专名‘Warpe’的使用语境，仅当首先，

1　早在半个多世纪前，D.J. 奥康纳指出：“当我在特定的场合说‘我现在不在说话’，我做出了一个成假的陈述…… 然而，这不是一个逻辑上成假的陈述，也不是一个通过自我指称而引起与‘我现在正在撒谎’相同逻辑困惑的陈述”（O'Connor 1948: 359）。从指示语逻辑的视角回到这个话题，继续聚焦于（1）的否定句，卡普兰诉诸像（c）这种条件，以便为‘行为异常性’与‘意义真实性’之间的区分做出论辩：“……存在这样的句子，在某些语境中表达真值，但说出时则不然。例如，‘我什么也没说’。逻辑与语义学并不关注行为异常性，而关注意义真实性”（Kaplan 1989: 584-5）。

(d) 在 c 中存在一个用于 Warpe 的名字,

亦即,仅当在 c_w 和 c_t 存在一个表达式,这个表达式的系统意义相对于 c 产生 Warpe。根据假定(在此采用这个假定仅为了这个例子起见)使用指称某物的表达式的讲话者自己可以描述为指称该事物,那么,下面看来也是对于面对面使用'Warpe'的限制:

(e) 讲话者在 c 中指称 Warpe

(学究式地说,c_a 例现一个表达式的发音,这个表达式的系统意义 k 如此,从而 $k(c)$ 是恒定的内涵,在所有境况中产生 Warpe)。最后,可以认为,某个语境是面对面使用'Warpe'的语境,仅当

(f) 在 c 中,'Warpe'指称 Warpe

(g) 在 c 中,c_a 用'Warpe'指称 Warpe

这是在下述意义上,即在 c 的时间与可能世界,/Warpe/ 这五个字母的发音是一个表达式的一部分,这个表达式的系统意义产生 Warpe 的指称,而且在那个时间与那个可能世界,c_a 例现该发音,作为带有该语义性质的表达式的一部分。

像始终那样,这些条件蕴含确定 [F] 的结果,诸如这样一个概念,即'Warpe'以及*更有理由认为*,例如,含有'Warpe'的句子确定 [F] 下面这样的句子:

(4) 我现在指称 Warpe。

事实上,在所有使用名字'Warpe'的语境 c 中,讲话者以恰当的系统意义使用这个名字。因此,相对于 c,(4) 结果证明*成真* c。既然 (4) 本身是一个包含那个名字的句子,(4) 因而就必然是*确定的* [F]:对于任何 c,而 <(4), c> 是面对面的使用,亦即对于任何 $c \in CU^F(4)$,成真 $c(4)$。同样,顺带地说,包含第一人称代词的句子的使用在这样的语境中进行,即讲话者将之作为实际所是的英语表达式使用,从而得以指称自己。结果,下面这句是(自反性地)确定的 [F],其理由同我在评述 (4) 时诉诸的理由大同小异:

(5) 我现在指称自己。

正如已经在 (f) 和 (g) 中记述的那样,假如 c 的讲话者比方说使用名字'Warpe'(亦即例现某个 5 字母发音,这个发音理解为那个人的名字的一部分),那么,不仅是他以这种或那种方式对 Warpe 做出了指称,而且通过使用该表达式成功地指称了 Warpe(可能还做了其他事情)。因此,下面这些句子同样也是确定的 [F] 句子:

(6) 我现在正用'Warpe'指称 Warpe

（7）至少有些讲话者用'Warpe'指称 Warpe

以及

（8）'Warpe'指称 Warpe。

因此，就（8）而言，使用出现在句首的名字 Warpe，这就确保在任何使用语境中，这个词的发音成为带有那个名字之系统意义的表达式的一部分，亦即带有产生 Warpe 的恒定系统意义的表达式的一部分。于是，根据对在主语位置上的表达式（带有引号的表达式）做出的*任何*可能的理解，对于在 $CU^F(8)$ 中的所有语境，（8）最终成真$_c$。

应当清楚，这些句子中没有一个（至少只要像表明的那样理解）借由系统意义本身成真——换句话说，这些句子是仅仅确定的^F。例如，相对于任何这样的语境 c，其中占据施事者位置的个人从未费事谈论自己或者 Warpe，（4）和（5）即成假$_c$。同理，相对于任何 c，例如在 c 的可能世界，从未产生过任何语言——亦即相对于那些语境，其中没有任何东西、任何人指称任何东西，那么，（6）-（8）成假$_c$。[2]

第 2 节　误置系统意义谬误

本书第一编的要旨之一是对任何关注这个或者那个表达式的系统意义之理论做出的否定性忠告。这个忠告是关于方法论的：借由系统意义本身结果成真，并不由相关于使用该表达式的某种'成真倾向'所*蕴含*。每当同句子*仅仅确定的*性质相容的证据不恰当地理解为借由系统意义本身成真的证据，我就说犯了*误置系统意义谬误*。下面是同这方面可能有些相关的探索方法及其评述。

第一种方法满足于强调上述做法的错误性质：所讨论的现象尽管同借由系统意义本身成真的结果相容，但还同仅仅确定的假设相符。这儿的策略类似于索尔·克里普克最初对摹状词指称性用法的分析抨击，那种分析假定一个词汇上歧义的限定词 (Kripke 1977)。克里普克建议，*假定*'the'符合罗素模式；注意你的假定如何涉及不到所假设的指称论证据。在我们的实例中，*假定*有关表达式缺少确保成真的系统意义——'例型存在'、'我说些什么'等等的系统意义的性质是，对于某个语境 c，这些句子成假$_c$。这样，注意这个假定如何

2　在此，某些因素也许对用以佐证关于专名的所谓'元语言'阐释的证据有些影响。参见威廉·尼尔对那种意义的理解，在这种意义上"告诉【某人】'苏格拉底名叫苏格拉底'显然是在开玩笑"(Kneale 与 Kneale 1962: 630)；更新的论述，参见 Matushansky 2008。有关批评，参见 Kripke 1980 和我的 Predelli 2001b 以及 2009a。

无法扼制所假设的直觉，即在（假定）'每当使用时即成真'的意义上，这个句子以某种方式偏向于同'必然成真'的判断相联系。结论：所掌握的（假定的）证据中没有任何东西支持做出这种语义阐释，即结果是借由系统意义本身成真。

当然，就上一段中的策略而言，所讨论的例子很可能借由系统意义本身成真，尽管这种情况并不仅仅由下述直觉佐证，即这些例子的使用必定成真。剩余的探索支持一种更强的结论，即这些探索不仅导致一种观点——某些语义论据是错误的，而且它们事实上的确得出*成假的*结论——换句话说，假定有关句子不可能成假地使用，*这必须通过仅仅确定而不是通过系统意义解释*。这方面的第一组因素依赖于下述事实，即系统意义的论点蕴含系统意义确保关系的*结论*。至少在对这些问题的某些前理论反应值得认真对待的范围内，就可以推论，我看作直觉上可疑的蕴含结论或*等值结论*的东西，提供了反对将之看作由系统意义所造成的任何观点之理据。

例如，回忆一下第 1 节的句（8），重复如下并重编序号：

（9）'Warpe'指称 Warpe。

假定由于受这个句子始终成真地使用这一（所谓）事实迷惑，某人推断这个句子必定借由系统意义本身成真：借由其系统意义，相对于任何语境 c，名字'Warpe'指称 i，仅当 i 在 c 中带有那个名字。（像通常那样，忽略下述可能出现的复杂现象，包括'Warpe'无法指称，或者很多个人叫'那个名字'——换个方式，不忽略这个可能性，却相应地修改我的例子与论述。）然而，假如那是对'Warpe'系统意义的正确阐释，那么，例如，

（10）Warpe 争辩

就会在下述意义上蕴含

（11）某人叫作'Warpe'

意思是，对于所有 c，成真 $_c$(11)，从而成真 $_c$(10)。究其原因，假如成真 $_c$(10)，那么，相对于 c'Warpe'的指称对象必定是在 c 中争辩的那些人中的一个，因而，按照有关的假设，他就必定是名叫'Warpe'并且在 c 中争辩的那个人。结果，对于任何这样的 c，成真 $_c$(11)，至少只要用更加通俗的'叫作'替换'带有'是适当无伤大雅地理解的。但是，当然，（10）并不蕴含（11），因为无论叫任何名字，Warpe 都会同样令人信服地争辩。因此，当然，名字'Warpe'并不具有前面提到的元语言取向的系统意义。如果（9）有任何'特殊'之处，那必定是其确定，而非其对于任何 c 而成真 $_c$ 的性质。

顺带注意，以下辩称是徒劳的，即对仅仅确定做出的这些论证均基于关于（比方说）'蕴含'的特定理解，而且在该术语的某种另外的意义上，我理

解为'直觉上不正确'的*蕴含或等值推论*情形实际上是正确的。究其原因，至少其中一种意义最终会*佐证*我的观点，而不是挑战我的观点：'蕴含'理解为确定之意义。（日常英语中称作'entailment'[蕴含]的东西是不相干的，是否有人想将该术语语义学的用法专门留给某个概念，这依然是一个完全无趣的术语问题。）从我的视角看，会使上述辩称不那么可取的可能是，我的反对者宣称，他们不能察觉在下述两方面的关系之间存在*任何*差异：一方面，比如（10）与'事实不是 Warpe 不争辩'；另一方面，（10）与（11）。然而，基于我假想的反对者所缺乏的区分，上述辩称几乎不值得大惊小怪。

就能够产生于发音和句法结构条件的自反性确定的情形而言（在这些情形中，回到第 2 章第 4 节标题中的术语，确定是'脆弱'的），所讨论的方法可以有一种特别直接的形式。考虑一下借由系统意义本身成真的一个例子。反对这一结论的决定性因素通过对手头证据的消解提供，这些证据由明显保存系统意义的转换过程产生。这是因为，一般而言，假如句子 s_1 具有某个性质 P，而句子 s_2 缺乏这一性质，当通过'仅仅重述'这一过程 s_2 可以从 s_1 获得时，就可以推论，s_1 具有 P 不是 s_1 的系统意义的结果。这样，诉诸第 2 章讨论过的那种'基于发音'的仅仅确定^{F}的情形：下面这个句子（重复并重编序号如下）

（12）有时存在恰好包含 8 个单词的句子

始终成真地使用这个事实并非借由系统意义本身成真的结果，因为使用系统意义没有区别的句子：

（13）有时存在 8 词句

很可能成假。同样，转向本章的一个例子，句（2）的任何使用（重复并重编序号如下）

（14）我有时说出以代词开头的句子

结果成真，但句子

（15）有时我说出的句子以代词开头

很可能成假地使用。既然（14）和（15）共有系统意义，对（14）的解释必定基于*仅仅确定*，而非与系统意义相关。^{3}

区分确定推论与系统意义假设的最后一种策略同一个基本事实相联系，即在这个阶段，确定'始终带有指号'（尽管为了阅读方便，我偶然在不大可能引起混淆时省去了上标——不过参见第 4 章在这一方面的进一步发展）。换言之，这里的焦点始终是针对某种使用论 T 的*确定*^{T}的思想。因此，给定某个

---

3 这种方法使人想起反对态度转述的元语言阐释的所谓丘奇／兰福德翻译论证，至少基于将'翻译'理解为保持系统意义的'仅仅重述'过程时如此。参见 Church 1950。

确定的句子 s, 佐证其*仅仅*确定的决定性证据是发现 s 的'使用类型'可以用不同于 T 的理论 T^* 解释,从而 s 不是确定的 $^{T^*}$。这是因为,假如 s 不是确定的 $^{T^*}$,那么,根据 T^*,存在一个使用 $< s, c>$,从而 s 成假$_c$,因而*更不容置疑*存在一个语境,相对于这个语境 s 成假。尤其正是这样一种策略,赋予了当前关于应答机与书写的便条的(令人称奇的大量)争论以*语义学上的重要意义*。究其原因,一旦'为之后播放的口信录音'得到认真对待,结果就会证明,比方说,下面这个确定的 ^{F} 句子

(16)我此刻在这儿

事实上可以(在非面对面的会话中)成假地使用。因此可以推论,存在这样的语境 c,其中 $<(16), c>$ 是(16)成假使用的表征;从而更不容置疑那个句子的系统意义与对于某些 c 这个句子成假$_c$ 的情形相容。[4]

在下一节,我将解释至此提供的方法上的考虑怎样至少可以部分地用于探讨关于指示性的哲学争鸣中的一个为众人所知的例子:'我存在'。这个例子之所以为众人熟知,部分的原因还在于,这个例子在开普兰关于指示语的论述中发挥了核心作用,一方面作为开普兰关于'我'的系统意义的观点的主要动因,另一方面作为他的非标准模态逻辑的重要例子。换句话说,关于'我存在'的论述在历史上是一个有说服力的例子,表明即使是那些特别适应于区分'用法异常性'与'意义真实性'的哲学家如何也可能有时犯下*误置系统意义谬误*。

* 第 3 节 '我存在'

在第 1 章第 1 节,我示意将'我'的系统意义看作这样一种函数,即给定语境 c,产生 c_a 作为该表达式的语义值。假如这个看法正确,句子

(17)我存在

并不借由系统意义本身成真,因为对于任何在 c_w 和 c_t,c_a 不存在的语境,这个句子成假$_c$。然而,根据研究指示语的一种经典方法,这样一种结论必然意味着在我对'我'的系统意义的阐释中忽略了某种重要的东西。毕竟,正如这一阐释所述,(17)是

> ……深刻地、在某种意义上……普遍地成真。只需理解其意义,就能知道这个句子不能成假地说出。(Kaplan 1977: 509)

---

4 我在 Predelli 1998a, 1998b, 2008 以及 2011 a 中更加详细地阐述了这一点。还可参见第 2 章脚注 5 中的参考文献。

为了体现据称为（17）这方面的意义，开普兰建议，将所有语境的类局限于他所谓恰当语境的类——除了其他考虑，n-元组合 $<c_a, c_l, c_t, c_w>$，从而 c_a 在 c_w 和 c_t 存在。当然，这个建议必然意味着拒绝第1章中提出的阐述'我'的路径。对于开普兰而言，所述的系统意义不是那样一个函数，即给定*任何*（适当或者不适当的）语境，产生那个语境的施事者；相反，这是一个不同的函数，这个函数在其域值中只有适当的语境。这个程度上的分歧并不令人意外：因为我的定义允许（17）成假，而开普兰的定义旨在产生系统意义确保的成真性，因此，他的系统意义必定与我的不同。

至少假如上面引用的那段话是开普兰理解'我'的系统意义之基础，他的推理是*误置系统意义谬误*的一个典型例子：（17）'不能成假地说出'的（假定）事实未经进一步推敲就当作其'意义'结论的证据；亦即在开普兰所用的这个术语的意义上，作为关于这个句子包含的表达式之系统意义结论的证据。此外，正如我将在下文说明的那样，第2节中的某些方法论建议证实了那个模糊的想法，即这个推理不仅无法令人信服，而且导致错误的结论。

首先，正如此前一再指出的那样，'我不存在'成真（非面对面）的用法实例不难想见，这正如已经提到的旨在身后呈现的字条的情形。根据十分可行的假设，我们从日常会话转到书面信笺时，'我'或'存在'的意义没有任何改变，据此推论，（17）的系统意义必须允许成假的结果，因此，（17）并非借由系统意义本身成真。至此应当清楚，这种非开普兰式的结论与开普兰的证据是相容的，亦即同下述观点相容：（17）'*在某种意义上普遍地成真*'——事实上，这个句子对于所有那种十分典型的语境成真 $_c$，亦即为*确定的* ^{F}。[5]

5　顺带地说，这样的考虑根本不是新颖的，出现在当前关于应答机和粘贴便条的时兴争鸣之前。本章脚注1讨论了奥康纳关于'我现在不在讲话'的论文。在这篇论文发表几年后，L. J. 科恩在所写的回应中指出，奥康纳对那个句子的论述对于面对面会话的情形是正确的，但是针对其他类型的使用很可能证明是不充分的。转向一个不同但却类似的例子，他写道："如果我现在说出命题'我根本什么都想不起来'，我实际上会说出一个成假的命题。但是，假如我把我的话为留声机录音，并且在我的葬礼上放这个录音，所说出的命题那时也许成真"(Cohen 1950: 36)。当然，身后放留声机的情景直接适用于（17）的情形，从而提供反对这个句子借由系统意义成真之性质的证据。科恩的结论——（17）的'特殊性质'独立于系统意义——在 H. N. 卡斯塔涅达的一个注释中变得尤为清楚。他的'逻辑必然性'思想至少反映了我的仅仅确定 ^{F} 的观点的某些方面。"由我说出的任何句子 P 逻辑地隐含我是讲话者、在讲话时至少存在一个客体或者人、某时存在过某人，等等……句子'我存在'或者'宇宙上至少存在一个客体（人）即我'是逻辑地必然的"(Castañeda 1957: 91-2)。作为这个简短的历史补论的结尾，这也许是最为恰当的地方表达我对亚科·欣蒂卡的感激，他提出笛卡尔的我思的关键在于'我在'的概念。正如欣蒂卡所言，这个建议尽管"本身不能逻辑地成真"，却是"存在性地自我证实的"(Hintikka 1962: 16)；"正像存在性地不一致的句子在说出或思考时自我取消那样，这种句子的否定在明确说出或以其他方式表达时，就自我证实"(Hintikka 1962: 15)。

在第 2 节，我勾勒了一种更进一步的策略，旨在至少对这种或者那种关于系统意义的立论表达初步的怀疑，这些立论基于某些不可接受的借由系统意义本身成真的推论。开普兰对（17）的论述为这个策略提供了理想的靶子，部分地是因为其'总括的'性质：在《示指词语》（Kaplan 1977）中，对于所有语境 c，（17）成真。这个结果不是从针对某个表达式（大概特别是'我'）的假设获得的，而是从影响语境之本性的假设获得。有鉴于此，开普兰和我不仅就'我'的系统意义看法不同，而且对于*所有*表达式的系统意义观点相左。例如，'现在'的开普兰式系统意义不是为任何（适当或不适当）语境产生 c_t 的函数，而是在其域值中只有适当语境的不同函数。这种差异渗透到非指示性表达式：例如，对于开普兰来说，'Warpe'的系统意义不是某个为四元组合 $<c_a,$ $c_t, c_t, c_w>$ 所有成员规定的恒定函数，而是一个不同的函数，只是相对于这样的四元组合解释 Warpe，即 c_a 在 c_t 和 c_w 存在。

这导致的结果无疑是一种苛刻的方法。以下面这个非指示句为例（不考虑时态）：

（18）某物存在。

当然，存在（18）的对应表达，这些表达通常被认为，从标准模式理论的观点看是'逻辑地成真'的；诸如基于关于解释域范围大小的某些假设，对一阶逻辑语言中的句子'∃x,y(x=y)'的传统处理。这种假设针对这个或那个目的是否适当，以及从而（18）是否确实应当看作在某种意义上逻辑地确保的，这很可能是独立地有趣的问题，这些问题与不同的逻辑观点及其同存在问题的关系相联系。然而，让我们像开普兰那样忽略这种问题，让我们采取他所称的'新传统'语义学，亦即一种极其倾向于空域的路径。那么，按照开普兰的观点，（18）具有什么性质呢？

无论是否是空域，在开普兰看来最终都是借由系统意义本身成真：如果对于所有语境 c，c_a 在 c_w 存在，那么对于所有 c 成真。（18）。不过，忽略无关的时态问题，（18）是一个非指示性语句。针对关于'我存在'特殊地位之假定直觉的临时调整，漫溢到了语言的非指示性部分。这不可能正确。[6]

---

6 转向遵循第 2 节中策略的更多考虑因素，在这个阶段，卡普兰观点相当严重的逻辑结果至少值得粗略的关注。部分的要义相关于卡普兰的非正常模态逻辑：因为对他而言，'我存在'借由系统意义成真，但是，'必然地我存在'径直成假，成为必然之规则不适用于指示性语言。这个问题很微妙，因为卡普兰提供了针对成为必然的反例，这些反例同'我'毫不相干，事实上，也同限定于适当语境（诸如'Warpe 确实争辩，当且仅当 Warpe 争辩'）毫不相关。我在其他地方提出，即使是这后一种情形也不应当评价为借由系统意义成真，卡普兰对成真。的定义还可能由于混淆了意义问题与使用问题而存在不足（参见 Predelli 2012a）。在此，我满足于简要提及这个问题，部分地还由于认识到，我在第 1 章接受一种经典非相对论的真值观是出于简洁性的考虑，而非由于理论信念使然（关于语义相对论的讨论，参见 MacFarlane 2003, 2005, 2008 和 2009）。

* 第 4 节 言语行为观

正如第 1 章间接表明的那样，用法表征在我使用该术语的意义上旨在体现言语行为（至少某些方面的）非正式思想。至此，事实上在下文的大部分篇幅，同言语行为论中的核心概念——*语力*——相关的问题明确地置于讨论范围之外，我一直满足于将用法仅仅表征为表达式 – 语境对。之所以在本章最后一节我费事提及语力，这是因为至少我所考虑的有些因素看来适合于言语行为理论研究中的某些现象；这些现象同样相关于某种成真（或成假）的倾向，无法仅仅借由系统意义解释。（第 8 章第 5 节将再次简要讨论言语行为问题。）[7]

　　将语力考虑在内必然意味着用法表征可能不仅包括指明表达式与语境，而且必须诉诸为了鉴别讲话者所施行的言语行为类型所需的那些特征——例如，为了区分*断言* Warpe 争辩、*假定* Warpe 争辩或者*发问* Warpe 是否争辩。因此，'Warpe 争辩'的断言性用法现在必须表征为：

　　(h) $u = <</\text{Warpe 争辩} /, [_{\text{S}} \text{ Warpe 争辩 }], k>, c, 断言 >,$

亦即通过一个结构，它的最后一个成分包含在语力理论的范畴中。[8] 于是，更加普遍地说，表达式（句子）s 的使用 u 现在必须通过一个三元组合表征，包含表达式、语境与语力 f：

　　(i) $u = <s, c, f>$。

第 2 章和本章前几节的思想（除了偶尔稍作无伤大雅的前展之外）关注独立于语力的限制，即关注语境 c 需要满足的限制，如果 $< s, c, f>$ 是 s（面对面）用法的表征，无论选择什么 f。本章最后几段集中简要探讨进一步的具体语力的限制，特别是相关于断言的限制。因此，我着手讨论那样一类语境，其中 $< s, c, 断言 >$ 是一种用法，亦即正像我还经常写成的那样，s 的断言性使用的那类语境，称为 CU^{T} (s, 断言)。

　　就一般性断言与语力而言，正像就此而论，说到句法结构与发音时，在此细节并不具有直接的重要性。毕竟本书直接关注的既不是句法学、音系学，也不是言语行为论，而是下述两方面的关系：一方面是这些研究领域最终可能

7　经典文献，参见 Searle 1969 和 1975，Austin 1975，Bach 与 Hamish 1979，Davidson 1979b，Searle 与 Vanderveken 1985 以及 Recanati 1987。最近对之后文献的研究，例如参见金辛（Kissine 即将发表）。

8　顺带地说，鉴于我偶尔讨论包括断言以外的其他语力，分析 k 的效果需要考虑所谓的满足条件，而非真值条件——尽管我始终不会明确地讨论满足条件，我将继续假定我关于*真值条件*的讨论将由读者宽容地修改，以适应有关的言语行为类型。

产生的某些成果；另一方面是真正的语义学问题。然而，在此像前面那样，采用某些至少初看起来可行的思想证明具有某种教学上的优势，只要是为了使论述保持在不那么过于抽象的程度。因此，在这一节里，我没有做进一步阐释就想当然地*假定*了言语行为论中相当为人熟知且得以确认的立场，这种立场涉及（适切的、真诚的，等等）断言的某个特征。一个初步的*防止误解的说明*：按照我想当然地接受的路径，大概按照任何可行的其他路径，在陈述有关条件时，很可能在陈述其他条件时也是这样，语义*内容*的概念发挥着凸显的作用。前面提到，看来可能适合这个目的内容概念*大概*必须要比接近于第 1 章框架中的某种'语义内容'概念的那些项目（即内涵）更加精细。可是，尽管'断言内容'的概念无疑理应受到哲学文献中所得到的关注，但是，总体上说，我在下文所说的一切仍然不依赖于这方面可能引起争议的细节。因此，我径直接受缩略为*内容*$_c(s)$ 的's 在 c 中的内容'的某种理解，这种理解也许可以直接产生于这种或那种语义学框架，并且希望可以在这种或那种言语行为理论中富有成效地加以运用。为了简化我对断言的（假定）条件的阐释，我还利用以下建议，即无论可能是什么，内容用作诸如信念这种所谓命题态度的可能客体，并且为态度归赋中的'that'从句提供语义值。因此，例如，我假定个人 a 可能对*内容*$_c(s)$ 持有一种信念态度，即更加简略地说，a 可能相信*内容*$_c(s)$，而且每当 a 在 c 中确实对*内容*$_c(s)$ 持有这样一种态度时，句子'a 相信 s'就成真$_c$。

　　现在假定某人通过在语境 c 中说出句子 s 而（正确地、适切地、真诚地）断言某物，仅当这个人在那个语境中相信相关于那个句子的内容。[9]换言之，假定 c 是 s *断言地使用的语境*（至少根据 F），仅当讲话者处于上面提到的认识状态中，即，

　　(j) $c \in CU^F(s, 断言)$，仅当 c_a 在 c 中相信*内容*$_c(s)$。

像通常那样，这样一种限制产生（自反性）确定^{F}的结果。更加确切而普遍性地说，给定任何使用理论 T，我说句子 s_1 *断言确定*^{T}句子 s_2，或者更加通俗地说，s_1 的断言确定^{T}句子 s_2，当且仅当对于 s_1 的所有断言性使用语境，成真$_c(s_2)$；亦即，

　　(k) s_1 断言确定$^T s_2$，当且仅当$_{定}$对于所有 $c \in CU^T(s_1, 断言)$，成真$_c(s_2)$。

因此，如果 (k) 对路，句子'Warpe 争辩'断言确定^F

---

9 我也许要你假定某个成假的东西（这正如一位审稿人所说，'所需的只是接受'），但是，我在此的结论可以容易地根据自己喜欢的断言阐释重述。

（18）我相信 Warpe 争辩，

这是在下述意义上，即给定任何断言'Warpe 争辩'的语境 c，（18）相对于 c 成真。

鉴于现在应当是意料之中的那样，句子 s 是断言确定的，当且仅当 s 断言确定 s，那么从（j）就可以推论下面这个句子是断言确定的[F]：

（19）我现在相信某种关于自己的东西。

在所有断言这个句子（面对面）的语境中这个句子成真。这是因为，根据（j），在任何这样的语境 c 中，讲话者相信*内容*$_c$(19)，亦即讲话者相信自己相信关于自己的某种东西，从而*成真*$_c$(19)。当然，那个句子是*断言*确定的：（19）的确定的性质同该句子被断言相关，如果某人仅仅作为*假定*而想着（19），就很可能处于一种语境，在那个语境中这个人无法拥有任何关于他自己的相关信念。我还认为显而易见的是，（19）不能借由系统意义本身成真：例如，肯定存在这样的语境，其中的施事者在语境的时间绝对没有意识到，从而*更没有*进行任何自反性沉思。于是，句子（19）是仅仅断言地确定的。[10]

一个相对可行的想法是，断言的分布覆盖合取（即我如果断言地使用's_1 *和* s_2'，就断言地使用 s_1，也断言地使用 s_2）。用这个想法充实断言理论有助于探讨一个熟悉的仅仅断言*不确定*[F]的例子，即对于所有（面对面）断言使用语境*成假*$_c$的例子：

（20）Warpe 争辩，但我不相信 Warpe 争辩。

假如借由分布性，（20）断言使用的任何语境 c 是'Warpe 争辩'的断言使用语境，那么，从（j）就可以推论，c 的施事者相信 Warpe 争辩，从而*成假*$_c$(20)。因此，（根据 F）对于所有断言使用的语境 c，（20）成假$_c$，即为断言不确定的[F]。[11]

---

[10] 卡斯塔涅达将语义性质区分为'逻辑性'（lalic）、'语法性'（phemic）和'言说性'（phrastic），大致对应于我所区分的确定之三种情形：产生于例显过程性质的确定；产生于系统意义方面的确定；产生于同这种或那种言语行为特征相关问题的确定。"……只有当在正常语境中我断言地使用 P，P 才隐含我相信 P，即 P 言说地隐含'我相信 P'。我们可以说，句子'我从不使用语言'逻辑上是不相一致的，而'我昨天晚上去看戏了，但是我不相信这么做了'只是言说上不一致的"（Castañeda 1957: 91-2）。

[11] 顺带地说，在非面对面的会话中（20）可以成真地使用："如果延迟断言是可能的，那么 G. E. 摩尔声称不能断言下面这样的句子就是错误的：'我上周二去看电影了，但我不相信我去看了'……窍门就在于将这句话写在自杀前的条子上"。"英国喜剧界可以在圣吉尔斯墓地（维特根斯坦也葬在那里）摩尔的墓碑上挂上一块标志，这块标志对雨感应，上面写着'在下雨，但我不信'。仅当下雨时，标志上的字才会看得见"（Sorensen 2007）。

　　句（20）是所谓摩尔*排除式*悖论的典型一例。[12] 句（20）尽管是不确定的，却不是借由系统意义本身成假。这一点在讨论摩尔悖论中反复出现，这正如路德维希·维特根斯坦所说，在这些情形下所争论的是"某种类似于矛盾式的东西，尽管这不是一个矛盾式"；虽然对其分析最终会教给我们"某些关于断言逻辑的东西"，这也将向我们表明"逻辑并不像逻辑学家所认为的那样简单"（Wittgenstein 1974: 177 和 6–7）。

　　对这位神秘的奥地利人的话意译一下，导致确定结果的理论并不像单纯的系统意义理论那样简单：因为尽管（20）与成假性密切相关，这不是一个矛盾式，而只是一例断言不确定。[13]

第 5 节 我现在何处？

在本书的头三章，我探讨了系统意义在语义学中的作用，专注于对比两个方面：基于系统意义的结果与产生于系统意义之外使用因素的规律性。因此，我推断，每当这种对比得不到正确理解时，*误置系统意义谬误*就会不断地对任何真值条件理论框架构成威胁。

　　表面上看，本书下两编的视角出现明显的转变：我一劳永逸地将对这种或者那种'使用理论'的初步尝试搁置一旁，继而研究真正的语义学问题，关注某些表达式的意义。然而，在另一种意义上，这种分离并不那么巨大。我旨在下文研究的意义方面不是由系统意义编码的，亦即这些意义方面不是所研究的表达式真值条件性质的一部分。因此，*误置系统意义谬误*的危险依然如故。

---

12 也许值得指出，至少就我而言，我对摩尔句子的分析并不构成对摩尔*悖论*的'解决办法'，亦即并不构成对有时称作'摩尔荒诞'的解释。一方面，我并未对悖论的'承诺性'形式做出评述，这种形式的悖论诸如'Warpe 争辩，但我相信他不争辩'（参见例如，Williams 1979）。另一方面，至少根据有些人的看法，摩尔荒诞的真正根源必定在于思想层面，所以在这方面，仅靠语言分析可能是不够的："……任何方案假如实质上诉诸交际层面出现的特征而在思想中没有相关的类似特征，将是不合适的"（Heal 1994: 6）；"假如某人*不断言*一个排斥型或承诺型摩尔命题，却*判断*该命题成真，就会出现摩尔荒诞"（Green and Williams 2007）。这方面的一个不同观点（还有关于同本节某些思想很大程度上一致的评述），参见 Lawlor 与 Perry 2008；关于所谓的语用悖论与摩尔悖论之间的关系的进一步探讨，还可参见 Chan 2010。

13 罗伊·索伦森的'上帝知道我们都是无神论者'（Sorensen 1988: 17）以及大概还有约翰·贝利的'我是幽默的'和'我是低俗的'（Bayley 1964: 298）提供了类似于摩尔悖论的例子。源于索伦森的另一个特别有趣的实例是从特蕾莎修女口中说出的'我总是非常卑微'。索伦森对特定使用者的规定具有启迪意义：只有从适合于特蕾莎修女的很高的道德标准之观点看，宣称卑微算作无根据自信的高傲行为。令人怀疑，这种（或任何其他）道德标准对于普遍性言语行为理论有任何特殊意义。因此，特蕾莎修女的例子可能引起类似于第 2 章脚注 7 中提到的那些问题——涉及确定[T]与外在于使用规律性的问题之间的多少有些模糊的界线。

有鉴于此，正如我在下一章开头所解释的那样，那种结构上类似于至此使用的框架依然适用于研究非真值条件意义。根本不同的一点在于：我即将在本章剩余部分讨论的确定之结果并不依赖于这种或者那种使用之特殊性，而且在'语义学'作为（在这种情形下，与真值无关的）意义方面之研究这个传统定义上，带有真正的语义学性质。

在我论述特定的具体实例时，这一切可望变得更加清楚。我将从很可能是最无争议的例子入手，这些范例涉及有意义但对真值条件无所贡献的表达式：第二编开头讨论的'哎呀'与'好哇'等感叹词。然后继续讨论可望更加有趣、偶尔出乎意料的非真值条件意义实例，诸如第三编对引语与示指的分析。

第二编

第 4 章
非真值条件意义导论

哎呀，过了一定年龄，每个男人都应对自己的脸面负责。

（A.加缪《西西弗的神话》）

第 1 节 意义与使用

按照我在本书整个第二编阐发的假设，对表达式可能在其中使用的语境的某些限制不能从关于这种或者那种使用的普遍事实中得出，而是从编码于该表达式意义的特殊规律性中产生的。在绪论性的第 1 节中，我非正式地探讨这一思想的某些一般性方面，我将在这个思想同第一编讨论的问题具有的关系上短暂停顿。在第 2 节，我将从感叹词实例入手，开始详细论述我对意义的看法，专注于某些应用前景。第 5、6 章转入各种其他现象，包括诋毁词、语域及其他'表态式'，然后在第 7 章回到对几个感叹词进行更加详细的形式分析。

至此应当清楚的是，第一编的所有结果无一能够以意义解释得通：对于某些使用理论 A 与 B 和表达式 e，$CU^A(e)$ 的类不同于 $CU^B(e)$，纯粹这个事实指向的结论是，有关的语境限制完全同 A 和 B 描述的使用类型相关，而与 e 的规约性特征无关。关于使用的某些必要条件的情形也是如此。我在第 2 章将这些条件（可商榷地）看作各种使用的特点——诸如这样的概念，即对于所有 T 和 e，$c \in CU^T(e)$，仅当在 c 中存在、过去存在或将要存在例型（参见第 2 章条

件 (e))。原因在于，假如这个条件的确像我理解的那样具有普遍性，其普遍性的产生必定是因为关于语言使用不可避免地宽泛的事实，而不是因为这个或者那个表达式特有的性质。

我打算在下文探索的思想是，某些关于一些表达式（适当而没有缺陷）的使用的*额外条件*可能产生于其意义的规约性特征。例如，根据这个假设（为了具体起见，预先提一下我将在第 2 节讨论的一个例子），'好哇'仅仅可以由赞许地看待某个事件的讲话者恰当地使用，这正是这个表达式意义的主要部分。结果，'好哇'的那类使用语境可能只包含带有至少偶尔欣喜若狂的施事者的语境，这并非出于有关使用类型性质的理由，而是编码于这个感叹词规约意义之中的特征使然。[1]

同第一编的'普遍性'限制不同，这种由意义编码的限制获得一种*规定性*，而非仅仅*事实上*的普遍性。因此，例如，'好哇'也许适合于各种情景，包括只用于其历史包含 6 字母发音的例型的语境很可能适合于各种情景，包括直接面对面会话到涉及录音设备与类似装置的更加特别的场合。但是，如果这个想法确实普遍地适用，这是由于（在细节上作必要修改后）适合于各种表达式的理由，而非特别适合于'好哇'的理由。另一方面，'好哇'的使用要求一个高兴的施事者，这个观点获得普遍性地位，借由同'好哇'的个性特征完全相关的规律性，而同语言表达的具体细节毫不相关。

给定这后一种限制的'使用类型无关性'，我将它们确定的那类语境表示为 CU(e)，不带上标。因此，CU(e) 是这样一类语境，与受制于这种语境限制的 e 的意义方面一致。例如（非常初步地）：$c \in$ CU(好哇)，仅当 c_a 赞许地看待其物。

'CU(e)' 与比如 'CU^F(e)' 书写上的相似性并非偶然：在其中任何一种情形下，所针对的都是所有语境的类之小类——大致地说，对于'好哇'而言，在 CU^F(好哇)的情形下，那类语境包含 6 字母词型之例型，在 CU(好哇)的情形下，那类语境中的讲话者满意。因此，转向那些例子，其中的 e 是句子，而非'孤立的感叹词'（正如在第 4 节讨论的那些例子），这两种情形都促使严格区分'在所有使用语境中成真'与'无论在什么语境中都成真'：类似于第一编中讨论过的实例，句子 s 很可能对于所有 $c \in$ CU(s)，成真 $_c$，而不借

---

[1] '使用'始终用于第一编引入而且在很大程度上处于整个第二编前景中的意义。当然，这是因为这一章所讨论的不是'好哇'（即 /hurray/）可能例现的场合，而是符合编码于该表达式意义中要求的语境，这儿'意义'的涵义我马上就会讨论。

由系统意义本身成真。结果，这两种现象都会引起'确保成真用法'的直觉，这种直觉不能理解为做出系统意义推论的证据。

但是，对于这种或者那种 *T*，不加上标的 CU(*e*) 与相对于使用的理论 CU^T(*e*) 之间的差异也是至关重要的：如前面所提到的，不同于作为 CU^T(*e*) 成员的标准，作为 CU(*e*) 中成员的标准受意义支配，亦即，这些标准是 *e* 的规约性质的主要部分。因此，例如，我关于 CU^F(好哇) 的观点是否正确，这将基于人们对面对面会话所偏爱的阐释决定。但是，关于 CU（好哇）我将写下的东西是否正确，将基于纯语义学因素确定，亦即基于同该表达式的意义相关的因素确定。

我至此指出的 CU^T(e) 与 CU(e) 之间的相似之处与不同之处，表明了至少在某些表达式的意义中的一个重要区分。一方面，CU(e) 理论是 e 的（部分）意义理论。因此，对于这个或者那个 *T*，不同于 CU^T(e) 的阐释，CU(e) 理论将算作一种*语义学*理论，至少在'语义学'作为意义研究这种日常意义上如此。然而，正如两段之前提到的，我旨在阐发我对 *CU(e)* 的理解的方向是借由不同于 e 的系统意义的方向。特别是，就句子而言，这里所涉及的是恰当（正确、不折不扣，等等）使用的语境类，与获得真值的那类语境相对立。因此，在将'语义学'理解为真值条件研究这个不同却同样普遍的意义上，我对这个或者那个表达式 e 的 CU(e) 的分析，正像我对 CU^T(e) 的讨论那样，将不会产生语义学结果。

换言之，鉴于 CU(*e*) 由意义支配的条件独立于同 *e* 的系统意义相关的问题，至少某些表达式的意义的至少某些方面可能不为其系统意义穷尽。鉴于系统意义确定意义的真值条件相关方面，就可以推论这些意义编码的使用限制提供了*非真值条件*意义（至少某些方面）的表征。因此，我以那些在我看来相对一目了然的*纯非真值条件意义*的例子，亦即用显然有意义但看来根本没有真值条件性质的表达式，开始例示这些模糊不清、稍经压缩的初步表征：'好哇'与类似的'孤立感叹词'。[2] 在第 3 节讨论无上标*确定*之后，我在第 4 节转向更加有趣的完整句子的实例，这些句子既带有系统意义，同时又具有独立于系统意义方面的意义。

---

2 关于'感叹词'所偏爱的、理论上有用的涵义，以及关于下面两方面的关系，几乎没有什么一致看法：一方面，关于这个词包含什么；另一方面，相关联却又不同的现象的范例——从我的观点看，特别是关于感叹词、填充成分、话语标记以及诸如'谢谢你'或者'再见'这种表达式之间的界线，似乎不存在什么共识（正如 Norrick 2009: 869 所述，"这个区分最多也是模糊的"。还可参见 Ameka 1992a，Wilkins 1992 和 Wharton 2003。关于感叹词与填充成分的关系，例如参见 O'Connell 与 Kowal 2005）。

第 2 节 '好哇'与其他感叹词

考虑一下'好哇'(hurray)的简单例子,诸如威斯特弗尔在圣诞节对这个表达式的使用 u,作为听到宣布库比杰克过早死亡时做出的反应。看来清楚的是,在那个场合威斯特弗尔的话不能理解为仅仅是一种'口头释放',类似于疼痛的呼喊或者打嗝:他使用的这个表达式,感叹词'hurray',是英语的一个表达式,带有英语(至少在一定程度)赋予其的语音、句法与语义的性质。[3] 另一方面,看来可以合理地假定,'好哇'的语义性质同真值条件毫无关系,更同系统意义毫无关系。原因很简单,这个表达式的使用根本不能做出成真成假的评判。因此,不满于库比杰克死亡的人很可能说出类似下面的话对 u 加以反驳:"没什么可高兴的";或者更带学究味地说:"没有理由对这件事情表示赞许",但是以"那成假"来反对 u 可能几乎无法减弱威斯特弗尔不当的热情。[4]

倘若'hurray'(好哇)的确是一个有意义但却失去系统意义的英语表达式,那么就可推论,系统意义并不穷尽意义,某些表达式的意义的某些方面同真值条件的结果毫不相关。[5] 根据第 1 节做出的假设,意义的这些方面可以由对(适当地、不折不扣地,……)使用该表达式的那类语境的意义支配限制加以表征,亦即通过对 CU(好哇)限制的表征。以词典对'好哇'的定义为引导(根据《牛津英语词典》,"表达赞誉、鼓励或者欣喜的呼喊"),下面提供了该类成员必要条件的初步恰当的近似表述:

---

3 获益于关于感叹词是否确实是'语言的一部分'的传统争鸣(关于这场冗长争鸣的概述,参见 Ameka 1992a)。顺带地说,(例如,正像 Wilkins 1992, Wharton 2003, Padilla Cruz 2009 和 Poggi 2009 中指出的那样)感叹词看来并未完全失去词态/句法特性。例如,'this is the yuckiest mouthwash'(这是最令人厌恶的漱口水)中词态上的复杂性看来没有问题,而'he is the hurray father of three children'(他是三个孩子的好哇父亲)则根本就是不合语法的。一些(所谓基本)感叹词(诸如'ssh'嘘、'psst'嗨、'tsk-tak'啧啧、'phew'咳)具有非典型的音系。这个事实有过很多论述:例如,有关讨论可参见 Ameka 1992a, Wilkins 1992, Norrick 2009, Wharton 2003 和 Poggi 2009。

4 应当承认,这些几乎无法为任何东西提供多少决定性证据。但是,'好哇'实例在此具有相关性,不是因为我对感叹词有着独立的兴趣,而是作为希望是可行的初始教学示例,说明我打算阐发的理论框架:如果'好哇'最终毕竟具有有趣的系统意义,那么我选择的例子就太糟了。

5 这里所讨论的是非真值条件意义,这个观点尽管经常在语言学中不这样明确地表达,但显然却很流行。例如,Wierzbicka 1992 借用了比勒对 *Ausdrucksfunktion*(表达功能)与 *Darstellungsfunktion*(描述功能)的区分(Wierzbicka 1992: 162);(例如,正像在 Wharton 2003: 182 中所述)卡普兰区分了'描述性'与'表达性'内容(还可参见 Poggi 2009);Wharton 2003 探讨了(Blakemore 1987 意义上的)'概念性与程序性'编码的区别,还讨论了言说与表明之间的区分(并参见 Padilla Cruz 2009)。非真值条件意义的概念可能也存在于阿梅卡下述思想中,即感叹词尽管有意义,却不'具有所言,即命题内容'(Ameka 1992b: 246)。还可参见 Cruse 1986: 271,他区分两种'语义模式'。

(a) $c \in$ CU（好哇），仅当 c_a 在 c 中赞成某事。[6]

于是，诸如 (a) 这样的条件，（至少部分）反应了'好哇'的非真值条件意义，这正像在非正式的释义中：仅在你赞成某物时使用'好哇'。[7]

贯穿整个这本书，我把理解为 CU(e) 一套限制的表达式 e 的非真值条件意义称作 e 的*偏性*。由此推论，表达式的意义并非必定由其系统意义穷尽，而可能包括偏性的标示。事实上，由于我对可能既独立于系统意义又独立于偏性的意义维度缺乏兴趣，所以一般而言，表达式的意义是（可以表征为）系统意义–偏性对。总之，就'好哇'而言：

(b) *意义*（好哇）＝<*系统意义*（好哇），*偏性*（好哇）>

其中，*系统意义*（好哇）假定是某种'虚设'系统意义，反映了'好哇'不影响真值这个观点；*偏性*（好哇）基于诸如条件 (a) 决定。因此，按照第 1 章中的形式对表达式做出的表征需要相应地修正：现在所涉及的不是发音–结构–系统意义的三元组合，而是发音–结构–意义的三元组合，有如下述：

(c) 好哇＝</ 好哇 /, [感叹好哇], <*系统意义*（好哇），*偏性*（好哇）>>。[8]

给定将在语境 c 中表达式的使用表征为表达式–语境对，就必然意味着 <e, c> 对是一个用法，仅当 c 符合 e 的偏性。例如，<好哇, c> 是该感叹词（任何类型）的一个用法，仅当 c 服从诸如 (a) 的限制；亦即，仅当 c_a 在 c 中赞成某物。

6　'在 c 中'，亦即正式地在 c_w 和 c_t。根据第一编的考虑因素，意义编码的'赞成要求'可以诉诸语境的时间表达的思想可能需要修订——这正如一位厌世的人在其遗嘱中写道"好哇! 我不再活着"。但在这个阶段无需在意。

7　这很可能是一个很弱的必要条件：所说的'某物'在有关背景中可能需要适当地凸显，大体按照'讲话者赞成那个'的方式。正是这种背景敏感性促使有些人谈论（至少许多）感叹词意义的'指示性'成分（例如，Wilkins 1992: 173；按照他的说法，"所有感叹词都是指示语"。Poggi 2009 把感叹词理解为*指示信号*）。大致以关联论风格的'充实'方向的发展，参见 Padilla Cruz 2003: 193-4。关于一个相关的问题："区分表达意义与命题意义的【一个】特征是，这只对说话者在说话的时间与地点有效…… 语言超越话语直接语境的能力（有时称作位移能力）…… 完全依赖于命题意义"(Cruse 1986: 272)。

8　'好哇'充分完备的表征会是什么样呢？亦即按照第 3 章第 4 节的形式，采用还包含语力的三元组合？尝试性地说，看来这里所涉及的必定是某种类似于塞尔称作'表达类'的东西 (Searle 1976)，正如在 <好哇, c, 表达> 中那样。威尔金斯采用'感叹类'，至少他所称的'情感型感叹词'而言如此："…… 也许可以说，情感型感叹是感叹类言语行为……"(Wilkins 1992: 152)。至少处于语力问题边缘的争论似乎也是不同类型感叹词区分的根源，诸如 Ameka 1992a 区分'认知性'感叹（如'好哇'）与'增强性'感叹，如，'嘘'（非常粗略地说，就'嘘'而言，讲话者要求安静。并参见 Wierzbicka's 1992 将感叹词划分为情感类、意愿类和认知类）。顺带注意，感叹词看来'传达一个完整的言语行为'，而不能因此分析成省略句（它们在 Poggi 2009: 171-2 的意义上是表句词；还可参见 Ameka 1992a，Cuenca 2000 和 Norrick (2009)。这个可能性或许与关于所谓'次句性言语'的争鸣相关（除了其他文献，参见 Stainton 1997，Elugardo 与 Stainton 2004a 和 2004b，Ludlow 2004，Corazza 2011 以及 Predelli 2011b)。

（当然，那个对子是（比方说）'好哇'面对面使用的表征，仅当除了这些偏性编码的条件，c 还服从由 F 施加的独立于意义的限制，诸如第一编中讨论的那些限制：c_a 在 c 中例型地使用 / 好哇 / 的发音、c_a 在 c 中使用感叹词，等等。）

说明一下一些*非正式的*术语。这些术语在下面的讨论中会派上某种用场。将（c）中的形式加以推广，我将*所有表达式*的意义视作系统意义 – 偏性对；但人识到一个显见的事实，即并非所有的表达式具有有趣的非真值条件意义。例如，像'Warpe'这样的专名让我觉得，至少*初步地看*，其偏性是微不足道的：CU（Warpe）只不过是 C，所有语境的类。[9] 我这样地给表达式 e 命名，从而 $CU(e)$ 作为*偏性*表达式是 C 的恰当子类。因此，'好哇'是偏性的，而'Warpe'大概不是，其涵义是'Warpe'意义的所有有趣方面均编码于其系统意义之中。为了简明，我也把诸如'好哇'这种偏性的但却缺乏有趣的系统意义的表达式称作*纯偏性*表达式。

下面再举几个纯偏性感叹词偏性部分的例子，只是为了多样性（细节完全可以商榷，参见脚注中另外几条防止误解的说明）：[10]

（d）$c \in CU($ 呸 $)$，仅当 c_a 在 c 中不喜欢某物的味道

（e）$c \in CU($ 呵 $)$，仅当 c_a 在 c 中感觉冷

（f）$c \in CU($ 哇 $)$，仅当 c_a 在 c 中确实对某事感到惊讶

（g）$c \in CU($ 哎哟 $)$，仅当 c_a 在 c 中感到疼。[11]

另外，如果开普兰 (Kaplan 1999) 建议以'我刚才目睹了一个小的不幸'来分析'oops'（哎哟）是对路的，那么，

（h）$c \in CU(oops)$，仅当 c_a 在紧接 c_t 之前的某个时间在 c_w 目睹了一个小的

9　对于*某些*专名，我在此*可能*出错——'超人'和'肯特'尽管在系统意义上无法区分，也许可能带有不同的偏性。如果假定所有专名都不具有偏性我是错误的，那会证明是个有趣的错误；参见第 5 章第 5 节。（与这个例子相关的一些问题，参见 Saul 1997 以及之后的争鸣，包括我的 Predelli 1999 和 2001 a。）

10　这些限制中至少有些肯定可以允许相当的模糊性（参见 Wharton 2003: 180 和 Padilla Cruz 2009: 191），尽管一些感叹词似乎"具有可以严格表述的意义"(Ameka 1992b: 246；并参见 Wilkins 1992)。参见克罗兹以假定内容充实过程的背景敏感性对这种模糊性的阐释 (Padilla Cruz 2009: 194 和 198)。

11　然而，注意，可以认为，每当讲话者目睹*另外某人*突然疼痛时，也可以使用'哎哟'，这正像看到滑冰者摔倒时，我喊道："哎哟"。（同样，细节上加以适当修改，其他感叹词也是如此）。很可能是，这两方面都应当以某种方式结合到对英语表达式'ouch'（哎哟）之偏性的更加恰当的阐释之中（例如，采用那种类似于波茨对语境中的施事者与其评判者参数的区分这个策略，参见 Potts 2007a 和我在第 6 章中的评述）。但很可能不是必须采取的策略，诉诸感叹词*回音性*使用的概念可能证明能够揭示解释这个现象所需要的资源（也可参见脚注 18 和本章后面第 4 节最后几段以及第 6 章）。

不幸。[12]

最后，从我的母语（意大语）引用两个例子：

    (i) $c \in CU(boh)$，仅当 c_a 在 c 缺少某物的知识

    (j) $c \in CU(uffa)$，仅当 c_a 在 c 厌倦了。[13]

第 3 节 意义与确定

使*确定*[T] 的上标性定义适应于非上标 $CU(e)$ 的情形，我将说

    (k) 表达式 e 确定句子 s，当且仅当[定]对于所有 $c \in CU(e)$，成真[c](s)。

注意在此不存在上标：确定的结果产生于意义问题。不同意我这方面结论的读者不可避免地卷入*语义学*分歧之中。当然，'语义学'是在意义理论，而非真值条件理论的涵义上：因为对偏性的认识直接蕴含着，将意义问题认同于真值条件问题的传统做法必须抛弃。[14]

    如果（a）（即，$c \in CU$（好哇），仅当 c_a 在 c 中赞成某事）的方向正确，那么，'好哇'就确定

    （1）我赞成某事，

这个意思是，每当'好哇'按照其意义使用，即每当 <好哇，c> 是'好哇'用法的表征时，c 的讲话者赞成某事，因而成真[c](l)。细节稍作修改，并且某种程度上考虑到我用多少有些口语化的英语讨论我的例子，'呸'确定'我不喜欢这个'，'呵'确定'我冷'；按照开普兰的释义，'oops'（哎哟）确定

    （2）我刚才目睹了一个小的不幸。

---

12 关于这里可能涉及的问题十分详尽的建议，参见 Wierzbicka 1992：163。

13 关于这些因素扩展至某些手势（诸如捻手指发劈啪声或者意大利的'钱包手'手势）和某些版式（诸如使用黑体或者斜体，等等），例如，参见 Wilkins 1992 和 Poggi 2003。可能相关的现象包括 Ameka 1992a 所说的应酬性感叹词，即'用以建立和保持交际联系'的感叹词（诸如口语中的'嗨'或者'嗯嗯'）；经典*话语标记*，诸如'你知道'、'实际上'、'有点儿'、'好'（例如参见 Schiffrin 1988 和 Siegel 2002）。提醒读者农贝格关于书面语的研究总是一个好主意。因此，我在此也要这样做：参见 Nunberg 1990。

14 作为研究意义的语义学与作为研究真值条件的语义学的区分也从所谓'语境论'路线做出，例如，正像在 Travis 1997 中那样。我将之看作是显见的，即我的区分基于'真值条件'一种可理解的涵义上，完全独立于语境论思想。至于语义学作为规约意义研究的观点，对什么应当包含在语义学中（而不划归语用学），我也 [同卡普兰]（始终）共有很宽泛的看法。语言教师应当看作特定语言意义教学一部分的任何内容应当包括在语义学中；相反，关于该语言讲话者在特定时间的习俗和社会学事实则不然。我从来也不理解，为什么有些人希望对语义学加以限定，从而将任何不是清晰地由真值条件提供的东西排除在外，更不用说将指示性表达式排除在外了。人们可能认为，这个问题纯粹是术语上的问题，但我的强烈感觉是这并不完全是个术语上的问题。相反的看法会把我们引入歧途（Kripke 2011: 2，脚注 5）。

当然，从定义（k）和这些确定之结果，例如，还可以推论，'好哇'确定

（3）要么我赞成某事，要么月亮是奶酪制成的

并且 'oops' 也确定

（4）如果月亮由奶酪制成，那么我刚才目睹了一个小的不幸，

这些都是借由以下事实，即从（1）到（3）、（2）到（4）的步骤是由系统意义确保的。

顺带地说，如前面提到的，我在标记上区分'有上标类'，如 $CU^T(e)$，及其没有上标的对应类，如 $CU(e)$，旨在强调某类用法的个性特征与从 e 的偏性能够获得的普遍结果之间的区别。不过当然，探讨某类 e 的用法*也*会需要考虑由 e 的意义独立地提出的要求，因而*更有理由*考虑偏性。因此，尽管为了教学上清晰，我往往仅以在 T 中明确记载的规律性考虑'确定 ^{T}'，显然，e 是否确定 ^{T}s 还必须取决于 e 在非上标确定层面上获得了什么。由于在本书的剩余部分，使用类型的问题始终处于背景中，所以，作为对我在此所考虑内容的解释，一个（完全可以商榷的）例子足矣。基于假定，'x 在 t 目睹某事'蕴含'x 在 t 存在'，因此，根据在 (h) 中对 'oops' 的论述，就可以推论，这个表达式确定

（4）我一会儿之前存在，

因而该表达式*更加*确定 ^{F} 这个句子。根据假定，"我现在存在"是*确定的* ^{F}（参见第 3 章第 3 节），就可推论：

（5）我存在了一段时间

由 'oops'（哎哟）*确定* ^{F}。[15]

同前面一样，在此表达式确定句子的概念仍然将不如句子被确定的相关思想那样凸显。后一个概念的定义至此应该清楚了：

（1）句子被确定，当且仅当对于所有 $c \in CU(s)$，成真 $_c(s)$。

注意，既然 $CU(s) \subseteq C$，所有借由系统意义本身成真的句子都是被确定的。为了区分出借由偏性效应而获得被确定性质的那类句子，我说，某个句子是*仅仅被确定的*，当且仅当它是被确定的，但却不借由系统意义本身成真。鉴于诸如本节讨论的那些简单感叹词的非句子的、对真值无影响的性质，然而，研究确定与 / 或仅仅确定这个或者那个实例，将不可避免地需要专注于比诸如'好哇'或'哎哟'等表达式的孤立使用略微复杂的实例。我在下一节转向第一组这样的例子。

---

15 我希望，这个程度是可以理解的，但是不严谨的。比如，对面对面使用的那类语境（我将之称为 $CU^{F\star}$）的'宽式'评价产生于 CU^F 和 CU 条件的结合，正如：$CU^{F\star}(e) = CU^F(e) \cap CU(e)$。

第 4 节 句子性 '哎呀'

像 '好哇' 那样，'alas'（哎呀）可以独自使用，作为类似于 'ouch'（哎哟）和 'oops'（哎哟）的纯感叹词。然而，与 '好哇' 一样，'哎呀' 也可以相对自然地用作 '句子的一部分'，即作为带有真值条件性质的复杂表达式的一部分，如下例：

(7) 哎呀，原因在于我们的脆弱，而不在于我们。[16]

满足于由这个句子结构表层提供的证据，我继而对其句法结构假定一种简单的看法，如在 [s 哎呀 s] 中那样，其中 s 必定是一个不进一步包含 '哎呀'、'好哇' 或类似感叹词的句子。[17]

换言之，我在此对 '好呀' 在句子中的使用（'句子性哎呀'）感兴趣，不是由于与这个表达式句法分布相关的问题，也许甚至不是与其语义性质相关的所有细节。相反，我对这些表达式之所以感兴趣，是因为至少当出现在诸如 (7) 这样的例子中时，这些表达式为我对*确定*概念的讨论提供了进一步的教学证据。于是，比如，将 (7) 与下面的句子作一比较：

(8) 好哇，原因在于我们的脆弱，而不在于我们

以及

(9) 原因在于我们的脆弱，而不在于我们。

这些句子共有真值条件性质：其中的每个句子正是基于下述条件成真 c，即在 c 中，原因不在于包括 c_a 的某组人，而在于那组人的脆弱。因此，假如与莎士比亚不同，你事实上为下述信息感到轻松，即原因不在于我们而在于我们的脆弱，你可能自然地对说出 (7) 做出反应，而这样反驳：真的，可是为何说 '哎呀'？或者：是的，是那个原因。但跟你不同，我对这个事实感到轻松，

---

16 莎士比亚《第十二夜》第二幕第二场。我假定，根据对于 '哎呀' 的任何可行的分析，它作为独立的感叹词出现与其在诸如 (7) 中的使用应当具有词汇上有趣的关系——顺带地说，当它与介词 'for'（对……）同时出现时，就如在 'alas for those that never sing, but die with all their music in them!'（那些可悲的人，从来不唱，却带着他们所有音乐死去）（奥利弗·温德尔·霍姆斯《无声者》）。这个问题也许类似于影响所谓 '次要' 感叹词的问题（大致地说，次要感叹词指那些除感叹用法外还有其他用法的词，诸如 'hell'（见鬼）或者 'Jesus'（天哪）；参见 Ameka 1992a，Wharton 2003: 175 以及 Norrick 2009: 866）。也可参见 Poggi 2009 中对单义感叹词与多义感叹词的区分："经常就像对于所有多义项目那样，多义感叹词的两个或更多的意义之间可能发现一种语义联系"。关于一个不同却相关的问题，参见 L. 斯科拉普对话语标记 'well' 与其同形副词之间的关系的有趣的分析（和对 Bolinger 1989 与 Jucker 1993 的批评，以及关于 'well'、诸如 '哎哟' 的感叹词、像 '此外' 这样的 '过程话语连语' 和诸如 '坦率地说' 这种 "施为话语副词" 之间关系的讨论，Schourup 2001）。

17 关于感叹词句法及相关现象的重要考虑，例如，参见 McCawley 1988 和 Burton-Roberts 1993。

责任在于我们的脆弱，而不在我们。如果这样的结论值得认真对待，(7)、(8)和(9)具有类似的真值条件，即这三个句子系统意义相同。

与前相同，我在此通过依赖于对'是的，但是……'或者'真的，但是……'这种形式的判断，为我对这个或者那个例子的真值条件承诺做出最初的前理论评价提供基础。我将这种形式的回应看作对借由外在于系统意义的意义特征进行分析的方法至少提供了最初佐证。例如，假如有理由对原因不在我们的前景感到漠然或轻松，你使用(7)就很可能获得了成真性，但是并非一切都这样顺当。既然在第二编的其余部分我将继续将诉诸'是的，但是……'的自然性，作为非真值条件意义的初步证据，我不妨给这种非形式化方法起一个恰当地醒目的名字。于是，我将把这种'检验'称作*谨慎同意检验*。然而，加在'检验'上面提醒注意的引号却是不可避免的：我一刻也不将谨慎同意看作几乎任何东西的决定性证据，而至多看作仅仅提供某种初步的安慰，当遇到所分析的例子时，诉诸外在于系统意义的意义至少是可供采取的比较自然的选择。

从稍微更加形式化的角度探索'比较自然的选择'：假定以诸如*哎呀 s*形式出现的句子的语义值是组合地决定的，通过将*哎呀*的语义值用于*s*的语义值：[[哎呀 *s*]]$_{c, w, t}$ = [[哎呀]]$_{c, w, t}$([[*s*]]$_{c, w, t}$)。那么，对于所有*c, w*和*t*，[[哎呀]]$_{c, w, t}$是真值的同一性函数；*哎呀*的系统意义是恒定函数，给定任何语境，这个函数产生（恒定内涵产生）该同一性函数。那样，这恰恰正是'好哇'的系统意义，因为对于所有*c*，成真$_c$(7)，当且仅当成真$_c$(8)，当且仅当成真$_c$(9)。既然句(7)、(8)、(9)以及结果'哎呀'和'好哇'显然意谓不同，至少就正常英语讲话者并非不加区分地使用这点而言，这必然意味着它们的特殊性应当在非真值条件意义层面，亦即在偏性层面上鉴别。既然提供其系统意义的同一性函数极其乏味，我满足于将句子性'哎呀'与'好哇'描述为纯偏性表达式。

这样，就句子性'哎呀'的偏性而言，下面这条就足矣：

(m) *c* ∈ CU(哎呀 *s*)，仅当*c*$_a$不赞许地看待*内容*$_c$(s)

其中，*内容*$_c$(s)是*s*相对于*c*的内容（根据你偏爱的内容理论，在这个阶段细节并不重要——但是，参见第7章中的评述）。当然，就句子性'好哇'而言，

(n) *c* ∈ CU(好哇 *s*)，仅当*c*$_a$赞许地面对*内容*$_c$(s)。[18]

---

18 安迪·伊根、蒂莫西·森德尔和德克·金德曼向我指出，'哎呀'还可能影响某些含义，尤其是相关性含义。因此，例如，他们提出，只要我是不赞许地看待她事实上的确解决了那个问题的事实，我就可以恰当地使用'哎呀，她能够解决那个问题'。（在这个例子中，她的确成功地解决了问题这个事实只是由处于'哎呀'辖域内的句子隐含的，这个句子的语义内容只是她能够这样做。）然而，奇怪的是，基于量的含义似乎是'哎呀'的偏性所不可及的：对于'哎呀，一些人去参加晚会了'，如果讲话者只是对人们没有普遍参加晚会不满意，这句话就得不出适当的理解。

顺带*做一防止误解的说明*：偶尔，在恰当的场合，可以认为，使用感叹词可以取得从'当时当地'语境中'位移'的效果，这对基于前述语境参数就偏性做出阐释乍看起来是成问题的。因此，例如，我可以成功地取得某些交际效果，通过说出比如：

　　（10）哎呀，他们又提拔了一个女的

而根本没有不赞许地看待女士的职业成功——例如，我可以（用一种恰当地纵容的口吻）说出这句话，从而嘲讽某个凸显的第三方的性别歧视。可是，当然，比起你面对我试图为你修车时表现出的笨拙而生气的反应，这种*回音性*用法并不构成对前面提到的'哎呀'偏性的更大挑战：

　　（11）当然，我会修！我什么都会修！

是'我'指称语境中的施事者的反例。[19]（我后面在第二编，特别在第 6 章讨论诋毁语时，将回到相关问题；在第 6 章'回音'与反语问题尤为相关。）

　　同'哎呀'和'好哇'的偏性相关的更加有趣的细节和微妙之处将在第 7 章中探讨。在那一章，我将聚焦于形式片断，目的在于强调它们的一些'逻辑'特征。在现阶段，我满足于提及一些在将偏性赋予表达式时自然地产生的有趣结果——正像专注的读者至此会预料的，*确定的*结果。因此，例如，（7）确定

　　（12）我不赞许地看待原因在于我们的脆弱这个信息

而且

　　（13）哎呀，我不赞许地看待某种东西

被确定：对于（13）的任何使用语境 c，c_a 不赞许地看待由'我不赞许地看待某种东西'编码在 c 中的信息，从而对于任何这样的 c（13）成真$_c$。当然，同理，类似于下面的句子

　　（14）哎呀，我总是发现一切都令人高兴

（稍加考虑这个例子的口头表述）结果证明是*不确定的*——同前面一样，这里的涵义是对于所有 $c \in \mathrm{CU}(14)$，成假$_c$（14）。当然，只有最严重的概念混乱会在这里导致误置系统意义谬误：基于任何正经的语义学，从（7）到（12）这一步不是由系统意义确保的，而(13)是*仅仅*被确定的。

---

19 安迪·伊根提出这样一个例子，我遇到酒吧老板正要关门，他说道"哎呀，今天我们关门关得早"，而真心期盼晚上能够呆在家里。这里相关的观点是我的，而不是说话者的。关于（14），参见 Predelli 2005a。

第 5 节 不可位移性

如果'哎呀'要求一个不满意的讲话者，是处在非真值条件的偏性层面，正像我在此所假设的那样，它就应当始终不受那些算子的影响。这些算子根据任何可能的理解，影响出现在其辖域中的表达式的真值条件性质。事实上，诸如下面的句子

  （15）明天，哎呀，将下雨

从某个*现在*对下雨的前景并非感到不高兴的人口中说出显然是不恰当的。同理，

  （16）如果琼斯打的话，哎呀，这个队会输掉

不可能用于表达某人对琼斯参与了一场蒙羞的失败感到遗憾，而只用于传达某人对该队可能失败不满。[20] 因此，例如，

  （17）我对该队的结果无所谓，但是如果琼斯参加的话，哎呀，这个队就
    会输掉

是不确定的：对于所有的 $c \in CU(17)$，c_a 不赞许地看待该队的失败，而且对于任何这种 c，成假 $_c(17)$。[21]

  这个证据与类似于'哎呀'的表达式得到广泛关注的一个性质一致，这些表达式经常归为'表态类'话语。克里斯托弗·波茨把这种性质称为*不可位移性*：即使在"句法性包孕"是，或者至少很可能是无法不接受的情形中，他指出："[表态类话语] 语素的语义内容依然是不受包孕的"(Potts 2007a: 5)。[22] 因此，聚焦于'that bastard'（那个混蛋）的表态性用法，波茨指出下面例子中涉及否定与模态的不规范性：

  （18）那个混蛋克雷斯吉上班迟到根本不是真的。# 他是个好伙计

  （19）也许那个混蛋克雷斯吉会再次迟到。# 那么再次地说他不是混蛋。

事实上，给定某些额外的假设，讲话者对于克雷斯吉非恭维性含意的语义不可

---

20 顺带注意，即使是诸如第 2 节中的简单感叹词也可能偶尔出现在包孕句中：'她非常漂亮……
  呃！'(Padilla Cruz 2009: 191)。

21 不考虑抱有公然不一致态度的施事者（参见第 7 章）。

22 波茨（Potts 2007a）将这个思想追溯到 Cruse 1986，引用了 Kaplan 1999、Soames 2002、Potts
  2005、Potts 与 Roeper 2006。也可参见 Kratzer 2006："语义 / 语用解释体系将表态意义似乎当作
  处于一个不同层面。一旦加以推演，表态意义被阻止进入任何进一步的语义组合之中"。 波茨
  指出，有些"排除在辖域之外"的证据也反对表态类话语的*预设性*阐释：因此，尽管态度谓
  词是预设塞词，却不能阻止表态性表达式影响"话语情景"，正如下一句所证明的"苏相信混
  蛋克雷斯吉应当被解雇。# 我想他是个好伙计"(Potts 2007: 6)。关于预设与表态类话语的讨论，
  例如，参见 Macia 2002 和 Schlenker 2003。

位移性同在非真值条件层面分析表态内容一致，（细节上稍加修订）类似于至此讨论句子性'哎呀'的路径。例如，假如（18）中的'那个混蛋克雷斯吉'的出现确实是在'这根本不是真的'的语义影响范围之内，假如这后一个表达式所贡献的只是否定的真值函数，那么从下面接着的'他是个好伙计'的不合规范性就可推论，克雷斯吉的不悦的特征依然在真值条件上是'不供利用的'。

就'哎呀'而言，要求讲话者是不满意的，这显然无法在系统意义的真值条件层面上解释，所以，假如现在有人指责我将整个一节用于完成鞭打死马的任务，这样的指责可能是有道理的。然而，我在此的目的不是要提供更多证据论证对'哎呀'的偏性阐述，而是要引介一些考虑因素，这些因素后面将证明适用于那些情形，对之真值条件的阐述至少乍看起来更加可取（尤其是第 6 章中讨论的诋毁语现象）。特别是就不可位移性检验而言，'哎呀'相对没有争议的非真值条件维度证明是教学上易懂的手段，用以强调这样的实例，尽管乍看并不如此，但实际上并不提供重要的位移证据，而且*更*不证明对于偏性路径是存在问题的。例如，考虑一下你说出下面这句话：

（20）我们的脆弱不是，哎呀原因

说出这句话时，在'哎呀'之前恰当地停顿，并且作为对我使用（7）的直接回应。可以认为，你的话可以理解为只是反对我对我们脆弱的后果的不满，而对关于什么引起什么的事实没有影响。此外，可以认为，这样一种影响确实可以归于（20）中'不'的出现。然而，假如将由这个例子提供的证据解释为支持基于系统意义对'哎呀'的意义做出阐释，则是不合常理的——仿佛（7）可以理解为同'原因在于我们的脆弱，我对此不满'等值。我假定，相当不具争议的是，相反，这个实例所表明的是，对那个句子中出现的'不'的理解不同于适合平常真值条件上有效的否定表达式的理解。毕竟，类似于下例中的语调与话语线索出现在了恰当的位置：

（21）这不是 /tom-ae-to/，这是 /tom-ah-toe/，

这个例子显然不与下述想法抵触：不管用哪种发音，西红柿的味道会一样鲜美。[23]

可以认为，对于诸如下句偶尔的可接受性，也必须考虑并非太不相似的

---

23 诸如（21）这样的情形是经常称作'元语言否定'的典型例子。关于这种现象（某些实例至少某些方面极其初步）的讨论，参见第 5 章第 3 节和第 8 章第 5 节中的脚注。关于（经常包括在这个名头下的这种或那种现象的）元语言否定，在许多文献中，参见 Burton-Roberts 1989 和 1990，Horn 1989，Seuren 1990，McCawley 1997，Carston 1996 和 1998，Chapman 1996 以及 Geurts 1998。

因素：

  （22）莎士比亚说过，哎呀，原因在于我们的脆弱，而不在我们。但是，
      跟他不同，我很高兴，原因在于我们的脆弱，而不在我们。

其中，'哎呀'所要求的遗憾似乎在于转述的主体，而非讲话者。的确，应当
清楚的是，所说的理解必定基于某种'引语'的弦外之音——至少在下述意义
上，即足以使（22）不再能作为对'哎呀'做出非真值条件分析的反例，尽管
这种分析在其他方面有充分依据。在这方面，指出以下这点可能足矣，即当（22）
的第一个句子按照同眼下讨论的问题相关的思路理解，诸如下面这个转述：

  （23）莎士比亚说过，该死的，原因在于我们的脆弱，而不在我们。

会看作是不可接受的——即使（为了论述起见）假定，（23）中的表态话语同
实际出自莎翁之口的表达式意义完全相同。[24]

第 6 节 我现在何处？

本章介绍了我关于非真值条件意义理论的基本特征。我提出，某些表达式的规
约意义超出其系统意义，并且对使用语境施加限制，这些限制独立于这种或者
那种使用类型的特殊性。结果就可以对非上标确定概念做出定义，这种概念在
关注意义研究的语义学意义上，具有真正的语义学重要性。至此，我对于这个
假设的论证，是通过在我看来相当明显的非真值条件意义实例做出的，这个实
例涉及诸如'好哇'或者'哎呀'这样的感叹词的非真值条件意义。因此，例
如，'哎呀，原因在于我们的脆弱'这样一个句子确定但却不蕴含'我不赞许
地看待原因在于我们的脆弱这个信息'，而且'哎呀，我不赞许地看待某物'
这个句子被确定，尽管不借由系统意义本身成真。

  这些结论直接蕴含对表达式意义的一种显见的分界，我将这种分界表达
关系统意义与偏性的区分。结果，它们蕴含在'语义学'两种涵义之间相应做
出的区分——一方面作为意义研究，另一方面作为真值条件研究。在'逻辑'
的两种涵义之间的类似区分显然也潜在于背景之中：这样，作为'保持成真性'
逻辑关系的涵义就与将逻辑理解为关注表达式之间'意义编码'的互动形成
对照。

  我在第 7 章提供'表态语逻辑'性质的一个例子之前，在接下去的两章

---

24 这方面进一步的评述，参见第 5 章第 3 节。类似的考虑让我觉得也适合于波茨关于表态话语论
 述中的某些所谓反例，这正如（18）和（19）所例示，如在"我父亲尖叫道，他决不允许我嫁
 给那个婊子养的韦伯斯特"（Kratzer 1999）。

里，将用一些实例充实我的偏性表达式列表；这些实例也许不像至此讨论的包括简单感叹词的实例那样没有争议。在下一章里，我探讨下面各种现象，包括从表态类和敬语到足够地'像名字'的表达式。在第 6 章，我转向讨论各种其他的'表态类'话语，包括诋毁语。偶尔，我对这些现象的讨论以考虑不可位移性作旁证。这种方法的适用性我在第 5 节中做了简要论述。

第 5 章
语域与其他非真值条件现象

哪个贱骨头敢说一句反对我们操蛋国王的话，我就拧断他的脖子。

（詹姆斯·乔伊斯《尤利西斯》）

第 1 节 语域

在这一章里，我进一步扩充对非真值条件意义的探讨，研究一些不同于'哎呀'或者'好哇'的表达式。这些表达式是偏性的，但却不*纯粹偏性*——亦即，这些偏性表达式也做出'有趣的'不平凡真值条件贡献。在这一节，我选作这方面代表性的现象涉及语域和粗俗问题，在第 2 节涉及指向儿童的言语和敬语。

　　*语域*问题提供了一个恰当的出发点，至少在下述意义上如此，即这个术语涵盖了一些人看作正宗语域的分支领域，诸如所谓的'领域'和'语式'。[1]特别是，我在这一节将专注于同某些词项的意义相关的问题，具体考虑具有共同外延的成对表达式。这些表达式借由其规约意义可以恰当地用于不同的场合。以'navel'（肚脐）与'umbilicus'（脐）的区分作为一个初步可行的例子，说明我心中的想法。尽管两者都指称人体的同一个部位，前一个词看来适合于日常会话，而后一个似乎与"相关于不同职业群体的具体词汇"更加紧密地相

1　例如，参见韩礼德等（Halliday et al. 1964）。也可参见克鲁斯的语域范畴（Cruse 1986: 283-4）：领域（涉及主题，如在法律与科学语篇之间的区别）、语式（如在口头与书面语篇的区别中）与语体（涉及会话者之间的关系）。

联系 (Holmes 1992: 276)，比方说，同医生的具体词汇相联系（或者，如果你不喜欢这儿的细节，换一个你自己选择的例子取而代之，我想当然地认为也会是这样）。既然这个程度上显然是意义编码的规约性区分，所以自然反应在偏性层面——例如，就'umbilicus'（脐）而言，由某种大致按照以下思路的表征体现：

(a) $c \in$ CU（脐），仅当在 c 中，c_a 是语域 R 的参与者

其中，R 同会话主题、会话场景等有某种关系。假定与'脐'不同，'肚脐'是非偏性的，就可推论，其使用语境的类是所有语境较大的类，从而 CU(脐) $\subset$ CU (肚脐)。更有理由认为，这两个词尽管在系统意义上无以区分，却不是同义的，因为其意义在偏性层面上不同。

偏性中记录的社会语言学区分的类似实例同有时称作*正式程度量表上的*等级有关。例如，可以认为，'buttocks'（臀部）、'bum'（屁股）和'arse'（屁股）在分布上的不同能够通过语旨或语体描述，这类似于、但显然不等同于前面提到的与职业术语实例（如'gluteus maximus'臀大肌）相关的问题，以及我将在第 2 节中提到的儿语的实例（如'tushie'（小屁屁））。这里同前面一样，按照第 4 章中提到的*谨慎同意检验*思路做出的回应，证实了通过共同外延性*加上*偏性做出分析的最初魅力：在通常的会话场景中，'你应该在臀大肌好好挨上一顿踢'这句话很可能评价为成真，但必定会产生那种通过易察觉地使用偏性词语替代更加通俗的表达式所获得的语用效果。[2]

沿着正式程度这一维度能够获得的效果，一个特别清晰的例子是可以通过该量表上的某一极端加以描述的现象，即我非正式地称为*咒骂*（即*粗俗语言*）的实例。很可能并非巧合，各种咒骂用语典型地同禁忌或者敏感问题相关，经常同性与淫秽行为或物体有关。[3] 结果，至少由*某些*咒骂语获得的*部分*效果很可能产生于这个事实，即通过这些词的使用，不愉快或不恰当的事情被提升而在会话中突显。但是，这个显然为语言外的维度可能无法穷尽对这些词的特殊性的解释，这正如系统意义无以区分的表达式（诸如'操'与'交媾'）之间语体区别所证实的那样。显然，*这种区分必须转而为意义编码和规约性的*，并且由词典明确记录，通常标有'低俗'、'污秽'或者'粗俗俚语'，等等。极大地加以简化，某种类似于下面的表述可以至少作为'性交'偏性的一部分：

2　即使将更加口语化的'踢屁股蛋儿'的某种形式的习语性质搁置一旁，可以认为，使用'标记性的'不同表达形式可能由于违背方式准则而产生会话含义 (Grice 1991)。

3　"禁忌领域的词语尤其适合于咒骂使用"(Cruse 1986: 273)；关于污辱词语与涉及性的词语的讨论，例如参见 Allan 1990。

（b）$c \in$ CU（操），仅当 c_a 在 c 中是粗俗语域的参与者。[4]

顺带地说，正是这种偏性在会话中的影响力，粗俗性问题经常具有自己的生命力：意义基于系统意义的特征至少在这些表达式的某些用法中偶尔似乎径直不见踪影。因此，例如，'操'与'狗屎'经常用于*纯偏性*表达式，大体按照第 4 章中的模式，从而同其惯常的指表对象失去了任何有趣的联系。正是通过这样一种*系统意义失却*的过程，下面这个例子产生了（b）获得的惯常效果——同时在真值条件上与中性的'这本书很好'保持一致（当然，同性交没有任何关系）：

（1）这本书操好。[5]

系统意义失却的复杂现象值得进一步研究。然而，在此我将'fuck'（操／性交）的用法作为纯粹偏性用法予以引介，如在例（1）中那样，其理由只不过是为了帮助选择第 4 章中介绍的一些思想的几个例子。特别是，正像通常对于偏性的例子那样，诸如（b）这样的条款直接蕴含*确定*的结果。所以，继续为提供我的口头英语中的例子所需做出的调整留有余地，例如，（1）确定'我有时粗俗地说话'。同理，下面这个句子

（2）I fucking never swear（我操从来不咒骂）

结果证明是*不被确定的*：借由（b），CU(2) 只包括语境 c，其中的讲话者是粗俗语域的参与者，也就更有理由说这些语境中的讲话者有时咒骂，而且相对于

4　我假定，这个初步的建议可以通过词汇特征加以推广，诸如'粗俗'、'低俗'或者细节做些修改，'俚语'，这正像在'操（粗俗）：动词，从事性交活动……'；'拉屎（粗俗）：动词，……'。

5　尽管这个词与其'基本'语义值的关系往往不可避免地失去了，由系统意义失却保留下来的看来在各种实例中大不相同。还要注意，结果产生的表达式看来受临时句法规约支配，从而例如，系统意义失却的结果受不同的句法和语义规约支配。"考虑一下 *shit*（拉屎）和 *fuck*（操）…… 在形态句法上，这两个词类似。然而，它们在粗俗语言范畴中的分布不同"（McEnery 2006: 33）。因此，'this film is shit'（这个电影是狗屎）与'fucking marvelous'（操好）是可以说的，但却不说'this film is fuck'（这个电影操）和'shitting marvellous'（屎好）。正如提到过的，系统意义失却的一种选择是产生符合仅为感叹词形式的用法，类似于第 4 章中讨论的那些。这些用法确实转而呈现出一种特别松散的句法性质，尤其是就其*中缀*能力来说（正如在'abso-bloody-lutely'绝－该死地－对，参见，例如，McMillan 1980）。关于类似句法问题的讨论，一个不可错过的讨论，参见 Zwicky et al. 1971 文选中的论文。在研究这些用法的句法特征中，波茨等人做出了重要贡献。他们指出，这些表达式摆脱了对于同一性条件的通常限制。因此，'water or no cold water, I am not hiking in this heat'（水还是没有凉水，我不要在这热天远足）是不合语法的，而'water or no fucking water, I am not hiking in this heat'（水还是没有操蛋的水，我不要在这热天远足）则是可以接受的（Potts et al. 2009: 3）。因此，他们推断，尽管这些表达式的性质"不能归于非标准句法……，相关的同一性条件只关涉描述性语义内容"（Potts et al. 2009: 7）。

任何这样的语境，成假 $_c$(2)。[6] 最后，不考虑'系统意义失却'的细节，（2）显然为*仅仅*不确定的：只有那种最为极端形式的误置系统意义谬误的受害者会以与下述思想不一致的方式评价（2），即对于所有 c，成真 $_c$(2)，从而 c_a 从不咒骂。

第 2 节 指向受话者的指表偏性

第 1 节中探讨的那种偏性并不直接关注受话者的性质：为了恰当地使用'umbilicus'（脐），讲话者不一定是医生正对医生讲话；咒骂词语可以由任何旨在参与粗俗语域的人使用。[7] 在这方面职业行话与粗俗话在某种程度上不同于语域的另一个标准例子，即所谓的*指向儿童用语*（以前称作儿语或*母亲语*）。在这种话语中，受话者的某些特性在偏性层面上起着核心作用。[8] 于是，为了讨论这种现象引起的语境限制，第 1 章中介绍的语境的形式表征需要扩充，至少为了包括一个明确的*受话者*参数 c_y，假定由指示语'你'所针对（暂时忽略'你'的*示指性*用法以及由此引起的复杂现象）。于是，给定这一标记法，一个指向儿童的用词，比如，'tummy'（肚子）是偏性的，大体按以下方式：

---

6 正文中讨论的语义学问题应当附之以一个进一步的、完全是非语义学的社会语言学维度，即禁忌维度。由于其禁忌性质，许多粗俗词语似乎仅仅通过提及而获得标记性会话效果——这种效果甚至通过引语或者更糟的是通过完全偶然的使用或者相似的发音或拼写，而得以保存。"在群体性表面上无意识抑制的几个有趣的副产品中，神秘地出现了'*donkey*'（驴）这个词……长期接受的同义词'*ass*'开始变得名声不佳，这是由于其令人不舒服的发音接近'*arse*'（屁股）……另一个例子是在早期美国人的话语中'*cock*'（公鸡）一词相对不怎么出现，而用'*rooster*'代替……"(Hughes 1991: 19)。禁忌跨越引号的透明性由下述迂回说法的使用而证实，诸如'the f-word'（脏词）、'f***'或者'我不会对这样一个空空留一个空'……"(Hughes 1991: 19)。也可参见 Harris 1987，Davis 1989，Allan 2007 和 Zwicky 2003）。根据 Rawson 1989，起诉伦尼·布鲁斯的公诉人费了很多事，只是为了避免提到那个过的表达式：我想我不必告诉你那个词，我想你记得的……这个词以'F'开头，结尾是'K'，发音像'truck'。正是咒骂词语的这个方面，包括诋毁语，看来自然地适合于按照安德森与莱波雷为研究种族诋毁语而建议的路径处理 (Anderson 与 Lepore 2013)。

7 这个程度上显然同以下事实相容，即人们需要'关心受话者'，以便评价使用咒骂词语与'不礼貌'语言的社交后效等。

8 在社会语言学文献中，通常指明某些句法和音韵特性是指向儿童话语的特点，如偏爱更加简单的语法结构。从本书的观点看，也许值得强调，这些特性无可争议地基于非意义编码的规律性，这些规律性产生于更加简单的'实用'因素。例如，分裂结构和从句根本不大可能为年幼的会话者所解码，而高音调与其他语调模式可能证明是引起婴儿注意的有用手段。当然，所有这些，无一同偏性或一般的意义有任何关系；比如，这不像'rabbit'（兔子）和'bunny'（兔兔）之间显然为规约性意义编码的区别。

（c）$c \in CU$（肚子），仅当 c_y 在 c 中是一个儿童 [9]

'大致地说'，这儿的细节必须留给词典学家和社会语言学家。但是，我在上一段中模糊的暗示足以表明一个特征对于非正式地区分不同类型的偏性与系统意义具有某种作用。正如 (c) 所强调的那样，'tummy'（肚子）的偏性对受话者的性质敏感：其恰当使用要求是这样一种受话者，在这个特定实例中，受话者是儿童（或类似这一种）。杜撰一个词，指向儿童的话语的偏性是*指向受话者的*。[10]

但是，尽管一方面的儿语和施为性敬语，另一方面的语域问题，就其对受话者的身份的关注不同，但是却在符合无关乎指表对象的偏性上一致。因此，选择'肚子'以描述一个客体并不取决于客体的性质；使用'操'所包含的粗俗性同有关性交的特定性质没有任何关系，也同讲话者对之的态度无关（不过参见后面防止误解的几点说明）。这些实例所涉及的偏性，再创造一个非正式的分类术语来说，这些实例所涉及的偏性是非指表性的。[11]

相反，*指表偏性*的标准实例由普通敬语提供，诸如德语、法语或意大利语中正式称呼与非正式称呼形式的经典区分。例如，尽管意大利语'tu'和'Lei'的系统意义都是产生语境中受话者的函数，但却具有不同的偏性；就'Lei'而言，$c \in CU(Lei)$，仅当 $R(c_a, c_y)$，其中 R 是某种恰当的社会关系。[12]换言之，在强调偏性对于有关表达式语义值的性质具有敏感性的形式中，

（d）$c \in CU(Lei)$，仅当在 c 中，$R(c_a, [[Lei]]_c)$

---

[9] Gazdar 1979 考虑到由年幼*施事者*使用指向儿童话语的情形，偶尔不顾受话者的选择：讲话者"要么是一个儿童，某个假扮儿童的人，某个认为是在对儿童说话的人；要么是某个假扮某个认为是在对儿童说话的人"（引自 Allan 2007: 1048）。

[10] 我假定，Harada 1976 意义上的'施为性敬语'也是如此。该作者还提到了*美化性敬语*，"这种敬语的出现并不以 SSS[社会地位比讲话者高的人] 在主语、宾语或者属格中的出现为条件"；这种敬语获得"非平凡的文体效果，使话语听起来温柔而带有女性味。因此，缺少这种敬语通常被看作男子话语的象征"（Harada 1976: 541-2）。霍姆斯引用了亚纳语（Yana）和奇基塔语（Chiquita）的例子，在这两种语言中"男人之间所使用的词比女人之间与对女人用的对应的词要长，因为男性的形式有时加了后缀"（Holmes 1992: 165）。

[11] 相关却不同的一点：诸如"强奸犯"这样的称谓"技术上更具破坏性，因为它们用强有力的反社会词语羞辱他的敌人"，但诸如"bastard"（杂种）这样的称谓影响力更大，不是因为它们更加严重，而是因为它们在言语社团中获得了一种传统的份量"（Hughes 1991: 22）。

[12] 的确，*非常*粗略。但是"至于受到敬语指称的那个人同怎样的性质相关，这个问题不是语法描述所论述的问题，尽管这是社会语言学研究的一个有趣的话题"（Harada 1976: 500）。顺带地说，这里可能是非常合适的地方提及哈拉达关于句法结构相关层面的观点："我假定……，句子的关系最为疏远的句法结构表征那个意义方面，这个意义方面用以鉴别该句子指称的特定事态，而那些与句子传达的信息分类相关的意义方面（如话题、评论、焦点、预设）则直接相关于表层结构包含的结构信息"（Harada 1976: 512）。

下文缩略为 $[[e]]_{c,w,t}$，$w = c_w$ 而且 $t = c_t$ 作为 $[[e]]_c$ 的形式。

上面简要提及的指向儿童话语和敬语，许多细节需要填补与 / 或修正。然而，即使我至此建议的对偏性的简单阐释，也蕴含值得注意的*确定结论*——值得注意至少是由于对其成真倾向的任何基于系统意义的解释希望足以无可争议地不切实际。例如，基于类似 (c) 的假设，假定 'kiddie'（小孩儿）是 'child'（儿童）指向儿童的同等用词，

(3) 你是个小孩儿

受到确定，因为对于所有 $c \in$ CU(3)，成真$_c$(3)。此外，鉴于存在包含成年讲话者的语境 c，它显然是*仅仅确定的*。[13] 同理，通过 '缺少熟悉' 非正式地描述 (d) 所要求的讲话者与听话者之间的关系，下面这个意大利语句子就得到*确定*：

(4) io e Lei non siamo in una relazione di familiaritá（我同你不具有熟悉关系$_{正式}$）。

这是因为，在 (4) 的所有使用语境 c 中，讲话者和听话者都处于不熟悉的关系中，因此，对于所有这样的 c，成真$_c$(4)。[14]

第 3 节 复论不可位移性

假如至此讨论的现象属于偏性的范畴，那么可以预料，类似于第 4 章包含 '哎呀' 或者 '好哇' 的情形，这些现象在使偏性不受影响的句法语境中依然可以发觉。正像那些偏性表达式的性质所证实的那样，情况显然如此。这些偏性表达式出现在完全关涉真值条件结果的算子辖域中。因此，从语域的例子入手，

(5) 他们没有 fuck（性交）

不可避免地是粗俗的；转到指向儿童话语，

(6) 你如果再小点，就会喜欢那只兔兔（bunny）的

仅当对儿童说话时是适当的。特别是，(5) 不存在这样的理解，即动词的不文

---

13 对于这个例子及进一步的讨论，感谢阿德里安·布里丘与马克斯·克尔贝尔。顺带地说，一些这样的问题可能同所谓的 '称呼难题' 具有有趣的关系，参见 Tzohatzidis 1992，Zimmerman 1997 以及我在 Predelli 2005a 中的分析。

14 可能按照类似的路径阐释的其他现象涉及在代词中表明性别，诸如 '她'（相对于 '他'），以及指示代词中要求表明近指，诸如 '这个'（相对于 '那个'）。正像比德·朗德尔提出的那样（有趣的是，他包括 '这里' 与 '那里' 这一对），"我们以正确使用的不同条件，区分诸如 '这个' 与 '那个'、'他' 与 '她'、'这里' 与 '那里'，但是，不正确的使用——用 '她' 用于指男人——并不构成为假"（Rundle 1983: 405）。更加充分的讨论，参见 Corazza 2002a。

雅的语域由否定取消。当对成年人说话时，（6）是无条件地不合适的，尽管如果其前件成真，受话者会是'rabbit'（兔子）指向儿童替代表达式的合适对象。

同理，

（7）non é vero che Lei é italiano（你_{正式}是意大利人不是真的）

只可以理解为正式否定受话者是意大利人；我使用的

（8）fra un anno ti pago da bere（一年内我_{非正式}将给你买杯酒）

如果对一个成年的陌生人说出是不适当的，即使我的受话者和我在说话后的一年内最终关系友好。不可位移性的类似形式也涵盖态度动词：说出下面这句话

（9）Warpe 相信小兔是最好的宠物

要求恰当地年幼的听话者，而我使用

（10）Warpe ha detto che Lei é simpatico（Warpe 说你_{正式}很好），

尽管对 Warpe 和我的听话者之间的社会关系无关紧要，却要求听话者不是我合适的熟悉对象。

这里正像在第 4 章中那样，对偏性的影响也许只能通过适当的元语言与 / 或回音性手段获得，这正像在所谓元语言否定或者在引语语境的情形中那样。因此，（5）或者也许更加合适地，

（11）他们没有'fuck'

（在口头英语中，带上适当的语调）确实可能理解为反对使用粗俗语言，这正像对下一句的自然理解，

（12）他们没有'fuck'（操），他们性交了。

同样，诸如下面这段文章的态度在某种程度上是元语言的或回音性的，这段文章的反语含意显然只能基于将有关表达式作共同外延性理解才能获得：¹⁵

> 最优秀的女子……当然不会堕落到性交——那太不文明了——相反，她们做爱，通过身体交流，建立肉体联系，那些文人学士随着爱神的节奏颤动，达致对宇宙的把握；信徒们同肉欲神灵精神交融；神秘主义者同性爱原则合为一体，并且与宇宙融合；瘾君子们则接触其性欲细胞。（V. 索拉纳斯《SCUM 宣言》，引自 Rawson 1989）

当然，这种实例不能提供反对非真值条件路径的棘手证据，就像诸如下面的例子一样不能做到这一点：

---

15 关于回音与反语的关系，参见 Sperber 与 Wilson 1981 以及 Wilson 与 Sperber 1992。

（13）最优秀的女子不会堕落到买 /tomaetoes/

提出一个关于在高雅社团某种果蔬不受欢迎的观点。

同样，正像第 4 章第 5 节中指出的那样，只有出现引语理解时，表面上违背跨越补足成分的不可位移性才可能获得，这正如下例中：

（14）Warpe said that itsy bitsy spiders do no harm. （Warpe 说小蜘蛛无害。）[16]

因此，（14）可能确实偶尔用于对成人说话（或者，更加一般地，对不适用指向儿童话语的听者这样说）。但是，这正是在下面这个程度上如此，即讲话者所关心的受转述 Warpe 确切的话这一需要指引。这一点由（14）与下面这个在系统意义与偏性上无以区分的句子不可互换得以证实：

（15）Warpe said that teensy weensy spiders do no harm. （Warpe 说，小不点的蜘蛛没有害处。）[17]

*第 4 节 '格莱德尼教授'

在本章头三节，我论述了语域、指向儿童的话语和敬语的实例可以自然地结合到第 4 章引介的框架中——亦即我假设，这些例子可以恰当地用偏性进行分析。在剩下的两节中，我将以例示我的理论框架几个（尝试性且不完整的）进一步的应用结束这一章。这些应用涉及诸如'格莱德尼教授'与绰号这样的结构。但是，我在此的目的，基本上不是为这些现象论辩一种特定理论，而相反是要强调几个可能具有独立意义的方法论问题——在这一节，涉及基于系统意义算子的假设；在下一节，关于所谓'新指称论'的目标与范围。

首先看一下下面这个句子：

（16）格莱德尼教授睿智。[18]

显然，（16）与'格莱德尼是个睿智的教授'或者'格莱德尼是教授，而且睿智'在真值条件上都不是等值的。例如，

（17）格莱德尼教授睿智不是真的

不能成真，如果格莱德尼睿智但不是教授，而

---

16 这些实例可能接近于所谓的'混合引语'（例如，参见 Cappelen 与 Lepore 1997 以及 Recanati 2010）。先不考虑这些，正如肯特·巴赫所述，"如果你说'那台该死的电视机不工作了'，我转述你说你那该死的电视机不工作了，我不是转述你诅咒那台电视——我自己诅咒了"（Bach 2006: 495）。

17 也可参见哈拉达对施为性敬语的评论："少数允许施为性敬语出现的补语结构都可无例外地理解为'直接引语'……"（Harada 1976: 544）。

18 参见 Soames 2002。参见 Marti 2002, McKinsey 2005 以及 Soames 2005 中的讨论。

（18）必然地，格莱德尼教授睿智

不能由格莱德尼的职业是一个偶然性问题这个事实证伪。事实上，（16）中出现的'教授'似乎表明了那种不可位移倾向，这种倾向体现在至此所讨论的非真值条件贡献的实例中——而且，与那种谨慎同意反应一致；可以认为，这种反应由在格莱德尼不是教授的情景中说出（16）的话语引发。于是，不足为奇。每当所涉及的是对讲话者以教授修饰格莱德尼提出质疑时，看来就需要元语言变化手段：

（19）她没有见格莱德尼*教授*，她见了格莱德尼*先生*。

尽管这一切仍然停留在有意地谨慎的层面上，但是可能足以初步倾向于表明，格莱德尼职业性质应当阻止在（16）的真值条件中发挥作用。既然'教授'出现在那个句子中显然具有意义，这个推论导致对该表达式的语义性质通过偏性阐释，所按照的路径如下：对于任何名字 n 和语境 c，

（e）$[[\text{教授 } n]]_c = [[n]]_c$

$c \in \text{CU}(\text{教授 } n)$，仅当 $[[n]]_c \in [[\text{教授 }]]_c$。

因此，例如，（16）结果证明成真，当且仅当格莱德尼睿智，但仅在格莱德尼是教授的语境中使用是恰当的。更加普遍地说，对于表达式某个恰当局限的类 p，对于任何 $f \in p$，

（f）$[[f_n]]_c = [[n]]_c$

$c \in CU(fn)$，仅当 $[[n]]_c \in [[f]]_c$。[19]

这里可能是最为恰当的地方，提及一种可能不同的解释，说明前面提到的不可位移性（而非谨慎同意）的证据：同位语'教授'的贡献以系统意义的算子编码，而不是在同真值条件无关的层面上编码。根据这种观点，特别是（16）中'教授'的作用会在 Kaplan 1977 的意义上是一个*猛思特算子*的作用，例如，这正像在下面的表征中：

（g）对于指称 o 的任何名字 n，'n 教授'的系统意义是相对于 c 产生 o 的函数，如果 o 在 c_w 中是一个教授，否则什么也不是。

于是，按照这个观点，（16）成真$_c$，如果格莱德尼是睿智的教授，而如果他既

---

[19] 可以认为，p 这个类局限于诸如'博士'、'教授'或'参议员'（通常大写）这种谓词，*可能*排除'physician'（医生）或者不那么具有争议地'红的'或'重的'这样的表达式，显然由于与语言相关的任意原因。这种限制的语言相关性似乎由某些语言中允许出现英语不允许出现的结构这一点所证实，诸如'罗西会计'在意大利语中的对应表达式（ragioner Rossi）或者'比安基调查员'（geometra Bianchi）。（顺带地说，这些表达式使我觉得是合适的，取决于 Rossi 或 Bianchi 的教育，而非职业——这些表达式的可接受性与意大利教育体制的某些特殊性密切联系，而不是与任何基本的语言现象相关。）

不睿智又不是教授，（16）就不成真。——大概在前一种情况下成假。，而在后一种情形下失去了语义值，尽管细节可能不同。既然诸如'不是这样的情形'或者'必然地'这样的真值函项性内涵算子不对系统意义产生影响，由诸如（17）或者（18）引出的证据可以按照类似于那些产生所希望得到的理解之实例的方法得以解释，比如：

（20）如果格莱德尼在讲话，我会厌倦：

'我'的系统意义摆脱了前件的影响，出现在（20）中时继续指称讲话者，无论是否可能是格莱德尼在讲话。

因此，这样一种基于系统意义的解释，其合理性极大地依赖于谨慎同意之直觉得到认真对待的程度，亦即认真对待相关于（16）中'教授'在真值条件上的无关性之直觉的程度。在这方面，我提出的借由偏性的阐释与在前面一段中讨论的不同解释之间的差异也许值得关注。根据后一种观点，诸如下面这样的论证：

（21）格莱德尼教授睿智。因此，至少一个教授睿智

由系统意义确保：对于任何 c，前提成真。，当且仅当格莱德尼是睿智的教授，从而结论也必定成真。。结果并不像诉诸偏性所做出的分析那样，如（e）中所示，因为根据这个条款，对于所有真值条件目的，（21）类似于

（22）格莱德尼睿智。因此，至少一位教授睿智。

然而，注意，（21）中推理步骤'说服力'的假定直觉几乎无法提供结论性证据，用以反对基于偏性的阐释，因为（21）的前提确定其结论：对于任何 c，从而 $c \in CU$（格莱德尼教授睿智），成真。（至少一位教授睿智）。

* 第 5 节 绰号

在第 1 章，我未加解释就运用了这个概念，即专名 n 的系统意义是一个恒定函数，这个函数的值是产生 n 的指称对象的恒定内涵。非正式地说，我坚持关于专名的这个观点的原因是，最多在细节上略加修正，我相信这个观点是正确的。正式地说，不过，我的假定基于的动因是不相干的复杂现象在教学上的不恰当性：至少只要（通常称作）'有多个指称对象的名字'和（通常称作）'空名'的问题不在考虑之列，那么，对于我在本书中的目的来说，接受那个关于名字的极其简单的观点并不会导致任何特别严重的后果。

所说的'名字简单观'经常归于（现已过时的）称为*新指称论*的语义学

论点之一。[20] 新指称论的支持者与反对者有时将其核心信条概括为这样一条主张，'名称的意义是其指称对象'。当然，字面上看，这句口号是胡扯。我可能想亲吻格威妮丝。在我的元语言时刻，我很可能把我的浪漫念头描述为想要亲吻'格威妮丝'的指称对象。但是，我决不会屈尊到想要亲吻一个意义，无论对什么是意义做出何种可能的阐释。事实上，新指称论的口号通常只是旨在作为一种便捷的*话语方式*，暗指新指称论的这种或者那种（通常否定性的）主张——比如，名称不是缩略的摹状词，名称不能*通过*摹状标准获得指称对象，或者，同我这里的目的更加相关地，名称对真值条件的贡献由其同指称对象结成的关系穷尽。这个程度是，或者至少很可能是，无法反对的，假若不是由于以下事实，即使做出足够宽容的理解，这句口号可能引起进一步的危险而没有根据的结论。特别是，诸如对*任何*名称的指称性质分析必定提供了其意义的完整描述这个结论，意义在此亦即该名称正常使用者需要掌握的那种规约性特征。

本节的部分目的很朴实：针对前面提到的'危险的结论'，我希望为我关于名称的新指称理论版本与共指性名称可能在意义上不同这个观点的相容性做出论辩。这个素朴的论辩由一个更加大胆（但可商榷）的经验主张相伴：至少*某些*名称确实是一种意义的载体，这种意义允许在从指称性真值条件观点无以区分的名称之间做出语义区分。

一条*防止误解的说明*：正如第 2 章中指出的那样，关于专名的真值条件作用由其恒定的系统意义穷尽这个观点确实无可争议地并不蕴含下述结论，即名称的使用（就此而言，任何其他表达式的使用）可能不传达超出编码于其指称作用中的信息。例如，根据第一编中提出的观点，我使用'Warpe'还传达（在'传达'的某种意义上）存在那个名字（发音）的例型、某人指称 Warpe，等等。在这一节，实际上在本章的剩余部分，我不打算详述这个初步的想法如何能够扩展为对信息交流、交际成功以及也许还有认知价值等的更加有趣的论述。在这一阶段，指出我暗示的结果作为影响使用（或者这种那种类型的使用）规律性的副产品出现，而不是从关乎这个或者那个表达式的任何具有特殊重要性的东西产生，这就足矣。换言之，就第一编中的现象而言，适用于'Warpe'的任何东西（细节上稍作修正后）最终也适用于'Wistfull'，其理由完全相关于由语言使用产生且不依赖于意义的通常结果，而与这些表达式的规约性特征

---

20 除了其他许多文献，参见 Donnellan 1972，Kaplan 1977，Kripke 1980，Salmon 1986，Wettstein 1995 和 Marti 2003。

毫不相干。

假如不考虑专名使用的这些效果，情况很可能是，就大部分名称而言，其语义性质完全由我在这一节开头提及的明确的系统意义所穷尽。然而，这个程度的看法与下述观点依然是相容的，即至少某些名称对其使用带有由意义编码的进一步的限制，亦即同样地说，至少某些名称是偏性表达式。在这方面，初步令人信服的证据由*绰号*提供（或者至少由通常称作'绰号'的表达式的子类提供，参见这句话结尾的脚注），对绰号的特殊性所做的真值条件性阐释带有*误置系统意义谬误*的所有特征。[21] 因此，两个名字'德怀特'和'艾克'（旨在指称美国第 34 任总统时使用）共指，但大概可以在不同场合并且 / 或者由不同的讲话者使用。尽管更加精准地鉴别有关的场合与讲话者仍然是一个有待探索的社会语言学问题，但有关的标准必须反应区分前一个名字与后面这个绰号的语言学性质——尤其要反应同前者不同，后者是一个诨名这个规约性事实。[22]

根据（完全可以商榷的）假设，这方面的意义针对语域问题，正如在第 1 节的例子中，这蕴含对于某个在这方面恰当的 R：

(h) $c \in$ CU（艾克），仅当在 c 中，c_a 是语域 R 的参与者。

根据进一步的假设，比方说，'德怀特'是非偏性的，这就必然意味着 CU（艾克）$\subset$ CU（德怀特），从而更有理由说，*偏性*（艾克）$\neq$ *偏性*（Dwight）。[23]

关于诸如诨名这种基于偏性的名称的粗略评述足以得出结论，专名可能承载一种比其平常的系统意义更加丰富的意义。然而，这种额外的意义维度不能介入与真值条件因素相关的层面，而这些真值条件因素经常引作新指称理论

---

21 《牛津英语词典》对'绰号'的定义是："1. 给予一个人、地点等的（通常亲密的或者幽默的）名字，假定适于代替或附加于正名。2. 名的亲密或者缩略形式。过时"。关于绰号，参见 Kennedy 与 Zamuner 2006 以及那里引用的文献。Kennedy 与 Zamuner 2006 区分了*荷马式绰号*（即"词组型描述语，通常条件下呼中不可用"而"语义上有内容"，正如在"了不起的一个"指冰球运动员韦恩·格雷茨基 ）与*昵称绰号*（"指称与称呼都可用"，如'科尼'指棒球运动员戴维·科恩）。绰号与小称（可以认为接近于非真值条件意义的另一种现象）之间的关系很复杂。肯尼迪与扎穆内尔指出，"*昵称*这个术语有时可以与*截短*或小称互换使用"，但是他们也指出"有些昵称绰号比其正式原名要长，如 York（约克）的昵称 Yorkie"（Kennedy and Zamuner 2006: 389）。"尽管小称极易相关于我们讨论的许多（如果不是所有）绰号后缀，但是，并不明显的是，小称是给运动员起绰号旨在发挥的作用，因为小称经常用于表达个头小"（Kennedy and Zamuner 2006: 389）。

22 顺带地说，这种规约有时通过恰当标记诨名表示，例如，英语中给诨名加上引号，如在 Dwight 'Ike' Eisenhower（德怀特·"艾克"·艾森豪威尔）中所示；或者在意大利语中，给其加上前缀'detto'，如 'Dwight Eisenhower detto Ike'。

23 在这方面，注意'语域冲突'所产生的奇异性，如在'尊敬的艾克'中。

的佐证。因此，'名称的意义是其指称对象'这句口号除了在纯粹理解时需要另外增加因素之外，需要审慎对待——因为无论是否信奉新指称论，对专名意义的充分描述很可能超乎对其指称性质的解释。

就某些名称而言，如果对其偏性做出如下这样的阐释，难道不会很有趣吗？即对其偏性的阐释所产生的条款不那么关注语域问题，而是针对会话凸显性、讨论话题的相关性或者大致属于那个范围的问题。比方说，如果'长庚星'的偏性同夜间的天空有某种关系，从而'长庚星'结果证明不与'启明星'同义，其原因同这些名称的真值条件性质无关，难道这不会很有意思吗？我认为，这的确会很有意思。

第6节 我现在何处？

在本章中，我扩充了关于偏性表达式的论述，采用的实例包括语域、指向儿童话语与敬语，对关于与专名相关的问题也做出一些尝试性阐述。尽管我在这一章所写的内容没有什么旨在作为对研究这些现象做出的新颖贡献，但是，对这些现象的分析满足了充实第4章做出的某些结论的目的——相关于不可位移性以及对于我的目的更加重要的*确定*的问题。在下一章，我继续探索各种异彩纷呈的偏性表达式，并且着手讨论贬损性诋毁词语这种特别富有争议的'表态类'表达式。

第 6 章
诽谤诋毁词

在剥去外皮的意大利移民等级体系恶棍主宰的形式主义压迫下，芝加哥存在某种使精神瘫痪的东西。

（威廉·S.巴罗斯《裸体午餐》）

第 1 节 诽谤诋毁词

我在第 5 章非正式地将（如敬语的例子中）偏性同其语义值有趣地相联系的表达式称作*指表偏性*。可以认为，指表偏性更多熟悉的例子由有时*简单地*叫做'表态类'的词语提供，如受弗雷格启发而在'dog'（狗）与'cur'（劣等狗）之间做出的区分。[1] 按照弗雷格式的理解，'cur'与'dog'在真值条件上并无区别：前者用于所有而且仅仅是后者所用于的个体。然而，与'dog'不同，'cur'与贬抑的含蓄意义相关联，大体如《牛津英语词典》所定义的那样："狗；

---

[1] 弗雷格提到许多种语言现象，同他称作'思想的表达'没有什么或者根本没有关系。在《概念文字》(Frege 1879) 中，他初步论及了'和'与'但是'的区别以及一些转换，例如，通过转换'更轻的'由'更重的'替代，而比较的词项颠倒。在《逻辑》(Frege 1897) 中，他引用了语调、诸如'ah'（啊）这样的填充成分、诸如'unfortunately'（遗憾的是）这种副词以及前面提到的'cur'和'dog'之间的区别。最后，在《思想》中，他增加了诸如'哎呀'和'感谢上帝'这种感叹词语、副词'仍然'和'已经'以及'horse'（马）、'steed'（骏马）、'cart-horse'（拉车大马）、'mare'（牝马）之间的对比。（也可参见 Dummett 1973，Neale 1999，Picardi 2006 以及 Green 与 Kortum 2007。）

现在始终含贬低的或者轻蔑的口吻；不值钱的、劣种的或者咬人的狗”。[2] 换言之，用偏性表达，

(a) $c \in \mathrm{CU}$（a 是 cur），仅当在 c 中，$[[a]]_c$ 是不值钱的、劣种的或者咬人的狗。[3]

通常的诽谤诋毁词语符合一种类似的形式。因此，例如，可以认为，'whore（婊子）与 'prostitute'（妓女）、'wop'（[贬]意大利人）和 'Italian'（意大利人）、'faggot'（鸡奸者）与 'homosexual'（同性恋）在系统意义上无以区分，但是只有每一对中的第一个词是偏性的（但是参见后面关于选择至少其中某些例子的*防止误解的说明*。）[4] 作为对于一个恐外性诋毁词之偏性的非常初步的探讨，特别是，

(b) $c \in CU$（a 是一个 wop），仅当在 c 中 $[[a]]_c$ 是负

其中，*负*（*neg*）代表那些特征的集合，具有这些特征使有关个人不值得尊敬（或诸如此类）。

为何（b）至多是一个初步的表征，原因之一涉及这个事实，即与 'cur' 不同，'wop' 在某种意义上为*实质性*地贬低的：'a 是一个 wop' 不仅在断言 a 是意大利人的同时传达了对 a 负面的含意，而且传达了 a 不值得尊敬*正因为*是意大利人。[5] 结果，正如蒂莫西·威廉森在讨论一个类似的例子时指出的那样（Williamson 2009），某人使用诸如下面的话：

(1) 墨索里尼是 wop

---

2 这可能是最合适的地方，提及我对偏性的阐释与更加直接关注（非形式意义上的）*内容*问题的方案之间的有趣关系。那些方案正如在各种对我讨论的许多现象所做的'多命题'处理（这种思想的不同版本，例如参见 Bach 1999，Neale 1999，Dever 2001，Potts 2005 以及 Predelli 2003a，2003b 和 2005b）。关于表述词语的一种多命题处理方式，尤其参见 Corazza 2005，将相关的'背景命题'当作真值条件上无关的'语用预设'。

3 关于 $[[e]]_c$，正像在第 5 章第 2 节中那样，缩略为 $[[e]]_{c, w, t}$，因为 $w = c_w$、$t = c_t$。某些形容词的出现*有时*确实做出一种纯'表态性'贡献。因此，'那个愚蠢的首相否决了议案'的典型用法似乎只是真值条件地承认以下事实，即所指的行政领导人否决了某个法律议案——附加相关于讲话者的表示反对的态度。但是，这个句子还具有纯粹描述性的理解（正如当在回答'哪个首相否决了议案？'的问题时说出时），这里仅当所指愚钝的政府首脑是那位否决议案的人，成真性才能获得。在意大利语中，这种对照偶尔由句法编码：'quello stupido di un capo di governo ha respinto la proposta'（[那个愚蠢*的*首相否决了议案]）只允许做出表态性理解。关于黎巴嫩阿拉伯语中表态词语（系统得多的）证据，参见 Aoun 与 Choueiri 2000。

4 当然，许多诽谤诋毁词语在语域层面也是标记性的。谈吐文雅的反同性恋者听到孩子用'鸡奸者'可能皱眉，这并不是因为这个表达式的歧视性含意，而是因为某些词在礼貌的会话中不应当说出。

5 因此，例如，"称某人为 'jerk'（蠢货）并不像称她'婊子'或者给她贴上种族或人种诋毁性标签那样，同其他社会惯例的丰富结构相联系"（Tirrell 1999: 62）。

普遍性地针对意大利人：(1) 仅仅出自恐外者之口，无论事实上主语位置上的词的指称对象确实碰巧是不值得同情的合理对象。因此，'wop' 的偏性可能由一个关于该谓词的类属断言更加接近地表征，大致如下：

(c) $c \in CU(wop)$，仅当在 c 中 $[[wop]]_c$ 的成员具有*负面*的倾向针对某种适当地负面特征*负*。[6]

也许如此，而且尽管所有诋毁性表达式在同其对象做出负面表征相关这一点上具有共性，它们（至少经常）'由于特定原因'如此表现：'wop' 针对的个人具有不值得尊敬的特点，因为他们据称具有*特定的*负面倾向——懒惰而且对道德约束态度放纵，但不是残酷或者势利（比如，与 'kraut'（德国佬）和 'limey'（英国佬）相对照）。*如果这个路子正确，那么，诸如 (c) 的偏性中所涉及的类属态度也许自然地可以诉诸特定定型用法阐释*，这个定型用法规约性地同有关的词相联系，并且至少部分地同负面含意相关联。[7] 大致地，

(d) $c \in CU(wop)$，仅当在 c 中 $[[wop]]_c$ 的成员有一种倾向是 $ng(s_{wop})$

其中，s_{wop} 是有关的一条定型用法，ng 是选择'引起不尊敬'特征的函数。[8]

在 (d) 中的细节，就此而论在更简单的条件 (c) 中的细节，对于诋毁词的研究具有独立的趣味，但对于我眼下的目的并不很重要。另一方面，具有某种相关性的是内在于 (c) 或 (d) 的思想与更加'主体取向'的不同表征之间的对照，例如，像在下面的表征：

(e) $c \in CU(wop)$，仅当 c_a 将 $[[wop]]_c$ 的成员看成具有*负面*倾向的

或者在一个相应的基于定型用法的主观偏性中。这个对照有点意思，部分地由于以下事实，即按照 (e) 而非 (c) 或 (d)，诋毁词*实际上*是可用的，也就是说，这些词语可用于语境 c 中，从而 c_w 与我们的世界足够相似——在我们的世界中，我假定，没有人仅仅由于其国籍而被赋予负面特征，但是，在我们的世界中，相当一些人患有恐外症。当然，并非在这些词的使用是恰当的或可以宽恕的这一意义上是可用的，而是在语义学意义上是可用的，即对于某个反映

6　用研究类属词的模态方法中的行话说：语境 c 满足 'wop' 偏性的要求，仅当在恰当地相关于 c_w 的任何可能世界 w 中，并且从而在 w 中某些倾向必定表现出来，在 w 中的所有意大利人为负。关于类属词的介绍，参见 Carlson 与 Pelletier 1995。

7　关于类属词与定型用法，在许多文献中，参见 Geurts 1985 以及 Carlson 与 Pelletier 1995。

8　至于 s_{wop}，表现得明显地感情冲动、行为夸张、迷信好斗、沉溺饮食、报复心强，这些也可能提供非常近似的表征。然而注意，这些含意借自《维基百科》对非贬义词'反意大利主义'的定义，同对意大利人（语言外）的定型用法相关。所有这些是否都渗透到 'wop' 的偏性（顺带地说，它们是否渗透到其他共同外延诋毁词，诸如 'guinea'［意大利人］、'dago'［拉丁人，尤指意大利人］、'goombah'［同伙］或者 'guido'［意大利男人］）依然是一个尚待探讨的经验性问题。

实际事态的语境 c，诸如 <wop，c> 这样的一对是一个用法的表征。[9]

不过，即使主观路径与其对应的'客观'路径之间的裁定很有趣，但在这个阶段也需要不做优先考虑。究其原因，这是因为我在此的目的是处理需要即刻面对的一个更加迫切的语义学问题，这个问题的论述并不依赖于在（e）或（c）之间做出抉择，更加普遍地说，不依赖于关于这个或者那个诋毁词之偏性的这种或那种裁定：诋毁词和语义位移的关系问题。因此，在下一节简要论述多义性之后，我在第 3 节转而讨论不可位移性。

＊第 2 节 多义性

就诋毁词而言，涉及系统意义与偏性之间区别的根本一点相关于诋毁词的贬损效果借由意义的非真值条件特征获得这一事实。在第 1 节，为了说明例子，我强调了这一点，假定 'wop' 和 'Italian' 在系统意义上是无以区分的——亦即假定 'Italian' 是偏性的贬义词 'wop' 的*中性对应表达*。这样的选择并非不可避免的，需要查对权威词典提供的释义并且针对 'wop' 在这种或者那种句法结构中使用时的证据加以检验。我在第 3 节转而讨论后面这个问题的某些方面。在那一节里，我专注于诋毁词的不可位移性。前一类问题涉及这个或者那个具体英语诋毁词的事实，这完全是一个经验性问题，不大可能通过哲学分析增进认识。不过，在这方面做出几句评论在这个阶段是适当的，这部分地因为这些评论至少同围绕诋毁词与位移的争论中的某些问题间接相关。

再次以 'wop' 为例。事实上，这个表达式显然最初是用于描述意大利人中的一个恰当的小类的（更加确切地说，意大利籍个人的小类，不过无所谓），而且

> 最初用于指 20 世纪头 10 年里纽约小意大利区那些年轻的花花公子式的
> 一事无成者、暴徒或者恶棍。(Thome 1990: 569)[10]

---

9 关于支持客观取向偏性的因素，参见 Williamson 2009。感谢拉米罗·卡索、胡斯蒂娜·迪亚斯·莱加斯佩、尼古拉·洛圭尔乔、阿方索·洛萨达、劳拉·斯科克以及埃塞基耶尔·泽尔布进斯对这个问题有用的讨论。

10 在继续讨论 'wop' 的当代用法之前，顺带对其最初的'使用'加以评述是适当的。我假定，极有可能，世纪初的意义确实具有贬损的含意——亦即，借由其偏性，这个词的使用要求这样的语境，在这种语境中，地中海后裔的某些个人正是由于是花花公子式的意大利恶棍而是（或者被看作）不值得尊敬的。但是，也许值得指出，前面引用的定义本身并不*因而*使世纪初的 'wop' 成为一个诋毁词：至少不考虑在*被定义对象*中使用可能偏性的表达式，这个词仅仅将其外延描述为包括具有大概不那么值得尊敬的倾向的个人——比如，这种描述并不比说某人'不诚实'或者'懒惰'更具贬义。（关于贬损的语言维度与诸如污蔑或冒犯的言后效果之间的区别，也可参见第 4 节。）

但是，先将这个词世纪初的意义搁置一旁，专注于当前的用法。在这个词的当代定义中，老的词源痕迹依然可见，这正如在《牛津英语词典》的释义中所示："意大利人……特别是作为移民或外国访客"。至少部分地说，该词典中奇怪地使用'特别是'可能反映意义上的一种历时变化：同*蜕化*（中性词语获得表态性与/或贬抑性偏性，如在'mistress'[主妇；情妇]中）与（由于缺乏更好的术语而权且称作）*词汇化隐喻*（也许如在'bitch'[母狗；坏女人]和'bastard'[非婚生子；杂种]中）的典型实例在一起比较，贬抑性词语可能适从*拓宽*的效应，诸如这种拓宽效应导致'wop'世纪初的涵义演变到现代的涵义。[11] 更为重要的是，可以认为，各种贬义词语不仅经受这种历时意义转变，而且呈现活用的多义形式。在此尤其重要的是这种可能性，即某个诋毁词伴随着几种用法，在这些用法中（尤其在其定型用法中）其偏性的某些性质重置到系统意义层面：在用作指称所有意大利人的贬义词的同时，'wop'偶尔表现出外延上更窄（不过我认为同样是贬义的）性质，其外延大致与'意大利人并且被赋予 s_{wop} 的性质'相同，正如在'喜欢歌剧、弹奏曼陀林、懒惰腐化的意大利人'中。[12] 考虑一下，在反对同性恋领域中的一个类似例子，'dyke'经常用作与'lesbian'（女同性恋者）具有相同外延的贬义词，而且经常按照'挑衅性的男性定型用法'缩窄 (Thorne 1990: 160)——因此，通过那些奇怪的'特别是'提醒的限定，正如在"女同性恋者，特别是个头高大、男子气的、挑衅性的女同性恋者"(Rawson 1989)。[13]

正如我不断重复的那样，所有这些都还尚可商榷，因为它们基于各种经验性假设，最终需要经得起更加严格的词典学与词源学研究的检验。然而，就我所知，*某些诋毁词可以表征为具有某种程度上变动不居的外延性质*这个概念本身就让我觉得相对接近于日常证据——更为重要的是，我觉得这与如下的情形一致，在这些情形中，就其某些涵义而言，诋毁词的外延与可以认为是其中性对应词的外延形成对照。显然，每当'wop'用于窄义时，诸如下面这样的句子：

---

11 当然，或者*缩窄*，取决于历史优先性。关于隐喻性描述语固化为性别歧视的诋毁词，参见 Ross 1981 以及 James 1998。关于一般性拓宽的相关特征和词汇变化的有关现象，例如，参见 Forston 2003，Durkin 2009，以及 Crowley 与 Bowern 2010。

12 *由于定型用法而缩窄*的类似形式在对某些非偏性例子的研究中是熟悉的，这正如在'corn'这个经典的例子中：同一般谷物相关的意义伴随一种外延缩窄，仅仅包含当地典型的谷物，在英格兰指小麦、苏格兰指燕麦、美国指玉米。例如，参见 Geeraerts 2010: 27。

13 顺带指出，'特别地'还出现在某些词典中对指向儿童话语中的词语的定义中，诸如'兔兔'。虽然《朗文词典》满足于"一个指兔子的词，特别是由或者对儿童使用"，但《韦氏词典》和《维基词典》谨慎地允许一种更窄的使用，如分别为"兔子，特别指小兔"和"兔子，尤指幼兔"。

（2）科西莫是意大利人，但他不是 wop（意大利佬）

可能无可争议地证明成真，这只不过因为在有关的意义上，'Italian'（意大利人）并不是该诋毁词的中性对应词。同样清楚的是，因此，依据所包含的词语的某种理解，诸如（2）的实例的真值条件性质几乎无法提供任何支持（或者反对）关于诋毁词贬义维度这种或者那种阐释的证据——尤其是，无法提供支持或者反对诋毁词不可位移性的相关证据。

实际上，这一节关于某些诋毁词系统意义的尝试性探讨的原因之一与下述事实相关，类似于（2）的例子在当前关于贬抑之非真值条件阐释中开始起着相对核心的作用。这一节的结论是，这些例子如果在这方面相关，就应当以与前面暗示的无害理解在重要方面不同的方式加以理解。然而，正如我将在下一节中解释的那样，一旦将那些理解排除掉，那成为显而易见的是，（2）的用法仅仅在下面这个程度上依然是可以接受的，即独立的语义学手段在发挥作用，这些手段无可争议地使有关证据在反对非真值条件理解中无效。

第3节 不可位移性与诋毁词

诸如由第5章中讨论的指向儿童话语中的例子体现出的不可位移性，对任何简单化地以真值条件阐释像'rabbit'（兔子）和'bunny'（兔兔）之间这样的区别，都带来了灾难性后果——那样的阐释正如在以下这个（极其粗糙的）观点中，即'a是一只兔兔（bunny）'与'a是一只兔子和你是一个孩子'在真值条件上是等值的。但是，当涉及本章讨论的现象时，类似的路径至少乍看起来更加可取。特别是，按照我将称作对诸如'wop'的*外延分析*方法，这个词与'Italian'并不共有系统意义，而相反与'Italians'适当的子类相关，这个子类通过像（c）中的条件定义。换言之，按照这种观点，被赋予（或者相信被赋予）负面特征的性质不只是对使用'wop'的语境类提供了限制，而且直接限制了这个词的真值条件贡献，大致按照如下的方式：

（f）$[[wop]]_c = \{x:$ 在 c 中，x 是意大利人，而且 x 作为意大利人是（或者被 c_a 认为）具有*负面*倾向的 $\}$

（或者类似这种分析，细节无关紧要）。

于是，按照外延分析，'wop'的外延是'意大利人'的外延的子类。但是，十分重要的是，不在下面这种意义上，即在第2节，我承认'wop'的某些用法可能从其真值条件贡献中排除某些意大利人；眼下外延限制不同（或不仅同）这种或那种客观特征相关，诸如懒惰或者像花花公子似的，而是相关于本质上为评价性的维度，亦即相关于'*neg*'（负）编码的任何东西。换句话说，外延分析的要点不在于（或者不仅在于）'wop'适用于意大利人的某个适当的子类，以表达中性态度的特征定义——这些特征可能与道德价值无关，正如在'喜欢歌剧的意大利人'，或者，更加直接地关涉大概事实上证明为不尊敬的态度，比如在'是恶棍并且有暴力倾向的意大利人'。相反，其要点在于有关的限制直接关注增强敌对的态度，正如在'意大利人并且由于是意大利人而内在地不值得尊敬'。[14]

这个区分可能值得重复。按照本章的论述主线，正像就'wop'的情形而言，是选择所有意大利人还是选择被陈规划定的那部分意大利人，谁碰巧处于某个诋毁词 z 的外延内很可能证明是个有趣的经验性问题。要旨依然是，根据我的观点，z 的系统意义正像用于表征这个类的任何非诋毁词一样处理那个类——贬义维度被分配到偏性层面。另一方面，按照外延分析法，这个贬义维度应当编码在真值条件层面：如果 z 对于某一类 k 是贬抑性的，那么其外延是 k 恰当的子类，正是借由 z 是一个诋毁性表达式。尤其是，这个表达式是产生于 k 与'贬抑反映'条件的交集——即属于 k 的那类人，并且从而被赋予某种'引起不受尊敬'的特征。

在此，如同在第 4 章中讨论的语域、敬语或者指向儿童话语的情形一样，诋毁词的*外延分析*由于这些表达式抵制位移性而受到彻底的反驳。因此，例如，

　　（3）如果这个社区有 wops，我们就会搬到别处去。

是无条件地贬义的，这与下面这个断言根本不是等值的，即如果我们的邻居是

---

14 注意，按照*外延分析*，诸如'wop'这样的诋毁词最终实际上成为*空洞的*："事实上，在我们的语境中，不存在任何这样的意大利人，即由于其国籍而不值得尊敬。例如，在为这样一种外延观论辩时，克里斯托弗·霍恩写道："种族诋毁性称谓完全是有意义的，[但是]它们所表达的性质没有外延"（Horn 2008: 22）。埃娃·皮卡尔迪与此看法一致："那么碰巧，种族歧视词语表示的复杂性质没有得到例示，或者更加清楚地说，这种词用作谓词时对于作为主目的任何人都成假"（Picardi 2006: 17）。然而注意，在霍恩的分析中，诋毁词具有空外延这个结论产生于导致其包括在语言中的过程之*内在*缺陷："这样，'中国佬'类似于'独角兽'"（Horn 2008: 12）。也可参见 Taylor 1981；有关批评，参见 Saka 2007: 131-4。关于这种假定的外延空洞性，*有些*（尽管不是所有）释义旨在支持有时称作'沉默主义者'的建议。沉默主义者坚持认为，对于非恐外者，民族或种族诋毁词根本没有用处："贬义词对我们'无用'"（Hornsby 2001: 128）。这个结论如果正确，对于语义学意义有限：假如种族侮辱性称谓必定具有空洞的外延，而比如，'职业'侮辱性称谓则不然，那么，语义学家就会妥当地将例子从'wop'转变到'whore'（婊子），而不会引起重大的理论后果。另一方面，从沉默主义者的视角探讨*所有*诋毁词是令人反感的，而且在政治上也是可疑的：根据任何最低程度上可行的语言学分类，同恐外的或者种族主义的诋毁词无以区分的诋毁词的确*实际上*是可用的，而且最好继续是可用的（考虑一下 1960 年代反正统运动中'猪'的用法）。

意大利人，而且由于其国籍而可鄙，我们就改变居住地。[15] 但是，正如外延分析的辩护者所指出的那样，其他例子似乎不那么明显地有利于与之不同的非真值条件阐释，诸如我至此所论述的那种。例如，克里斯托弗·霍恩引用了那些实例，不仅*可由*非恐外讲话者所*使用*，而且事实上甚至*适合*用于反对带有歧视的世界观，诸如下面这样的句子

（4）种族主义者认为意大利人是 wops（意大利佬）

或者事实上，第 2 节结尾提到的那个例子，重复并重新编序号如下：

（5）科西莫是意大利人，但他不是意大利佬（wop）

(Horn 2008，为了一致，种族侮辱性称谓做了修饰)。

至少在对诸如（3）这种实例提供的证据无法独立消除的情况下，可位移性这些初步的例子不足以作为外延分析的辩护。然而，这些例子确实证明对任何坚持以下结论的阐释构成了最初的困难；这个结论是，贬义成分必定不受诸如(5)中否定的表达或者（4）中态度谓词的影响。不过，正如我在本章剩余部分所解释的那样，这一节和前几节提出的一些因素至少为（4）或（5）的分析提供了某种支持，这些分析同在偏性层面上贬义成分的处理是完全相容的。

回忆一下，现在讨论的问题不是关于这种（不具争议地无伤大雅的）可能性，即'wop'的有些用法限制在这个或者那个方向，这正如第 2 节提到的陈规性缩窄。事实上，所涉及的问题甚至同下述思想毫无关系，即那个特定的词的*所有用法*相关与比所有意大利人的类要小的外延——因为这个程度的内容很可能最终只对选择例子有影响，而对诋毁词理论并无影响。因此，坚定地将'wop'可能'专门化'或者'缩窄的'理解放置一旁，首先，（5）是否确实有可以接受的例子呢？如果有，这些例子出现的条件是什么？

在我看来很显然，对第一个问题的回答一定是肯定的。但是，支持这种直觉的那类情景应该更加密切地加以审视，因为这些情景对我在三个段落之前介绍的（5）引起一种有趣的修辞性曲解。在那儿，我仿照霍恩将这个句子描述为'不仅'可能出现在不带偏见者口中，而且'甚至'适合于反对种族主义者。但是，一旦聚焦于相关的情景，其要点就在于，第二个分句中所强调的选项就非常接近于成为一个必要条件：在与眼下讨论相关的意义上，（5）听上去

---

15 正如 Williamson 2009 所说："就'德国佬'（Boche）而言，这个词的使用就会产生憎外含意，无论出现在句中的什么位置"；并参见 Tirrell 1999: 50。顺带地说，波茨诉诸一种特定类型的不可位移性，即跨越塞词，以便对关于诋毁词的预设性阐释提出挑战（Potts 2005）；关于诋毁词预设性阐释的讨论，参见 Lasersohn 2007，Sauerland 2007，Schlenker 2007 以及 Anderson 与 Lepore 2013。

比较自然，正是因为它作为对某人使用 'wop' 的反应而出现。当然，这个程度就提供了相当强的暗示，所涉及的必定是这个句子的回音性或者（在某种意义上的）元语言用法。

这个初步印象由（5）中不那么自然地出现的*转折性 '但是'* 所证实，在与更加口语化的下一句相比较时更是如此：

（6）科西莫是意大利人，不是 wop（意大利佬）。

尽管应当承认，这并不能作为任何东西的结论性检验，'但是'的不恰当性一般都看作至少提供了元语言含意不可小觑的证据，这正如在下面这两个句子之间的对比中所示：'这个蛋糕不是好，是好极了'是自然的，而'这个蛋糕不是好，但是好极了'就有点不自然。同样，转到对于非真值条件否定的另一个经典'检验'，类似的考虑对于诸如下例的情形同样成立：

（7）Warpe 没有用意大利佬的声音说 (wop up)，他说话带意大利口音。

这句话在回应某人对 Warpe 矫揉造作不那么友善的描述时说出。这一点由*形态上包含否定的不可能性*所证实，如下所示：

（8）* Warpe 以非意大利佬的声音说 (unwopped)，他说话带意大利口音。[16]

另一方面，例（4）只是态度动词下表面位移相对广泛的一类例子中的一个。最为令人信服的例子之一源于菲利普·施伦克尔：

> 我不歧视高加索人。但是，约翰歧视，他认为 / 声称你是他认识的最坏的白鬼子。(Schlenker 2003: 109)

这个例子比霍恩的（4）更加引人注目，其中第二个句子可以获得的理解（事实上，最可能的理解）似乎包孕于约翰态度中关于'白鬼子'的贬义维度，使讲话者能够在这方面保持中立态度。在对这些和其他类似例子做出回应，并且为普遍的不可位移性做出辩护时，Potts 2007 提出一种阐释基于对语境中的施事者和语境中进一步的参数——语境的*评判者*——之间的区分。这不是一个权宜之计，因为借用了显然要求独立理由的资源，这尤其正像彼得·拉泽尔松在论述口味谓词时做出的论辩那样 (Lasersohn 2007)。可是，即使那些不那么困难的充实，诸如施事者 – 评判者的区分，可能最终并非必需，只要一致认为有关表述的负面理解能够极其自然地从所包孕从句的至少部分地*引语性*解释中获得。

---

16 参见 Horn 1989。

这个程度看来为假定无伤大雅的替换表达所获得的效果所证实，这正如普拉纳夫·阿南针对常见表态性词语所指出的：
因此，考虑一下试图用某个与讲话者年龄/语域更相适应的表达式替代'一事无成'：

父亲：我决不允许你嫁给那个一事无成的韦伯斯特。

我父亲大喊道，他决不允许我嫁给那个{一事无成，#懒驴}韦伯斯特。
(Anand 2007: 205).

同样，回到我讨论的典型诋毁词，假如 Warpe 倾向于说出的是某种类似于'你是我认识的最坏的意大利佬'的话，即使像下面这种转述：
（9）Warpe 认为，你是他认识的最坏的 goombah（意大利佬）
看来在讲话者可能合理地使自己远离恐外含意的那种语境中并不完全可以接受。即使依据下述可能的假设也是如此，即 'wop' 和 'goombah' 完全是同义词，即两者在外延层面和偏性层面均一致。这表明的是，（9）所涉及的不只是使用这个句子的人也许会感到恰当地远离偏性成分这个可能性，而且表明这个结果基于独立于偏性、大概为引语性的维度。

* 第 4 节 外延目标假设

按照第 1 节的观点，'wop' 的偏性符合类似于（c）、（d）或者（e）这样的条款。省略与眼下讨论不直接相关的各种细节，所有这些条款都具有下述形式：
（g）$c \in CU(z)$，仅当在 c 中，$d(z)_c$ 的成员是（或被 c_a 看作）*负*
我把诋毁词 z 偏性所包括的那类 $d(z)_c$ 称作其（在 c 中的）*贬抑目标*。

条款（c）–（e）在一点上是一致的：这些条款将 'wop' 的贬抑目标认同于这个词的外延，这一点由 [[wop]]$_c$ 共同地出现在（g）中由 $d(z)_c$ 占据的位置上而得以证实。我把下述主张称作关于 z 的*外延目标假设*（ETH），按照这种主张，（对于所有 c）诋毁词 z 的贬抑目标与外延重合：
（h）$[[z]]_c = d(z)_c$。
因此，（c）–（e）都坚持关于 'wop' 的 ETH。注意，这种坚持不依赖于选择究竟谁出现在有关词语的外延内。为了例示，我在第 1 节遵循可行的经验性假设，即 'wop' 指称所有的而且仅仅是意大利人，而不是（比方说）生活在国外的意大利人的子类，也不是地中海后裔的总类。如果这一点正确，那么，从

ETH 可以推论, 意大利人的类构成 'wop' 的贬抑目标, 亦即用稍微通俗的话说, 'wop' 针对所有意大利人而且仅仅针对意大利人。在第 2 节, 出于独立且相联系的原因, 我简要讨论了 'wop' 和 '意大利人' 的共同外延性。不过, 这种共同外延性究竟是否正确, 仍然是一个经验性问题, 这个问题并不依赖于关于 'wop' 的 ETH 总的含意, 这是一个仅仅关涉贬抑目标与真值条件贡献之间相互关系的假设。

'wop' 的 ETH 很可能不关心 'wop' 是否为用于意大利人的表达式这个经验性问题。然而, 它自己能否站得住脚本身依然是一个关于英语表达式的经验性问题, 这个问题不大可能通过哲学分析解决——毕竟, 不接受这个假设, 对于某些或者甚至所有贬义词语而言, 不会产生不一致性或者语义学原则上无法容忍的东西。但是, 随便查看一下诋毁词中那些标准的通常涵义实例, 对于这个或者那个例子, 只有两种替代 ETH 的路径让我觉得至少在理论上是可行的。这两种替代路径是, 在贬抑目标和外延中的一个成为另一个的恰当子类。为了例示, 特别考虑一下诋毁词的外延恰当地包括在其贬抑目标中的情况: $[[z]]_c \subset d(z)_c$。假定性别歧视词语可以同种族歧视和恐外表达式一起, 有益地归在 '贬抑诋毁词' 这个覆盖性名目之下, 诸如 'bitch' (坏女人) 这样的词*似乎*就提供了这种例子。究其原因, 就我设法查询的大部分资料来看, 这个词用于女人的特定子类, 大体指那些有好斗倾向的女人。然而, 根据几乎任何我相识的人, 这个词在某种意义上针对*所有*女人。

正像我不断重复的那样, 确定 ETH 是否适用于这个或者那个诋毁词, 这个任务最好留给词典学家与历史学家。不过, 总的一点也许值得提及, 至少以表明人们在这个研究领域可能出现的一些混淆。特别是, 也许值得指出, z 的 ETH 并不蕴含 z 的用法只对其外延中的成员具有*侮辱性*——因为哪一类人构成诋毁词的目标这个语义学问题应当与使用诋毁词产生的*言后效果*区分开来。换句话说, 贬义至少就在此相关的意义上基本属*语言学*维度, 这个维度相关于但又极其不同于各种独立于意义的考虑因素, 这些因素适合于讨论诸如侮辱或者冒犯等现象。[17] 一则, 在不出现贬义词时, 冒犯性后果也可能无可争议地产

---

17 贬义是一种*语言学*现象的观点引起对*贬抑思想*概念的某些怀疑。这个概念似乎是马克·理查德下述论点的实质, 即 "我们无法将成真性 [或成假性] 赋予诸如种族主义者的话语" (Richard 2008: 13)。他的论点转而基于涉及对*思想*做出真值条件评价的考虑因素: "为什么不允许在说出 '他是一个 *' 时表达的思想成真 ……? 噢, 说一个思想成真, 实际上就是赞成这个思想、接受这个思想" (Richard 2008: 24)。顺带注意, 对于理查德而言, 表态类词语从根本上与诋毁词不同: '如果我说 "那个混蛋就在门口" ……那并不影响我说的话成真' (Richard 2008: 34)。与诋毁词在 '……是真的' 中出现的相关问题, 例如参见 Grim 1981, Stenner 1981, 和 Saka 2007。

生，这正如在'意大利人天生倾向做出不诚实和不妥当的行为'。[18] 再则，与这里讨论的问题更加相关的是，人们可能有理由觉得贬义词是针对自己的，尽管实际情形中他们并不是贬抑目标中的成员。例如，诸如'bitch'（坏女人）和'slut'（荡妇）这种性别歧视诋毁词的外延以及（根据 ETH 假定）其目标是女人这个类的*特定子类*（大体上分别指好挑衅的与淫荡的女人）；这个假设显然与下述无可争辩的事实是相容的，即这些词的使用对妇女普遍地是侮辱性的。

顺带地说，在迅速离开关于 ETH 的讨论时，表达式的偏性中的贬抑目标与使用表达式所获得的言后效果之间的区别，在分析类似于有时称作'改造利用'的实例时，也应当记在心里。总的说来，使用贬义词'正常地'或'典型地'获得的言后效果也许能够由会话场景中的一般特征加以中和，这正如*我*对关系密切的熟人使用'wop'所示。我是在下述意义上把这样的特征称作'一般性'的，即极有可能，这些特征也可以在同贬抑几无关系的具体层面上发觉。因此，引用一个同语域相关的例子，'喂，混账玩艺儿！'在朋友之间使用时，并没有（最好没有）失去意义编码的粗俗特征，但是有关的粗俗特征不仅远非理解为冒犯性，有时却能够获得同志情谊的言后效果。同理，只要足够明确，我没有反意大利人的那种偏见，我使用'wop'很可能带有反语性或模仿性含意，但并不因此而失去其原初的贬义偏性（的确，再次地说，最好没有失去，如果其反语性模仿能够为我的听者有所察觉）。[19]

---

18 "至少有两种不同行为归在 *swearing*（咒骂）这个词下。重要的是不要将二者混淆"（Davis 1989: 7）。类似的结论也适用于基于系统意义（非偏性）描述语，由于语言外因素，这样的描述语证明带有歧视性含意。因此，我不同意罗宾·莱考夫对为何"*Bachelor*（单身汉）至少是一个中性词，经常用于恭维，而 *Spinster*（老处女）看来通常用于贬义"（Lakoff 1975: 64）之原因的语言学分析。同样，'仅仅词义上细微差别'的经典例子，诸如'我坚定；你顽固；他是一个驴骞的笨蛋'，让我觉得显然基于系统意义，显然涉及非共同外延性。（这个例子归于 Allan and Burridge 2006: 50 中收录的 Russell。也可参见 Harris 1987，Sutton 1995 以及 Allan 2007）。

19 这个结论同看似流行的以意义变化对改造利用实例做出阐释的路径相抵牾。因此，按照波茨的观点，"当同性恋者使用'queer'（搞同性恋）这个词时，其意义……与在保守的电台听众热线节目中使用时迥然不同"（Potts 2007c; 10）。在霍恩看来，侮辱性称谓"在该群体中使用时意义改变了"（Horn 2008: 13）。按照阿诺德·兹维基的看法，"如果从具有双重意义的'faggot'（鸡奸者）开始，这个词逐渐失去其侮辱性用法，就得到一个经过改造利用的'faggot'，该词同'同性恋男子'具有相同的指称（但含意不同）。或者，如果从具有双重意义的'faggot'开始，这个词逐渐失去指称性用法，结果就得到差不多是一个侮辱性表达式的东西"（Zwicky 2003: 83）。正像安德森与莱波雷所指出的那样，"歧义无法解释为何非成员不能使用第二个涵义"（Anderson and Lepore 2013: 42）。

第 5 节 我现在何处？

本章的主要论点与本书第二编的总体框架正相契合：同感叹词与敬语并无二致，诋毁词是偏性表达式，产生熟悉的确定与不可位移性结果。

但是，诋毁词证明是非真值条件探究的肥沃土壤，提出了各种各样独立的语义学问题，其中有些问题我在本章做出阐述。首先，比较详细地论述了诋毁词的偏性，我在第 1 节区分了'客观'阐释与'以施事者为中心'的阐释；在第 2 节中，我讨论了一些与某些诋毁词的系统意义（从而与其外延）相关的问题。在第 3 节，我提出了与目前关于不可位移性争论相关的若干因素。我在第 4 节对于外延目标假设做出了评价。

尽管我希望这些观点中至少*某些*思想具有*某种*意义，但是，这些观点独自地看，无一对我在本书的论述主线是至关重要的。独立于偏性这个或者那个特定实例，最为重要的是那些能够从这种偏性与系统意义问题的关系及其在意义综合阐释中的作用产生的普遍结果。因此，在第二编的最后一章，我回到至此讨论的最为直接的偏性实例——第 4 章的句子性'哎呀'的实例；我将提供一个形式片断的模式论阐释，旨在揭示其引人注目的语义特性。

第 7 章
构建 '哎呀' 逻辑

哎呀，亲爱的，你无礼地抛弃我使我受到了伤害。

（传统民歌《绿袖子》）

第 1 节 '哎呀' 语义学

根据第 4 章，下述必要条件至少非常接近于表征了以 '哎呀' 开头的句子之偏性：

    (a) $c \in$ CU（哎呀 s），仅当在 c_t 和 c_w，c_a 不赞许地看待*内容* $_c(s)$。

这样一种近似表征是否确实 '足够有效'，这个问题最好留待词典学家研究。另一方面，具有某种哲学意义的是从这个表征可以获得的结果，或者就此而论，其他任何研究 '哎呀' 的合理路径，尤其涉及以 '哎呀 s' 形式出现的句子与语言中其他句子之间的某些语义关系。

    所说的关系基于所研究的表达式之意义，在这个涵义上是*语义性的*：例如，完全借由 '哎呀' 的偏性（以及某些其他表达式的系统意义），每当 '哎呀 s' 恰当地使用时，一些句子结果就证明成真，而且某些包含 '哎呀' 的前提就支持进一步的结论。这里 '支持' 的涵义尚待解释。在这种意义 上，关于 '哎呀' 与类似表达式之偏性的假设对表态类词语的 '逻辑' 负责，至少在逻辑理解为研究纯粹由意义编码的关系这个意义上如此。然而，加在我使用的 '逻辑' 上提醒注意的引号是适当的：认识到意义的非真值条件方面就蕴含着我提及的规律性并非必定产生在适合于*真值保持*过程研究意义上的逻辑，真值保持过程有如在确保系统意义的论证中从前提到结论的过程。一旦认为（a）中的先行表征对'哎呀'意义（细节上稍加修改，对类似表达式的意义）做出了满意的分析，本章的目的旨在至少揭示表态类*词语*的这种*逻辑*的某些特征。

为何条款（a）满足于关于使用'哎呀 s'的一个必要条件，部分原因涉及以下事实，即 s 可能最终包含进一步的偏性表达式，这些表达式转而导致另外的语境限制。例如，正像我在第 8 章中解释的那样，呼语是一种特定类型的偏性表达式，所以，诸如本章标题下的那样一个句子不能用于施事者对被无礼地抛弃不满的所有语境，而只能用在讲话者同时在呼唤其爱人的那些语境中。不过，既然就研究'哎呀'取得的效果而言，这种额外的复杂性只是一种干扰，因此，在下文我的讨论将专注于人为划定的片断。在这个片断中，假定'哎呀'为*唯一的*偏性表达式，而且（a）中的条件为其使用规定了必要条件和充分条件，有如下述：

（b）CU（哎呀 s）= {c: 在 c_i 和 c_w，c_a 不赞许地看待*内容* $_c(s)$}。

基于（b）的方案，我在下一节开始勾勒一种非充分解释的形式语言 L_0 的模式论阐释的基本指导原则，这种形式语言包括恒定表态性前缀'哎呀'。在第 3 节做出一些非形式的评述之后，第 4、5 节介绍表态*效度*和表态*证据*的概念，并且讨论两者的关系。第 6 节对 L_0 做出某些扩展和修正，分别涉及适于表态性语言分析的'内容'概念的某些方面和涉及引入另一个表态类前缀'好哇'。第 7 节包含本章主干部分提出的相关主张的证明。

第 2 节 形式简述

2.1 词库与句法

考虑一下一种简单的指示性表态语言 L_0，其*词库*包含

- 一批谓词 F^n 和名称 a^n ($n \in$ N，以下非形式化地分别重写为 $F, G,...$ 和 $a, b...$)
- 指示语 i
- 二位态度符号不赞许
- 逻辑符号 ¬ 和二元联结语 &，V，→ 和 ↔
- 补语化成分 *that*
- 一些表态性前缀 EX，在此简写为 $EX = \{$ 哎呀 $\}$

（注意：为了体例简洁，省略了引号与角引号。）

L_0 的*句法*由以下内容组成：
- 名称与指示语为单称词项
- 对于任何单称词项 t 和谓词 p，pt 是一个（原子）句子
- 对于任何句子 s_1 与 s_2，$\neg s_1$，$(s_1 \& s_2)$，等等皆为句子
- 对于任何句子 s，*that s* 是一个 that- 词项
- 对于任何单称词项 t，that- 词项 d 与态度符号 r，$r(t, d)$ 是一个句子
- 对于任何简单句 s，*哎呀 (s)* 是一个表态句，其中简单句是一个没有*哎呀*出现的句子。

因此，例如（按照通常惯例，省略括号），(i) *Fa*, (ii) *¬Fi & Ga*, 或者 (iii) *不赞许 (i, that Fa)* 都是简单句；(iv) *哎呀 Fa*, (v) *¬Fi & 哎呀 Fi*, (vi) *哎呀（不赞许 (a, that Fa)*, 或者 (vii) *不赞许 (i, that 哎呀 Fa)* 皆为表态句。

2.2 语义学

L_0 的模式 M 是 $<U^M, C^M, K^M, I^M>$ 的一个四元组合，从而
- U^M 是个体的非空集
- C^M 是'语境'的非空集，从而对于所有 $c \in C^M$, $c \in U^M$
- K^M 是'内容'的非空集
- I^M 是一个函数，从而
  - 对于任何名称字母 n, $I^M(n) \in U^M$
  - 对于任何谓词 p, $I^M(p) \subseteq U^M$
  - 对于任何态度符号 r, $I^M(r) \subseteq U^M \times K^M$
  - 对于任何 that- 词项 d, $I^M(d) \in K^M$

亦即，I^M 将个体派赋给名称、将个体的集派赋给谓词、将个体 – 内容对的集派赋给态度符号、将内容派赋给 that- 词项；C^M 只不过是个体的集合（给定 i 是唯一的指示性表达式、语境只是'语境中的施事者'）；K^M 是为理解 that- 词项所赋予项目的集合（'内容'）。

在模式 M 中相对于语境 c ($c \in C^M$) 为 e 的语义值写下 $[[e]]_{M,c}$，以下几条确定 L_0 中句子的语义值：

1. 如果 e 是一个名称、谓词、态度符号或者 that- 词项，$[[e]]_{M,c} = I^M(e)$
2. $[[i]]_{M,c} = c$
3. 对于任何以 pt 形式出现的句子 s，p 是一个谓词字母、t 是一个单称词项，$[[s]]_{M,c} = T$ 当且仅当 $[[t]]_{M,c} \in [[p]]_{M,c}$
4. 对于任何以 '$r(t, d)$' 形式出现的句子 s，t 是一个单称词项、d 是一

个 that- 词项、r 是一个态度符号，$[[s]]_{M,c}$=T 当且仅当 <$[[t]]_{M,c}$, $[[d]]_{M,c}$> ∈ $[[r]]_{M,c}$

5. 对于任何以 ¬s_1 的形式出现的句子 s，$[[s]]_{M,c}$ =T 当且仅当 $[[s_1]]_{M,c}$ =F，对于任何以 s_1 & s_2 的形式出现的句子 s，$[[s]]_{M,c}$ =T 当且仅当 $[[s_1]]_{M,c}$ =$[[s_2]]_{M,c}$ =T，等等。

6. 对于任何以表态 s_1 形式出现的表态句 s，ex 是一个表态前缀，而且 s_1 是一个简单句，$[[s]]_{M,c}$ = $[[ex]]_{M,c}$ ($[[s_1]]_{M,c}$)

7. $[[$ *哎呀* $]]_{M,c}$ = id (同一性函数)

替代性标记方法：句子 s 在模式 M 和语境 c ($c∈C^M$) 中成真，

8. *成真 $_{M,c}(s)$* 当且仅当 $_{def}$ $[[s]]_{M,c}$ = T

(否则，*成假 $_{M,c}(s)$*)。简略表述：一类句子 S 在模式 M 与语境 c 中成真，成真 $_{M,c}$ (S)，*当且仅当对于所有 $s∈S$，成真 $_{M,c}(s)$，这类句子成真。某个句子 s 借由系统意义本身成真，当且仅当它在所有模式与语境中成真：*

9. $|=s$ 当且仅当 $_{def}$ 对于所有 M 和 $c∈C^M$ 成真 $_{M,c}(s)$

某个论证 S ∴s 由系统意义确保，当且仅当其结论在所有其前提成真的模式和语境中成真：

10. $S|= s$ 当且仅当 $_{def}$ *对于所有 M 和 c 成真 $_{M,c}(s)$，从而成真 $_{M,c}(S)$。*

所以，(i) *Fa* ∴ *Fa* ∨ *Gb*, (ii) *哎呀 Fa* ∴ *Fa* ∨ *Gb*, (iii) *Fa* ∴ *哎呀 Fa* ∨ *Gb* 以及 (iv) *Fa* ∴ *哎呀 (Fa* ∨ *Gb)* 全都是系统意义确保的论证。例如，就 (iv) 而言，$[[$ *哎呀 (Fa* ∨ *Gb)$]]_{M,c}$ = $[[Fa$ ∨ *Gb$]]_{M,c}$ （根据第 6、7 款），从而对于所有 M 和 c 成真 $_{M,c}$(*成真 (Fa* ∨ *Gb)*)，因而成真 $_{M,c}(Fa)$（根据第 5、8 款）。

2.3 使用条件

设 $CU^M(s)$ 为句子 s 在 M ($CU^M(s)$ ⊆ C^M) 模式中的*使用语境*的类，从而：

11. 对于任何原子句 s，$CU^M(s)$ = C^M

12. 对于任何以*哎呀 s_1* 形式出现的表态句 s，$CU^M(s)$ = {$c∈C^M$: 成真 $_{M,c}($ *不赞许 (i, that s_1))*}。

13. 对于任何以 *r(t, d)* 形式出现的句子 s, t 是一个单称词项、r 是态度符号、d 是以 *that s_1* 形式出现的 *that-* 词项 , $CU^M(s)$ = $CU^M(s_1)$

14. 对于任何以 ¬ s_1 形式出现的句子 s, $CU^M(s)$ = $CU^M(s_1)$

15. 对于任何以 s_1 k s_2 形式出现的句子 s, k 是一个二元联结语 , $CU^M(s)$ = $CU^M(s_1)$∩$CU^M(s_2)$

因此，例如，(i) CU^M(*哎呀 Fa*) 是语境 c 的类，从而*不赞许 (i, that Fa)* 成真

$_{M,c}$（根据 12）；(ii) CU^M(*哎呀 (Fa ∨ Gb)*) 是 c 的类，从而*不赞许 (i, that (Fa ∨ Gb,)*) 成真 $_{M,c}$（根据 12）；(iii) CU^M(*哎呀 Fa → Gb*) 再次是 c 的类，从而*不赞许 (i, that Fa)*) 成真 $_{M,c}$（根据 15 和 12）。

第 3 节 非形式插论

考虑一下 L_0 句子在诸如英语这种'得到充分解释的'语言中明显'对应的句子'，转而按照贯穿本书所假定的语义框架做出解释。根据条款 6 和 7 在这个框架中的应用，正像第 4 章所指出的那样，可以推论表态性前缀在真值条件上没有贡献：

（1）哎呀，帕瑟琳要哭的

相对于语境 c 成真，当且仅当

（2）帕瑟琳要哭的

相对于该语境成真——在其中任何一种情形下，当且仅当在 c_w 并在 c_t 之后的某个时间，帕瑟琳哭。因此，按照（b）中所概括的方式，借由对使用表态句子的限制，条款 12 反映了'哎呀'意义的奇特方面（即例如，反映了在何种涵义上（1）（2）的意义不同）。换句话说，条款 12 体现了我在第 4 章中称作'哎呀'*偏性*的东西，这转而理解为该表达式规约意义与真值条件无关特征的集合。例如，'哎呀，帕瑟琳要哭的'只能在讲话者不赞许地看待帕瑟琳将要哭这件事的那些语境中使用才是恰当的，亦即，只用于所有那些语境 c，从而'我不赞许地看待帕瑟琳要哭这个内容'成真 $_c$。

另外，条款 13–15 充分注意了第 4 章中讨论的不可位移现象。因此，例如，对下面这条的使用语境

（3）如果，哎呀，帕瑟琳要哭，那么，我们需要重新考虑我们的策略要求讲话者无条件地对帕瑟琳要哭的可能性不高兴；

（4）如果帕瑟琳要哭，那么，哎呀，我们需要重新考虑我们的策略

只有由无条件地不赞许重新评估其策略的讲话者使用是恰当的；下一句

（5）如果，哎呀，帕瑟琳要哭，那么，哎呀，我们需要重新考虑我们的策略

出自那些对帕瑟琳哭不高兴*而且*不愿意重新考虑他们策略的人之口。这是因为，比如（3）满足于仅为有条件的不赞许倾向，显然没有这样的理解——其不赞许倾向允许那个句子由某个仅仅抱有一种假定（即可能对帕瑟琳哭不高兴）的人使用。

注意，前面提供的简单语义学满足于将*某种内容*赋给句子：例如，(1) 的形式对应表征只是反映了下述观点，即在其任何的使用语境中，直觉地对应于'我不赞许地看待帕瑟琳要哭这个内容'的句子评价为成真，在这些句子中有关内容的选择由模式的解释函数任意地决定。这个函数是不受限制的：例如，不能确保由 I^M 赋给 Fa 的内容同 Fa & $(Ga \vee \neg Ga)$ 的内容具有任何有趣的关系，尽管这些句子在语义上等值。这个显著地中立的思想之要旨是教学上的，强调了以下事实，即第 4、5 节获得的结果并不依赖于任何（可能富有争议的）关于内容的性质及其个体化的假设。基于一种更具启发性的方法，相互具有恰当语义关系的句子必定被赋予同一个内容。显然，根据这种方法，将会出现直觉上可取的更多结果。我后面在第 6 节将简要论述这个问题。在那一节里，我考虑在这方面被赋予更加严格的语义学的一种语言 L_1。

继续想当然地认为，在 L_0 与英语之间某些明显的一致性提供了一种教学上适当的介绍，介绍一个论证那些特征的定义；这些特征能够反映那样一种意义，在这种意义上用一种表态语言，那个论证的结论仅仅借由有关表达式的意义'确保'。当然，鉴于偏性问题与真值条件无关，以系统意义确保的传统'效度'观不能产生直觉上可取的结果。究其原因，基于这种效度观，下面两句

(6) 哎呀，帕瑟琳要哭的。因此，帕瑟琳要哭的

和

(7) 帕瑟琳要哭的。因此，哎呀，帕瑟琳要哭的

最终都由系统意义确保，亦即都是保持成真性的论证——事实上，两个论证，对于所有真值条件目的，最终都是复言规则的例子。不过看来，关于表态前缀任何恰当的语义处理应当与这样一种直觉相容，即 (6) 中的推理步骤在某种意义上，比 (7) 中的推理可以更加自然地得到证明。毕竟，(6) 中结论语义性质所'要求'的一切，即帕瑟琳要哭的，已经是该论证中的前提所要求的主要部分。但是，(7) 中结论的部分语义要求，尤其是那些与其恰当使用之语境相关的要求，根本没有得到出现在前提中的非偏性句的确保。

这个程度表明了表态效度的概念，这个概念的定义不仅借由成真性的保持，而且在某种意义上，还借由'可使用性保持'。例如，'哎呀帕瑟琳要哭的'的所有使用语境也是'帕瑟琳要哭的'使用语境。其原因纯粹在于，后面这个句子的使用语境的类只不过是所有语境的类，但反之则不然。既然这些事实反映在偏性（意义编码的）归赋的'无情力量'之中，所以，表态效度的概念最终至少反映了'意义确保'推理步骤直觉概念的某些特征。

那么，让我们设某个语境 c 为句子 s '成真地使用的语境'，当且仅当这个

句子相对于 c 成真，而且 c 是 s 的使用语境。因此，例如，c 是（1）的一个成真使用语境，当且仅当在 c_w 中，下述两种情况都成立：(i) 在 c_t 之后的某个时间帕瑟琳哭；(ii) c_a 不赞许地看待帕瑟琳未来的哭。于是，在下述意义上论证（6）结果证明表态地有效，即前提的成真使用语境的类是结论的成真使用语境的类之子类（在这个实例中，是一个特定的子类）。之所以如此，这是因为这两个句子在真值条件上是等值的，*而且*因为结论的使用语境的类是所有语境的类。不过，尽管在（7）中真值条件性等值得以保持，但表态效度却失去了：前提的成真使用语境存在，例如，存在语境 c，从而在 c_w 中，帕瑟琳在 c_t 之后的某个时间哭，但是 c_a 对帕瑟琳未来哭并不持有什么不赞许的态度；这样的语境就不是结论的成真使用语境。

下一节在 L_0 中对这些思想做出形式化的思考：对 L_0 的成真使用语境、表态效度以及表态分析概念做出定义，并且探讨这些概念与系统意义确保问题之间的关系。

第 4 节 表态效度

定义与标记法：

16. 语境 c $(\in C^M)$ 是 s 在 M 中的*成真使用语境*，当且仅当 $_{def}$ 成真 $_{M,c}(s)$ 并且 $c \in CU^M(s)$。

17. 标记法：$c \in TCU^M(s) =_{def}$ c 是 s 在 M 中的成真使用语境

18. $TCU^M(S)$, S 是一类句子 $\{s_1,... s_n\} =_{def.} TCU^M(s_1) \cap ... \cap TCU^M(s_n)$

19. 论证 $S :. s$ *是表态地有效*，当且仅当 $_{def}$ 对于所有 M, $TCU^M(S) \subseteq TCU^M(s)$。

20. $S | e\ s =_{def}$ 论证 $S :. s$ 表态地有效

一开始就可能值得指出，表态效度不是一种‘效度加’的形式：有些表态地有效的论证不是系统意义确保的。因此，例如，

（8）*哎呀 Fa | e 不赞许 (i, that Fa)*

尽管

（9）*哎呀 Fa | ≠ 不赞许 (i, that Fa)*。

（9）中的断言由某种模式 M 和语境 c 的可能性证实，即 $[[a]]_{M,c} \in [[F]]_{M,c}$ 而且 $<[[i]]_{m,c}, [[that\ Fa]]_{M,c}> \notin [[不赞许]]_{M,c}$，从而成真 $_{M,c}$ (*哎呀 Fa*)，但成假 $_{M,c}$ (*不赞许 (i, that Fa)*)。然而，正如第 7 节所示（紧接下面两条引理的证明之后），（8）成立。

首先，这一节将有某种用场的两条引理：

21. 引理：对于所有 M，S 是简单句，当且仅当 $CU^M(S) = C^M$

22. 引理：对于所有 M，S 是简单句，当且仅当 $TCU^M(S) = \{c \in C^M: 成真_{M,c}(S)\}$

（其中 S 是简单句，当且仅当不包含任何表态句；证明见第 7 节）。

总的说来，下面是系统意义确保与表态效度之间出现差异的两个必要条件：[1] 对于所有的 S 和 s，

23. $S \models s$ 但非 $S \mid e \, s$，仅当 s 是表态性的

24. $S \mid e \, s$ 但非 $S \models s$，仅当 S 是表态性的

其中 S 是表态性的，当且仅当至少包含一个表态句（证明见第 7 节）。换言之，任何系统意义确保且带有一个简单结论的论证在表态上是有效的，而且任何表态有效且带有简单前提的论证是由系统意义确保的。

至此提出的条款蕴含着如下关于 '表态分析性' 的思想（与对于 $S = \varnothing$ 的 $S \therefore s$ 的表态效度相对应）：

25. 句子 s 是表态地分析性的，$\mid e \, s$，当且仅当 $_{\text{def}}$ 对于所有 c 和 M，成真 $_{M, c}(s)$ 并且 $c \in CU^M(s)$。

既然 $\mid e \, s$，仅当对于所有 M 和 c，成真 $_{M,c}(s)$，显然，$\mid e \, s$，仅当 $\models s$：所有表态地分析性的句子借由系统意义本身成真（根据 24 以及 $\varnothing$ 是平凡地非表态性的这个事实）。但是，反之则不然：例如，哎呀 $s \vee \neg s$ 这个析取式借由系统意义本身成真（因为根据条款 6、7，这与 $s \vee \neg s$ 等值）。然而，它不是表态地分析性的：根据条款 13、15，存在某些 M 和 c，从而 $c \notin CU^M(哎呀 s \vee \neg s)$，

1　总的说来，一个非系统意义确保的论证 $S \therefore s^*$ 是表态地有效的，仅当给定任何语境 c，相对于这个语境所有前提成真而结论不能成真，那么，对于至少一个前提 c 不是使用语境，即 $S \mid \neq s^*$ 但 $S \mid e \, s^*$，仅当对于任何 M 和 c，从而成真 $_{M,c}(S)$ 但成假 $_{M,c}(s^*)$，对于某个 $s \in S$, $c \notin CU^M(s)$。证明：假定 $S \mid \neq s^*$ 但 $S \mid e \, s^*$，并且这样地理解任何 M 和 c，从而成真 $_{M,c}(S)$，但成假 $_{M,c}(s^*)$。假定通过反证法，对于所有 $s \in S$, $c \in CU^M(S)$。那么 $c \in TCU^M(S)$。不过，既然成假 $_{M,c}(s^*)$，$c \notin TCU^M(s^*)$。因此，针对表态效度的假设，对于某个 M 和 c, $c \in TCU^M(S)$，但 $c \notin TCU^M(s^*)$。

另一方面，条件句 '如果' 的指向不成立。例如，下列论证

(*) 哎呀, Fa $\therefore$ 哎呀 (不赞许 (i, that Fa))

不是系统意义确保的，而且对于任何 M 和 c，如果成真 $_{M,c}(Fa)$、成假 $_{M,c}($ 哎呀 (不赞许 (i, that Fa)))，在其中前提成真而结论成假的任何语境必须是这样一个语境，在这个语境中成真 $_{M,c}(Fa)$ 但成假 $_{M,c}($不赞许 (i, that Fa)。然而，尽管任何这种 c 是这样的语境，从而 $c \notin CU^M($哎呀 Fa)，(*) 并非表态上有效的，这由以下这种可能性证实，即出现这样一种语境 c，在这个语境 c 中，成真 $_{M,c}$ (Fa) 并且成真 $_{M,c}$(不赞许 (i, that Fa)，但成假 $_{M,c}$(不赞许 (i, that 不赞许 (i, that Fa)))。

即所有那些 M 和 c，从而成假 $_{M,c}($ 不赞许 (i, that s))。

事实上，*所有表态句 s 如此*，即对于某个 M，$CU^M(s) \subset C^M$（参见引理 21 的证明），从而（根据 23 以及 Ø 是非表态性的这个事实）没有任何表态句 s 会是 |e s。所以，|e s 仅当 |= s 和 s *是简单句*。鉴于显然反之同样成立这个事实，表态分析性结果证明极其无甚趣味：|e s 当且仅当 s 借由系统意义本身简单地成真。

同理，

26. 对于某个 $s_1,... s_n$, $s_1,..., s_{n-1}$ |e s_n 但非 |e $(s_1 \&... \& s_{n-1}) \to s_n$

因此，例如，*哎呀 s ∴ s 的论证是表态地有效的*，但是，*哎呀 s →* s* 这个表态句却不是表态地分析性的。的确，如我们所见，|e $(s_1\& ... \& s_{n-1}) \to s_n$ 仅当这个条件句是个简单句，'表态性演绎定理'最终只能用于 L_0 的非表态部分：

27. 对于所有的而且仅仅是简单句 $s_1,... s_n$，如果 $s_1,..., s_{n-1}$ |e s_n，那么，|e $(s_1 \&...\& s_{n-1}) \to s_n$

句子 s 是表态地不能满足的，e| s，当且仅当 $_{def}$ 对于所有模式 M 和语境 c，成假 $_{M,c}(s)$，而且 $c \in CU^M(s)$。当然，这与表态分析性的否定不同：非 |e s，当且仅当对于某个 M 与 c，要么成假 $_{M,c}(s)$，要么 $c \notin CU^M(s)$。还要注意，所有带有表态分析性结论或者表态地无法满足之前提的论证都是表态地有效的：(i) 如果 s 是表态地分析性的（即如果 |e s），那么，对于所有 S，S |e s；(ii) 如果 s 是表态地无法满足的（即如果 e| s），那么，对于所有 s'，s |e s'。同样，表态地分析性句子的否定是表态地不可满足的：|e s *当且仅当* e| ¬s。

第 5 节 作证

句子 s 的*表态性证据*（或简称'证据'）定义如下：

28. 简单句 w 对于 s 是*表态性证据*，当且仅当 $_{def}$ 对于所有 M 与 $c \in C^M$，成真 $_{M,c}(w)$ 当且仅当 $c \in CU^M(s)$。

特别是，*不赞许 (i, that s)* 对于*哎呀 s* 是一个表态性证据。其原因在于，根据第 2 节中的条款 12，对于所有并且仅仅那些 M 和 c 成真 $_{M,c}($ 不赞许 (i, that s))，从而 $c \in CU^M($ 哎呀 s)。还要注意：

29. 如果 w 是 s 的证据，w* 是 s 的证据，当且仅当 w 和 w* 等值

其中 s_1 与 s_2 等值，当且仅当 $_{def}$ |= $s_1 \leftrightarrow s_2$（第 7 节中的证明）。因此，作为其证据，*哎呀 s* 不仅有*不赞许 (i, that s)*，而且所有与其等值的句子，从而*不赞许 (i, that s) & (Fa ∨ ¬Fa)*。

作为条款 29 中双条件'仅当'指向的结果，仅仅在蕴含条件下，证明是无法维持的。这个意思是说，w 可能成为 s 的证据、w 可能蕴含 t，对于某个 t，结果是 t 不是 s 的证据。例如，正像已经提到过的，*不赞许 (i, that s)* 是*哎呀 s* 的证据，并且蕴含*不赞许 (i, that s) ∨ Fa*，但是，后面这一句并不是哎呀 s 的证据。究其原因，对于某个 M 和 c，尽管 $c \notin CU^M($ 哎呀 $s)$，依然成真 $_{M,c}$。

注意，在 L_0 中（并且一般说来，对于任何包含非平凡的表态性前缀 ex 的语言，亦即包含一个表态性前缀 ex，从而 $CU^M(ex\ s) \subset C^M)$），

30. 所有简单句并且只有简单句具有借由系统意义本身成真的证据。

只有简单句，这是因为根据 $CU^M(ex\ s) \subset C^M$ 必然可以推论，对于任何借由系统意义本身成真的句子 t，对于某个 $c \notin CU^M(ex\ s)$，成真 $_{M,c}(t)$。*所有简单句*，因为对于任何简单句 s，$CU^M(s) = C^M$。[2]

下面是成真使用语境、表态效度、证据等思想的几个结果。首先，

31. 如果 w 是 s 的证据，$s\ |e\ w$

（证明见第 7 节）。还要注意，对于所有 M 与 c，

32. 引理：$c \notin TCU^M(s)$ 当且仅当成真 $_{M,c}(s\&w)$

其中，w 是 s 的表态证据（证明见第 7 节）。32 的结果是，论证 $s_1...s_m \therefore s_n$ 是表态地有效的，当且仅当论证 $(s_1 \& w_1)...\ (s_m \& w_m) \therefore (w_n \& s_n)$ 是系统意义确保的，即，

33. $s_1...s_m\ |e\ s_n$，当且仅当 $(s_1 \& w_1)...\ (s_m \& w_m) |= (w_n \& s_n)$

其中，对于每个 i，w_i 是 s_i 的表态证据（证明见第 7 节）。

'表态引入'步骤同样是表态地有效的，这些步骤通过句子与恰当的证据结合就能够获得：$s \& w \therefore$ *哎呀 (s)*，w 是*哎呀（s）*的证据，这样一个论证是表态地有效的，即，

34. 对于所有句子 s 和 w，w 是*哎呀 (s)* 的证据，$s \& w\ |e$ *哎呀 (s)*

（证明见第 7 节）。确实，同适当证据的'有利关系'是'引入哎呀'的必要条件；意思是说，这对于带有表态结论和简单前提的论证之表态效度是一个必要条件。在这个论证中，简单前提中蕴含了结论的证据：

35. 对于所有 s 和简单 S，S $|e$ *哎呀 (s)*，仅当 S $|= w$，w 是*哎呀 (s)* 的证据（证明见第 7 节）。

2　某个句子是自我证明的，当且仅当该句子是自己的证据：即，当且仅当对于所有 M 和 c，成真 $_{M,c}(s)$，当且仅当 c 在 $CU^M(s)$ 中。既然根据定义，证据是简单的，而且对于所有简单的 s，$CU^M(s) = C^M$，所以，s 是自我证明的，当且仅当该句子借由系统意义本身成真。

第 6 节 扩展

由三决定在 L_0 的模式中，句子通过'原始力量'被赋予内容，亦即仅仅通过相对不受约束的解释函数被赋予内容，所以，L_0 的语义学不能反映表态句中借由所包孕的简单句的语义性质所结成的任何有趣关系。

在这方面信息量更大的语义学将需要面对可能富有争议的论题，这些论题涉及出现在态度谓词辖域内的句子的'替换'。例如，假定 $c \in TCU^M($哎呀 $s)$，而且假定对于某种有趣的语义关系 R，$R(s, t)$。对于判定诸如是否 $c \in TCU^M($哎呀 $t)$，所需要判定的是，最为重要的，对于所有 M 与 c 是否是 $c \in CU^M(t)$，从而 $c \in CU^M(s)$，从而是否对于所有 M 与 c 是成真 $_{M,c}($ 不赞许 $(i, that$ $t))$，从而成真 $_{M,c}($ 不赞许 $(i, that s))$。因此，例如，为了教学上的清晰而转变为英语，也许会纳闷（1）的使用语境，重复并重编序号如下：

（10）哎呀，帕瑟琳要哭的

是否必定是诸如下句的使用语境，

（11）哎呀'帕瑟琳要哭的'不会是真的

（12）哎呀帕瑟琳要哭的并且 1 + 1=2

或者

（13）哎呀洛伦要哭的，

其中的洛伦是帕瑟琳的另一个名字。也就是说，也许会纳闷，基于'不赞许地看待'某个内容之相关的理解，同'帕瑟琳要哭的'的内容处于恰当认知关系的施事者是否因而就会同'帕瑟琳要哭的不会是真的'、'帕瑟琳要哭的并且 1 + 1=2'或者'洛伦要哭的'之内容恰当地相联系。

做出如下假定至少似乎并非不合情理，即，基于对'不赞许倾向'的一种理解。这种理解适合于对恰当地使用表态句的环境的研究，对前面的疑问做出多少有些粗糙的回应是恰当的。根据这个建议，假如你不赞许地看待诸如'帕瑟琳要哭的'的内容，可能看来你就因而会不赞许地看待诸如'帕瑟琳要哭的并且要么天下雨要么天不下雨'的内容——至少在下述意义上如此，即，只要你可以恰当地使用'哎呀帕瑟琳要哭的'，显然你从而就能够使用'哎呀，帕瑟琳要哭的并且要么天下雨要么天不下雨'（'哎呀'带有最宽辖域）。假如接受了这条建议，就可以通过修改 L_0 的语义学获得表态语言 L_1 的语义学，例如，以确保只要 $d_1 = that\ s_1$、$d_2 = that\ s_2$，而且 s_1 与 s_2 等值，那么模式的解释就将相同的语义值赋予词项 d_1 和 d_2。当然，达致内容的更加精制的方法将像通常那样相关于更加复杂的语义分析而获得，就像在命题理论框架中那样。

L_0 的另一个（对我这里的目的来说更加有趣的）扩展 L_2 包括扩大表态前缀的集，例如，正像在 *EX = { 哎呀，好哇 }* 中那样，再恰当地增加态度符号*赞许地*。当然，根据对新获得的前缀的自然解释，

36. $[[好哇]]_{M,c} = id\,(= [[哎呀]]_{M,c})$

而且

37. 对于任何以*好哇 s_1* 的形式出现的表态句 s，$CU^M(s) = \{c \in C^M:$ 成真 $_{M,c}(\text{赞许地 } (i,\text{ that } s_1))\}$

显然，这些条款产生的结果相关于仅仅包含*好哇*作为表态前缀的 L_2 部分之结果，这些结果（细节上稍加修改）类似于至此揭示的相关于 L_0 和*哎呀*的结果。然而，就 L_2 的整体而论，仅靠条款 36、37 本身无法反映手头这两个表态前缀相互作用大概在直觉上*需要考虑的因素*，这涉及某种意义上句子的不恰当性，（大致）如下：

（10）哎呀帕瑟琳要哭的，但好哇帕瑟琳要哭的。

以*哎呀 s & 好哇 s* 的形式出现的句子之所以在至此为 L_2 *所提供的语义学中不具有任何引人注目的语义性质，其原因同下述事实相关，即尚未对关涉不赞许与*赞许*之间的关系做出任何限制。换言之，就前面列出的条款而言，模式 M 很可能是这样的情况，即同一个人与同一个内容处于所表达的这两种态度关系之中。

通过对解释函数的进一步限制，'原始力量'在此就可以再次获得直觉上的不相容：

38. 对于 L_2 的任何模式 M，$I^M($ 不赞许 $)$ 与 $I^M($ 赞许 $)$ 如此，即，对于任何个人 a 与内容 k，如果 $<a,k> \in I^M($ 不赞许 $)$，那么 $<a,k> \not\in I^M($ 赞许 $)$。

根据 38 可以推论，*哎呀 s & 好哇 s* 同一个空 CU 相关联：因为根据条款 15，对于任何模式 M，$CU^M($ 哎呀 s & 好哇 s$) = CU^M($ 哎呀 s$) \cap CU^M($ 好哇 s$)$；根据条款 12、37，即为 $\{c:$ 成真 $_{M,c}($ 不赞许 $(i,\text{ that } s))\} \cap \{c:$ 成真 $_{M,c}($ 赞许 $(i,\text{ that } s))\}$；给定 38，这就是一个空集。

让我们将在所有模式中被赋予空集 CU 的句子定义为'表态上有缺陷的'：

39. 句子 s 在表态上有缺陷的，当且仅当 $_{def}$ 对于所有 M，$CU^M(s) = \varnothing$

40. 标注：$!s =_{def} s$ 是表态上有缺陷的

因此，L_2 句子*哎呀 s & 好哇 s* 是表态上有缺陷的。也许值得指出，L_0（就此而论 L_1）中没有句子是表态上有缺陷的：既然 C^M 假定是非空集的，从而所有简单句都关联于非空集的 CU^M；而且既然*不赞许 (i, that s)* 是可满足的，从而对于某个 M 与 c，成真 $_{M,c}$，所以，至少在某个模式中 L_0 表态句的 CU 是非空集。

给定诸如 14 这样的条款，表态上的缺陷不受否定影响（就此而论，根据条款 15，也不受任何其他句法组合影响）：

41. 如果 !s，那么 !(¬s)

当然，表态效度（条款 19）这一概念的直接结果正是不可满足的（简单的或者衰态的）前提 S 确保表态的效度（因为 $TCU^M(S) = \varnothing$）。就 L_2 的情形而论，这种'平凡的'表态效度也能为可满足的但却是表态上有缺陷的句子获得。对于所有 S 和 s，

42. 如果 !S，那么 S |e s

第 7 节 证明

引理 21 的证明：对于所有 M，S 是简单句，当且仅当 $CU^M(S) = C^M$

如果 S 是简单的，那么，对于所有 $s \in S$，s 以下列几种形式中任何一种形式出现：(i) pt；(ii) ¬ s_1；(iii) $s_1 k s_2$（k 是一个二元联结语）；(iv) *不赞许 (i, that s_1)*；s_1 与 s_2 为简单句。在所有情形下，根据条款 11、13–15（并且递归性地） $CU^M(s) = C^M$，从而 CU (S) = C^M。

如果 S 不是简单的，那么，对于某些 $s \in S$，s 以下列几种形式中任何一种形式出现：(i) *哎呀 (s_1)*；(ii) ¬s_2；(iii) $s_2 k s_3$；(iv) *不赞许 (a, that s_2)*；k 是一个二元联结语、s_2 或者 s_3 为表态性的。在所有情形下，根据条款 12–15，对于所有 M，$CU^M(s) = \{c \in C^M$: 成真 $_{M,c}$(*不赞许 (i, that s)*)}。既然对于某些 M 和 c，成真 $_{M,c}$(*不赞许 (i, that s)*)，$CU^M(s) \subset C^M$，从而 $CU^M(s) \neq C^M$。

引理 22 的证明：对于所有 M，S 是简单的，当且仅当 $TCU^M(S) = \{c \in C^M$: 成真 $_{M,c}(S)\}$。

如果 S 是简单的，那么，$CU^M(S) = C^M$（根据引理 21），从而 $TCU^M(S) = \{c \in C^M$: 成真 $_{M,c}(S)\}$。

如果 $TCU^M(S) = \{c \in C^M$: 成真 $_{M,c}(S)\}$，那么，$CU^M(S) = C^M$，从而（根据引理 21）S 是简单的。

（8）的证明：*哎呀 Fa |e 不赞许 (i, that Fa)*

对于所有 M 和 c，

(i) 　如果 $c \in TCU^M$(*哎呀 Fa*)，那么，$c \in CU^M$(*哎呀 Fa*) 　　 def. TCU

(ii) 　如果 $c \in CU^M$(*哎呀 Fa*)，那么，成真 $_{M,c}$(*不赞许 (i, that Fa)*) 条款 12

(iii) 　如果 $c \in TCU^M$(*哎呀 Fa*)，那么，成真 $_{M,c}$(*不赞许 (i, that Fa)*) (i)、(ii)

(iv) 　$c \in CU^M$ (*不赞许 (i, that Fa)*) 　　　　　　　　　　 引理 21

(v)	如果 $c \in \mathrm{TCU}^{M}($ 哎呀 $Fa)$， 那么，$c \in \mathrm{TCU}^{M}($ 不赞许 $(i, that\ Fa))$	(iii)，(iv)，def. TCU
(vi)	哎呀 Fa |**e** 不赞许 $(i, that\ Fa)$	(v)，def. |e

23 的证明：$S \models s$ 但非 $S \mid \mathbf{e}\ s$，仅当 s 是表态的

(i)	$S \models s$	假设
(ii)	非：$S \mid \mathbf{e}\ s$	假设
(iii)	s 是简单的	假设反证
(iv)	对于所有 M 与 c: 如果成真 $_{M,c}(S)$，那么，成真 $_{M,c}(s)$	(i)，def |=
(v)	对于某些 M 与 c: $c \in \mathrm{CU}^{M}(S)$ 但 $c \notin \mathrm{CU}^{M}(s)$	(ii)，(iv)，def |e
(vi)	对于所有 M，c: $c \in \mathrm{CU}^{M}(s)$	(iii)，引理 21

24 的证明：$S \mid \mathbf{e}\ s$ 但非 $S \models s$，仅当 S 是表态的

(i)	$S \mid \mathbf{e}\ s$	假设
(ii)	非：$S \models s$	假设
(iii)	S 是简单的	假设反证
(iv)	对于所有 M: $\mathrm{TCU}^{M}(S) = \{c: \text{成真}_{M,c}(S)\}$	(iii)，引理 22
(v))	对于所有 M: $\mathrm{TCU}^{M}(S) \subseteq \mathrm{TCU}^{M}(s)$	(i)，def. |e
(vi)	对于所有 M 与 c: 如果成真 $_{M,c}(S)$，那么 $c \in \mathrm{TCU}^{M}(s)$	(iv)，(v)
(vii)	对于所有 M 与 c: 如果成真 $_{M,c}(S)$，那么成真 $_{M,c}(s)$	(vi)，def. TCU
(viii)	对于某些 M 与 c: 成真 $_{M,c}(S)$ 并且成假 $_{M,c}(s)$	(ii)，def. |=

29 的证明：如果 w 是 s 的证据，w^* 是 s 的证据，当且仅当 w 与 w^* 等值

(i)	w 是 s 的证据	假设
(ii)	对于所有 M 与 c: 成真 $_{M,c}(w)$，当且仅当 $c \in \mathrm{CU}^{M}(s)$	(i)，def. 证据

如果 – 指向：

(iii)	w^* 与 w 等值	假设
(iv)	对于所有 M 与 c: 成真 $_{M,c}(w^*)$，当且仅当成真 $_{M,c}(w)$	(iii)，def. 等值
(v)	对于所有 M 与 c: 成真 $_{M,c}(w^*)$，当且仅当 $c \in \mathrm{CU}^{M}(s)$	(ii)，(iv)
(vi)	w^* 是 s 的证据	(v), def. 证据

仅当指向：

(vii)	w^* 是 s 的证据	假设
(viii)	对于所有 M 与 c: 成真 $_{M,c}(w^*)$，当且仅当 $c \in \mathrm{CU}^{M}(s)$	(vii), def. 证据
(ix)	对于所有 M 与 c: 成真 $_{M,c}(w)$，当且仅当成真 $_{M,c}(w^*)$	(ii)，(viii)

| (x) | $w*$ 与 w 等值 | (ix), def. 等值 |

31 的证明：如果 w 是 s 的证据，$s \mid e\ w$

(i)	w 是 s 的证据	假设
(ii)	对于所有 M, c: 成真 $_{M,c}$(w)，当且仅当 $c \in \mathrm{CU}^M (s)$	(i), def. 证据
(iii)	非：$s \mid e\ w$	假设反证
(iv)	对于某些 M 与 c: $c \in \mathrm{TCU}^M(s)$ 但 $c \notin \mathrm{TCU}^M(w)$	(iii), def. $\mid e$
(v)	$c \in \mathrm{TCU}^M(s)$ 但 $c \notin \mathrm{TCU}^M(w)$	(iv), ex. 例示
(vi)	$c \notin \mathrm{CU}^M$(w) 或成假 $_{M,c}$(w)	(v), def. TCU
(vii)	$c \in \mathrm{CU}^M(s)$	(v), def. TCU
(viii)	成真 $_{M,c}$ (w)	(ii), (vii)
(ix)	$c \notin \mathrm{CU}^M$(w)	(vi), (viii)
(x)	w 是表态的	(ix), 引理 21
(xi)	w 是简单的	(i), def. 证据

32 的证明：$c \in \mathrm{TCU}^M(s)$，当且仅当成真 $_{M,c}$ (s & w)，w 是 s 的证据

(i)	$c \in \mathrm{TCU}^M(s)$	假设
(ii)	成真 $_{M,c}$ (s) 并且 $c \in \mathrm{CU}^M(s)$	(i), def. TCU
(iii)	成真 $_{M,c}$(w)	(ii), def. 证据
(iii)	成真 $_{M,c}$(s & w)	(ii), (iii)

仅当指向：对于所有 M 与 c,
如果指向

(v)	成真 $_{M,c}$ (s & w)	假设
(vi)	成真 $_{M,c}$ (s) 并且成真 $_{M,c}$ (w)	(v)
(vii)	$c \in \mathrm{CU}^M(s)$	(vi), def. 证据
(viii)	成真 $_{M,c}$ (s) 并且 $c \in \mathrm{CU}^M(s)$	(vi), (vii)
(ix)	$c \in \mathrm{TCU}^M(s)$	(viii), def. TCU

33 的证明：$s_1 ... s_m \mid e\ s_n$ 当且仅当 $(s_1\ \&\ w_1) ... (s_m\ \&\ w_m) \mid= (s_n\ \&\ w_n)$
证明。根据 $\mid e$ 的定义，论证是表态地有效的，当且仅当对于所有 M 与 c 如此，从而 $c \in \mathrm{TCU}^M (s_1)$ 并且 ... $c \in \mathrm{TCU}^M(s_m)$，而且情形还是 $c \in \mathrm{TCU}^M(s_n)$。根据引理 32 这得以成立，当且仅当对于所有 M 与 c 如此，从而成真 $_{M,c}$ $(s_1\ \&\ w_1)$，而且……成真 $_{M,c}(s_m\ \&\ w_m)$，而且情形还是成真 $_{M,c}(s_n\ \&\ w_n)$。
34 的证明：对于所有句子 s 和 w，w 是*哎呀 (s)* 的证据，$s\ \&\ w \mid e$ *哎呀 (s)*

(i) w 是 *哎呀 (s)* 的证据 假设

(ii) 非 : s & w |e *哎呀 (s)* 假设反证

(iii) 对于某些 M 与 c: $c \in \text{TCU}^M(s) \cap \text{TCU}^M(w)$ 但 $c \notin \text{TCU}^M($ *哎* (ii), def. |e
呀 (s)) (iii), ex. 例示

(iv) $c \notin \text{TCU}^M($ 哎呀 (s)) (iv), def. TCU

(v) 成假 $_{M,c}($ *哎呀 (s))* 或者 $c \notin \text{CU}^M($ *哎呀 (s))* 条款 6, 7

(vi) 对于所有 M 与 c: 如果成假 $_{M,c}($ *哎呀 (s))* ,那么成假 $_{M,c}(s)$ (vi), def. TCU

(vii) 对于所有 M 与 c: *如果成假 $_{M,c}($ 哎呀 (s))那么 $c \notin \text{TCU}^M(s)$* (i), def. 证据

(viii) 对于所有 M 与 c: *如果 $c \notin \text{CU}^M($ 哎呀 (s)) 那么成假 $_{M,c}(w)$* (viii), def. TCU

(ix) *对于所 M 与 c, 如果 $c \notin \text{CU}^M($哎呀(s)), 那么, $c \notin \text{TCU}^M(w)$* (v), (vii), (ix)

(x) $c \notin \text{TCU}^M(s)$ 或者 $c \notin \text{TCU}^M(w)$ (iii)

(xi) $c \in \text{TCU}^M(s)$ 并且 $c \in \text{TCU}^M(w)$

35 的证明:对于所有 s 和简单的 S, S|e *哎呀 (s)*,仅当 S|$= w$, w 是 *哎呀 (s)* 的证据

(i) S|e *哎呀 (s)* 假设

(*ii*) S 是简单的 假设

(iii) 对于所有 M: $\text{TCU}^M(S) \subseteq \text{TCU}^M($ 哎呀 s) (i), def. |e

(iv) 对于所有 M: {c: 成真 $_{M,c}(S)$} $\subseteq \text{TCU}^M($ 哎呀 s) (ii), (iii), 引理 22

(v) 对于所有 M 与 c: 如果成真 $_{M,c}(S)$,那么 $c \in \text{CU}^M($ 哎呀 s) (iv), def. TCU

(vi) 对于所有 M 与 c: 如果成真 $_{M,c}(S)$,那么成假 $_{M,c}($ *不赞许*(v), clause 12
(i, that s))

(vii) S |$= w$, w 是 *哎呀 (s)* 的证据 (vi), def. | $=$

第 8 节 我现在何处?

我在本书的第二编专门研究了非真值条件意义,我将这种意义冠之以偏性,即描述为对可以恰当地使用表达式之语境类的限制。在整个第二编中,我介绍了各种偏性表达式,包括感叹词、敬语、绰号与诋毁词。我聚焦于由这些表达式产生的确定结果。在这一章,作为结尾,我指向一种关于句子性'哎呀'形式化阐释。在阐释中,*确定问题*以稍微更加精确的形式呈现。

第三编开始进一步研究偏性案例——呼语。呼语之所以证明格外有趣,是因为例示了偏性理论中更多的概念,尤其是*顽固*这个概念。正是这个概念指引我对那些通常并不从非真值条件意义的视角阐释的现象做出分析:第 9 章探讨奎因的'乔尔乔内'情景;第 10 章阐析纯引语;第 11 章讨论示指词语;第 12 章研究'hereby'(特此)。

第三编

第 8 章
呼语：固执与充实

> "哦，桌子——你会用这个词称呼桌子、呼唤桌子。"看到我不知其所云，他接着说，"你在对桌子说话时会使用这个词"。
>
> "但我从不对桌子说话"，我十分惊愕地脱口说道。
>
> （W. 丘吉尔《我的早年生活》）

第 1 节 呼语

我在第二编探讨了各种现象，我感到这些现象自然地适合于以偏性做出分析。最初，这种分析方法从与对真值条件无贡献一致的某些前理论反应——尤其从沿着我称作*谨慎赞*同方向做出的反应——获得某种佐证。我在本章将讨论的现象——呼语——看来同样明显地是这种反应的对象。例如，假如有人对我说

　　（1）这种看待事情的观点很卑鄙，杰拉尔德

(H. 詹姆斯《恋爱中的女人》)，我会自然地按下述方式回应"这种看待事情的观点确实很卑鄙，可我不是杰拉尔德"；但是，假如我回应"那不是真的，我是另外某人"，就很难证明是有道理的。于是，在此正如前面那样，(1) 中出现的呼语的语义贡献肯定能够以某种'有趣的'偏性加以解释，而对真值条件完全不能产生效应。

　　在本章中，我从阐释呼语的非真值条件作用入手，这种阐释类似于整个第二编中所讨论的各种现象的阐释。然而，这一章的目的并不仅仅旨在扩充我

所收集的偏性表达式。尤其是，与第二编中的简单表态式不同，呼语指向更加丰富的语义学图景，而且理想地适于作为偏性理论更多重要方面的初介；首先，我在第三编中考虑的核心观点：*顽固*概念，我在第 2 节和第 3 节阐述这个概念。在更加非形式化的层面上，论述*充实现象*，这个现象在第 4 节介绍，并且在第 5 节（尝试性地）从言语行为副词及类似结构的视角进行探讨。

从附于（1）的呼语开始，大致按照第 4 章中我称作'句子性哎呀'的方法处理这个句子的结构比较方便。于是在此，正像在*呼语*的基本图式*呼语 (s)*中那样，（1）可以理解为包括一个呼语前缀，后面跟着简单句'这种看待事情的观点很卑鄙'。这样，（1）的语义性质可以通过以下的分析方法呈现，这种分析方法将*呼语*所起的作用确定为句子性算子，这个算子基于出现在其辖域内的句子的某种性质产生某种结果。

然而，与'哎呀'不同，可以认为，呼语被赋予某种'能产性'结构：例如，无论（1）中的呼语最终起到什么作用，都会与杰拉尔德有某种关系，这正是因为这个名字在恰当的位置出现。当然，比如，对于下述句子情况会以完全相似的方式出现，

（2）这种看待事情的观点很卑鄙，伯金

由于（1）和（2）中都存在'呼语表达'，两者是一种平行结构。因此，为了将这种能产性推至前景，我下面将把诸如（1）中的句子结构认为是理所当然的，

（a）*呼语*（杰拉尔德）（这种看待事情的观点很卑鄙）

其中，没有呼语的句子'这种看待事情的观点很卑鄙'附于包含一个名字与一个特定算子*呼语*（也许表层地由标点符号、句法位置或者在有些语言通过格体现出来）的结构（'呼语'）。既然我在下文集中讨论简单例子，在这些例子中，出现在呼语位置的是专名，因此，这一结构可以做如下处理

（b）*呼语 (n) (s)*

其中，*n* 代表名字，*s* 代表句子。[1]

---

[1]　关于呼语的句法作用更加准确的评述，参见 McCawley 1988。麦考利在题为《句外话语单位》一节讨论了呼语 (McCawley 1988: 763)，他基于动词短语省略的论证推断"要么 [呼语] 在句法结构的顶端附于主句 S，要么并不与主句 S 构成句法单位，[因此] 在任何一种情形下，主句 S 的成分结构是不连续的：在其成分之间，存在某个不是其成分的东西"(McCawley 1988: 764)。有趣的是，麦考利认为呼语与'感叹词'（包括'噢'、'哦'与某些惊叹词）之间存在相似性。他推测，"呼语与所依附的句子之间的联系存在于行为结构中，而不存在于句法结构本身"(McCawley 1988: 765)。聚焦于同位语的相关讨论，例如，参见 Burton-Roberts 1993 和 Potts 2005。还可参见 Levinson 1983，按照他的观点，呼语是"指称受话者的名词短语，但并不在句法或语义上结合到谓词的主目中"(Levinson 1983: 71)。

假如*谨慎赞同*所指方向正确，而且呼语确实对真值条件不起作用，那么，其系统意义就直接得到确定：对于任何语境 c、境况 $<w, t>$、名字 n 与句子 s，

(c) $[[voc(n)(s)]]_{c,w,t} = [[voc(n)]]_{c,w,t} ([[s]]_{c,w,t})$

$[[voc(n)]]_{c,w,t} = id$（同一性函数）

因此，对于任何 n，*呼语 (n)* 的系统意义最终成为产生（恒定内涵产生）关于语义值同一性函数的恒定函数。结果，正是对于比如（2）成真 c 的语境 c，（1）最终成真 c。

既然（1）和（2）在意义上显然不同，而且可以在不同场合恰当地使用，两者的特殊性必定体现在非真值条件层面上，即体现在偏性层面。[2]下面是对正在讨论的偏性足够理想的近似表述，这至少对于我在本章的目的如此：

(d) $c \in CU$(*呼语 (n)(s)*)，仅当 $c_y = [[n]]_c$。

其中，c_y 正如在第 5 章中那样是语境中的受话者。[3]因此，例如，某个语境是适合（1）使用的语境，仅当语境中的受话者是杰拉尔德，在呼语位置上的名字的语义值——亦即，给定（b），在*呼语*辖域内的名字的语义值。另一方面，某个语境是（2）的使用语境，仅当伯金是受话者，这恰恰因为伯金正是'伯金'指称的个人。我在第 4 节，在指出将呼语分析为纯偏性表达式所带来的若干结果之后，将回头讨论*呼语 (n)* 与名字 n 的语义值 $[[n]]_c$ 之间的关系。[4]

首先，(d) 中的偏性像通常那样蕴含*确定*之结果。因此，例如，

(3) 杰拉尔德，我在对杰拉尔德讲话

（或者更加口语化地说"杰拉尔德，我在和杰拉尔德说话"）是*确定*的：在恰当地使用这个句子的任何语境中，根据（d），受话者是杰拉尔德。关于任何这样的语境，（3）结果证明成真。[5]显然，给定（c），这个句子最终是*仅仅*确定的：对于任何包含除杰拉尔德之外的某个其他人作为受话者的语境 c，（3）成假 c。这本应如此，只要摆脱了误置系统意义谬误。应当承认，在某种意义上，（3）

---

2 正如安迪·伊根向我指出的那样，呼语的偏性可能与其他表达式引发的偏性结合在一起，这正如在'尊敬的杰拉尔德，这种看待事情的观点很卑鄙'这句话中，'尊敬的'也许引发了第 5 章中讨论的那种语域效应。"呼语名词短语……将讲话者与话语定位于特定的社交世界之中"（Zwicky 1974: 795）；例如，正像在"啊，卑鄙的蟊贼，无赖的恶棍，他们憎恨我们年轻人！"（莎士比亚《亨利四世》；参见 Busse 2006）。同言语行为论相关的讨论，例如参见 Clark 1992。关于呼语与表态词之间关系的有趣讨论，参见 Arsenijevic 2006 中 Potts 与 Roeper 2006 的批评。

3 像通常那样，$[[e]]_c$ 是 $[[e]]_{c,w,t}$ 的简写，因为 $w = c_w$、$t = c_t$。

4 顺带地说，对呼语做出完备充分的阐释将需要对以下事实做出解释，即，尽管与真值条件无关，呼语可以起到回指性先行语的作用，而且可以为省略成分的复原提供所需的材料。杰弗里·农贝格向我建议了以下这个例子："你们水手们，帮助那些不是水手者"。

5 像通常那样做出以下考虑，仅从面对面会话的角度，使用现在时是合理的——用"杰拉尔德，我有时对杰拉尔德说话"替代（3），如果你对这个细节不放心。

是非常奇特地'累赘的'，显然不能与更加简单的、不带呼语而且一点也不累赘的

　　（4）我现在对杰拉尔德讲话。

相一致。可是，（3）显然不能借由系统意义本身成真——例如，可以用"那不是真的，你在对另外某个人讲话"对之恰当地加以反驳。

　　正如'哎呀'和第4、5、6章中讨论的其他现象那样，呼语看来也是任何在真值条件上具有重要性的手段无法获及的。因此，

　　（5）如果，杰拉尔德，这种看待事情的观点很卑鄙，那么，毫不奇怪你害怕自己

同下面的句子在真值条件上并不等值：

　　（6）如果我在对杰拉尔德讲话，而且这种看待事情的观点很卑鄙，那么，毫不奇怪你害怕自己

而且

　　（7）如果这种看待事情的观点很卑鄙，那么，杰拉尔德，毫不奇怪你害怕自己

不能恰当地用于受话者不是杰拉尔德而是某个其他人的语境中，即使讲话者可能是对杰拉尔德讲话，如果所考虑的看待事情的观点很卑鄙。同样，下面两句

　　（8）不是那么回事，杰拉尔德，这种看待事情的观点很卑鄙

与

　　（9）伯金说道，杰拉尔德，这种看待事情的观点很卑鄙

分别与（1）的否定和"伯金说道这种看待事情的观点很卑鄙"在真值条件上等值，而且当受话人不是杰拉尔德而是另外某个人时，这两个句子根本都不能恰当地使用。

　　至此，我对呼语的分析满足于发现偏性表达式中的一个新样品：与'哎呀'或者'兔兔'并无二致，诸如*呼语*（杰拉尔德）对句子出现其中的使用语境类加以限制。事实上，正如'兔兔'那样，呼语为我所称的*指向受话者偏性*提供了进一步的例证：其非真值条件贡献对语境中的受话者参数 c_y 敏感。但是，我对呼语指向受话者偏性的初步论述中的若干细节使我有机会在非真值条件意义理论中引入几个新花样。在下一节里，我从在整个第三编中发挥核心作用的观点入手：即指示语顽固出现的观点。我在第3节暂时放下呼语，提出几个'秀发顽固'的手段的初步实例。第4、5节转入一个不同的概念——充实。

第 2 节 顽固的案例

考虑一下这样一个例子，包含呼语加上对呼语偏性称呼的参数（即语境中的受话者）敏感的指示语：

    （10）哦，莫里，你处在你的第二个童年

               （F. S. 菲茨杰拉德《美丽与毁灭》）。

根据第 1 节中的（c），并且根据关于'你'、'第二个'等的明显条款，这个句子的真值条件以显见的方式依赖于语境：（10）相关于 c 成真，当且仅当 c_y 在 c 中处在第二个童年。因此，相对于一个语境，这个语境中的受话者比如说是杰拉尔德，（10）成真，当且仅当杰拉尔德处在第二个童年；相对于一个语境，伯金在这个语境中是受话者，（10）成真，当且仅当伯金体验到了还童的青春活力。可是，就（10）的使用而言，诸如这样的条件在某种意义上说是不起作用的：由于（10）的句首出现了呼语，没有哪个包含杰拉尔德或伯金作为其受话者的语境是这个句子的使用语境。事实上，因为（10）中出现了'哦，莫里'，只要受话者不是莫里而是其他任何人，就没有语境是这个句子的合适语境。据此而论，（10）的任何使用究竟成真还是成假取决于莫里，而且仅仅取决莫里本人：对于任何 $c \in \mathrm{CU}(10)$，（10）成真$_c$，当且仅当莫里处在第二个童年。[6]

    由于这些原因，（10）中*出现*的'你'和'你的'体现了一种有点特殊的性质。一方面，这些显然是指示语的使用，这些表达式倾向于根据语境将这个人或那个人作为指称对象。另一方面，这些表达式只可能正确地用于指称莫里，即呼语提到的个人。我把必须以这种'语境非敏感的'方式理解的指示语使用称作该表达式的*顽固使用*。（为简洁起见，有时我也把顽固地使用的指示语表达式简单地称作*顽固指示语*。）更加准确地表述，

    （e）在句子 s_e 中使用的表达式 e 是顽固指示语，当且仅当

    （i）e 被赋予非恒定系统意义，即对于某些语境 c_1 和 c_2 以及某种境况 $<w, t>$，$[[e]]_{c_1, w, t} \neq [[e]]_{c_2, w, t}$

与

    （ii）对于所有 $c_1, c_2 \in \mathrm{CU}(s_e)$ *和所有* $<w, t>$，$[[e]]_{c_1, w, t} = [[e]]_{c_2, w, t}$

因此，（10）中所使用的'你'是顽固的——这等于说：在这个句子中使用的'你'是一个顽固指示语。当然，这是一个指示语，因为对于任何包含不

---

6 一个独立的困难由诸如下述实例引起，"各位，把你的名字写在试卷上"（注意，'名字'为单数）。关于这个现象的讨论（现在我觉得这个讨论是十分初步的），参见 Predelli 1996（感谢安迪·伊根和蒂莫西·森德尔提醒我注意这个问题）。

同受话者的两个语境 c_1 和 c_2，$[[\,你\,]]_{c_1} \neq [[\,你\,]]_{c_2}$。但是，如果这个表达式出现在呼语的影响范围之内，那么，每当使用（10）时，它就顽固地锚定于莫里：根据（d），（10）的所有使用语境包含莫里作为受话者，从而对于所有 $c \in CU(10)$，$[[\,你\,]]_c =$ 莫里。

至此应当能够预料，在由呼语支配的句子中'你'的使用顽固性导致了进一步的*确定*结果，例如在下句中：

（11）莫里，你是莫里。

当然，像通常那样，（11）是*仅仅*确定的一例，因为例如，相对于任何没有莫里出现的语境，这个句子成假。这样，任何对误置系统意义谬误之危险足够警觉的人，都不可能将这个句子不可否认的'成真倾向'看作系统意义这样或者那样的特殊性：（11）只有在下述意义上'不可避免地成真'，即每当恰当地使用时，这个句子都指向莫里。每当莫里恰巧是语境中的受话者时，'你'和'莫里'共指，这正是（11）成真所要求的。[7]

在下一节，我接下去讨论的顽固实例同那些涉及呼语与第二人称指示语的情形不同，而与一种不同的语境参数相关——尤其是，同语境的施事者、时间与地点相关。在接下去探讨这种顽固性阐释的应用之前，我在这节的结尾处简要地总的评述一下这个现象，涉及这种现象对一个广泛讨论的话题的重要意义，关涉'语境性'与指示性之间的关系。

最近，有人提醒大家，'语境性'的直觉（表达式在不同的语境可能做出不同的评价这一直觉）不足以得出结论说这个表达式具有非恒定系统意义。特别是，按照所谓的'非指示性语境论'（在 MacFarlane 2009 的意义上），在缺乏任何可被赋予对语境敏感的系统意义的表达式时，句子的语义评价可能最终取决于这个或者那个语境参数。这种顽固指示性的观点又在语境性与指示性之间夹上了一个楔子，因为这种观点在缺乏语境可变性证据的情况下接受指示性。例如 看一下（10）的使用，或者更确切地说，为了将时间问题导致的无关复杂现象搁置一旁，看一下下面这个句子的使用：

（12）莫里，你在 2011 年 12 月 25 日处在你的第二个童年。

为这句话的使用赋予真值从语境因素中无甚可获，这正像对包含诸如下面这样的非指示性语句的实例做出评价时那样不能从语境因素中得到什么帮助：

（13）莫里在 2011 年 12 月 25 日处在他的第二个童年。

---

7 正像达里娅·贝莱里向我指出的那样，这些因素也促发影响'你'在呼语位置使用的那种空洞性：'你'在'你，这种看待事情的观点很卑鄙'中的交际作用至多仅为一种'召唤'。

其中任何一种情形获得成真性，当且仅当在现实世界上，在 2011 年的圣诞节莫里处在他的第二个童年。然而，句子使用的语境非敏感性不应当混同于句子本身的语境中立性，更不能混同于句子所包含的表达式的语境中立性：与 (13) 不同，(12) 是指示性的一个例子。换句话说，与 (13) 不同，(12) 这个句子的真值条件评价在指示性意义上随语境变化而变化：成真 $_c$(12)，当且仅当（在 c 中）c_y 在 2011 年 12 月 25 日处于其第二个童年，但是成真 $_c$(13)，当且仅当（在 c 中）莫里在这一天处在其第二个童年。

第 3 节 更多顽固案例：日期与签名

在第 3 章，我简要提及了使用表达式所传递的那种信息，这种信息超出了编码于表达式的语义内容。例如，回到本章开头我举的例子，在语境 c 中面对面地使用 (1) 使听话者能够获得这样的信息，即在 c 的时间，某人例行地使用了 / 卑鄙 / 的发音，某人在谈论看待事情的一种卑鄙看法。对于无法从某种使用的特殊性获得，而却能从意义编码的偏性获得的语境特征，类似的考虑稍加修订同样成立。因此，尽管编码于 (1) 中的与真值条件相关的信息只与看待事情的卑鄙看法有关，但面对该句使用的任何人也面对讲话者旨在对杰拉尔德讲话这个进一步的事实。

这些只是提供了一种非形式化的路径，处理同认知值、信息内容和交际相关的问题——这些问题具有独立的趣味，但是在此同前面一样，同我的目的关系甚微。可是，除了别的方面，上一段中的暗示所蕴含的是关于第 1、2 节中讨论的那种现象之会话与交际功能的某种结论。事实上，呼语经常自然地（尽管不是始终与不可避免地）在下述场景中用作交际辅助手段，在这种场景中，受话者的鉴别尤为重要，而且 / 或者这对于讲话者意指的听话者证明存在某种程度的困难。例如，我假若对同样可能处在第二个童年的一组人讲话，像在比如 (10) 中那样使用呼语明确指出我意指的对象，就会增加我交际成功的可能性。用第一编中的术语来说，通过像在诸如 (10) 中那样表达自己，我帮助听话者以意指的表达式 – 语境对表征我的话语。在这个实例中，通过包含语境以及作为其受话者的莫里的对子表征。

正是由于这个原因，呼语（更加普遍地说'顽固手段'）证明在下述交际场景中格外有用，在这些场景中，讲话者的目标听众某种程度地在认识上脱离了用以识别这个或者那个语境参数的相关事实。这在（时间、空间）相隔一定距离交际的实例中，正是这种情况。书信与日记提供了这种背景的恰当例子：

在缺乏面对面会话时很容易获得的那种证据（诸如何时、何地、谁对谁讲话）的情况下，作者可能自然地转向关于这些内容的明确的提示，使用恰当的顽固表达式。正如我在这一节说明的那样，日期与签名同呼语类似，证明在这方面是特别有用的手段。

先以日记的情况而言，作者旨在帮助未来的读者（经常是未来的自己）识别写日记的时间。日记上写下的日期就起到了这样的作用，至少在足以确定诸如'今天'或'昨天'等时间指示语意欲的理解这个范围如此，正如下面（引自弗吉尼亚·伍尔芙的《日记》）的一则日记所示：

(14) [1938 年] 9 月 10 日，星期六。今天动员了六艘船。

同前面一样，我在此感到下面这种形式对于把我心中考虑的现象置于前景中在教学上是有用的（对于真正的句法结构问题，我依然像通常那样有意地保持中立的态度）：

(15) *日期*（1938 年 9 月 10 日）（今天动员了六艘船）。

鉴于前面几段所考虑的因素，应当不足为奇，我最终基于同第 2 节中*呼语*类似的模式，将*日期*阐释为引发顽固之手段。假如忽略明显的形式化细节，那么，'*日期*（1938 年 9 月 10 日）'的偏性必须基于处在其辖域内的表达式之系统意义确定，这里简单地当作指称某一天的单称词项。[8]于是，基于这种方法，'*日期*（1938 年 9 月 10 日）'将句子出现其中的使用语境限制在如下语境，其时间并列项是 1930 年代后期的某个夏日。结果，(15) 中出现的'今天'最终成为顽固表达式：借由其系统意义，'今天'的确可以用于指称这个或者那个语境中的这一天或者那一天，但是这个表达式在 (15) 中出现在引发顽固的日期之辖域内，就只可能理解为指 1938 年 9 月 10 日。

转向写信，签名在这个语类中起着许多作用——一方面，这种签名通常手写 所以提供了意图的恰当证据。[9]然而，对我在此的目的更加重要的是，签名表明了作者是谁，亦即（除了一些完全可以忽略的复杂细节）签名限制了对相关语境施事者的鉴别。看一下诸如下面这个例子（引自*弗吉尼亚·伍尔芙*1926 年 5 月 15 日写给爱德华·萨克维尔·韦斯特的信）：

(16) 事实是我稀里糊涂设法在小说中做一件困难的事……

此致! *弗吉尼亚·伍尔芙*。

忽略体例规范十分经常地表现出的对语义学家目标的漠视，并且将签名移至句

---

8 关于日期与其他时间词语的语义性质的独立讨论，参见 Corazza 2002b。

9 关于写作性别研究的某些问题的导论，参见 Bex 1995；关于书信写作的各个方面，参见 Barton 与 Hall 2000 或者 Nevalainen 与 Tanskanen 2007 中的论文。

首，这个句子可以用通常的形式表征：一个句子算子由一个特定的标记（签名）与一个指称表达式组成，附于一个句子，如下所示：

(17) 签名（*弗吉尼亚·伍尔芙*）（我稀里糊涂……）。[10]

包含签名的结构的效应可以再次自然地反映在偏性层面，如下所示：

(f) 对于任何句子 s 和名字 n，$c \in CU($签名 $(n)(s))$，仅当 $c_a = [[n]]$。

从而结果诸如'我'这种第一人称指示语在（16）中出现最终成为顽固的。

弗朗兹·卡夫卡值得称道地关注交际中的明晰表达，他在其《日记》中有时选用充分完备的顽固表达式，这正如下面这一段日记所示，其中的日期、呼语与签名恰当地照顾所有的指示语：

(18) 1912 年 11 月 11 日。费利斯小姐！我现在想求你帮个忙，这听起来挺荒唐的……弗朗兹。

不管某个句子是多么地*非永恒性的*，至少在下述意义上，即（18）在真值条件上同明显指示性的语句一致：

(19) 我现在求你帮个忙，这听起来挺荒唐。

然而，不管能达到什么程度的*永恒性*，至少在下述意义上，即（18）在所有不同使用语境中保持一种独特的理解，这种理解适合于

(20) 1912 年 11 月 11 日，弗朗兹要求费利斯小姐帮个忙，这听起来挺荒唐。[11]

* 第 4 节 充实

正如业已提到的那样，第 1 节中的材料符合第 4、5、6 章中展现的模式——这相当不足为奇，因为我忽略了呼语的许多特殊的特征，以便主要聚焦于其作为'偏性载体'的作用。不过，呼语的实例依然具有教学意义，这不仅是作为第 2、3 节中讨论的顽固现象的初介，而且因为这一实例为我对偏性的讨论增加了某些有趣的类型，这些类型不能通过研究诸如'哎呀'、'兔兔'或者'意大利佬'揭示。毕竟，指出这些表达式的意义规约性地同各自的偏性相联系之后，就已经很大程度上完整地阐释了这些意义——例如，'哎呀'的完整阐释始于并终于这个原始事实，即这个表达式的使用需要一个持有不赞许看法的讲

---

10 注意，较之呼语，日期与签名看来甚至更加真正地为'句子外的'。事实上，正如前面简单提到的那样（特别参见脚注 1），在此讨论的顽固手段看来（或者至少在某些人看来）占据着句法边缘部分：这些手段没有资格作为完备的句子成分，而是在非正式地作为'话语单位'指出的层面发挥作用 (McCawley 1988)。

11 关于'永恒句'及其假定的'命题取消'能力，参见 Quine 1960；有关讨论，参见 Sayward 1968, Lycan 1974 以及 Seuren 等 2001。

话者。另一方面，就（1）中出现的呼语'杰拉尔德'这个实例而言，重复并重新编号如下：

（21）这是看待事情的卑鄙看法，杰拉尔德

至少在这方面更加有趣：处在呼语位置上的表达式并不仅仅通过词库中编码的任意决定同其偏性相关联的，而相反在某种意义上是按照组合方法得以理解的。

特别是，同（21）中的呼语相关联的偏性同所包含的专名（即'杰拉尔德'）的系统意义具有系统的关系。借由（a）中的形式处理呼语的方法，亦即以下列形式：

（g）*呼语*（杰拉尔德）

能够帮助揭示所说的关系，否则，这种关系就会因为在英语的表层结构中缺少明显的呼语标记而不清楚。尤其是，（g）中的偏性包含具体的语境限制，即以受话者是杰拉尔德为条件，这正是因为出现在其中的名字指称这个人。换句话说，猜测下面的偏性是没什么好处的

（h）*呼语*（伯金）。[12]

注意，在前面勾勒的阐释中，呼语的偏性基于所包含的名字的*系统意义*决定：例如，（g）的偏性要求 c_y 与杰拉尔德具有同一性，这正是因为杰拉尔德是由'杰拉尔德'的系统意义所提供的值。事实上，参与导致恰当偏性的识别的过程是（g）中'杰拉尔德'之系统意义所起的*唯一*作用：与呼语在真值条件上不起作用这一点相一致，在某种直觉意义上，诸如（21）这样的句子根本不是'关于'杰拉尔德的。换言之，隐喻地说，呼语的部分语义作用是阻止'杰拉尔德'的系统意义发挥通常的作用：在产生恰当偏性的组合过程中，呼语'吸收'了这个系统意义。作为进一步的参考，我（非正式地）将这种现象称作*充实*，并且将诸如呼语这样的表达式称作*充实手段*。

不那么多彩的是，除了其他内容，这表明诸如*呼语*（相对于整个呼语的意义，即*呼语*加上名字的意义）这样一种充实手段的意义无法通过现已熟悉的系统意义–偏性对加以表征。相反，基于有关表达式的系统意义，*呼语意义*的有趣的非真值条件方面负责产生偏性——创造一个术语，这是*高层偏性*，（就包含专名的简单情形而言）能够以下面这个从系统意义到偏性的函数 f 形式

---

12 当然，这个程度上是与经常指出的以下事实相容的，即不是所有的名词短语都同样适用于呼语的（尽管我认为兹维基夸大其词了，当他写道"英语中呼语名词短语很大程度上是一个一个地学会的"，Zwicky 1974: 788），并且与下面这个补充事实相容，即对于有些表达式，"只有呼语是可能的"（Zwicky 1974: 789，正如下面这个对照所示：'我不知道，朋友，你是否想来一个薄饼卷'与 *'朋友应当来一个薄饼卷'；并参见 Dickey 1997）。关于这一点，也可参见第 5 节。

化，（忽略若干繁琐的细节）大致如下：

(i) 对于任何名字 n, f(*系统意义* (n)) = b，从而 b(C) = {c ∈ C: c_y = *系统意义* (n)(c)(c_w, c_t)}

(*f* 是这样一个函数，将 n 的系统意义带入一种操作之中，这个操作将所有语境的类限制为那些将 n 的指称对象包含为受话者的语境）。因此，至少就这里提供的简单例子而言，*呼语意义* 的真值条件部分可以通过阐释其平淡无奇的系统意义得到概括，这正如第 1 节诸如 (c) 这样的条款所反映的那样。按照将 (i) 中的高层偏性与处于其辖域内的指称表达式的通常贡献结合起来的规律性，以获得条款 (d) 中提供的呼语的语境限制，*呼语* 意义更加有趣的非真值条件方面就可以通过解释其对偏性和使用语境的影响加以呈现。

在整个这一章，尤其是在这一节里，我在多处省略了形式上的细节，我把注意力集中在呼语的几个极其简单的实例上，没有试图提供一种可以推广至更加复杂的呼语表达式的理论阐释。但是，在此以及在本书的大部分篇幅中，我的目的并不是要对这个或者那个特定的语义问题做出完备充分的分析。相反，目的在于描述系统意义与偏性的基本框架，凸显这一框架在哲学与语义学中带来的某些结果。其中的一个结果同充实现象相联系，这个结果就我所知，是没有什么争议的，因而相对‘容易接受’：尽管 (21) 不是‘关于’杰拉尔德的，但这一点并非‘杰拉尔德’偶然的*歧义性*引起的，而必定是某种恰当的手段（在这个实例中是*呼语*）系统干预的结果。在下一节里，我将阐释充实的资源如何可能用于另一个情形，而对之以歧义性做出的阐释看来尤其不能奏效——这个情形涉及诸如‘坦率地说’这种表达式的‘直接’使用与这种表达式用作经常所称的‘言语行为副词’。

* 第 5 节　更多充实？‘坦率地（说）’的案例

考虑一下‘坦率地（说）’在下例中的使用：

(22) 他以言行坦率地（不加掩饰地）怂恿了夜间活动的妓女

（詹姆斯·乔伊斯，《尤利西斯》）。

在这个实例中，这个副词直接发挥语义作用（至少对我在此的目的而言），其作用大致为对谓词的语义贡献加以限制：[[不加掩饰地怂恿]]$_{c,w,t}$ 是 <a, b> 对的类，从而在 <w, t>, a 不加掩饰地怂恿 b。然而，类似的分析看来并不直接适用于如下的情形：

(23) 坦率地说，温德尔这一阵不太正常

（托马斯·品钦《拍卖第 49 批》）。

显然，（23）中所涉及的不是温德尔直率地表明他不太正常。在此，表征为坦率的不是谓词表示的内容，而大致地说，是提供主句中编码的信息的行为。

然而，事实不仅是在（23）的表层结构中，没有出现动词处理由'坦率地（说）'限定的词项的类。可以认为，而且事实上，也不应当在与语义相关的任何层面出现这样的动词，否则就可能获得极其错误的真值条件。毕竟可以肯定地说，（23）与下面这一句并不具有相同的真值条件：

（24）我坦率地告诉你，温德尔这一阵不太正常

鉴于在（24）可能成真的情况下，（23）成假，例如，在我提供的关于温德尔的信息不正确的情况下即如此。事实上，就（23）的真值条件而论，由'坦率地说'做出的语义贡献看来消失了：正是相对于'温德尔这一阵不太正常'成真。的那些语境 c，（23）成真。[13]

再次地说，这一点与*谨慎赞同检验*的评判是一致的：在讲话者关于温德尔这一阵不太正常的话语不能描述为坦率的任何背景下，（23）就会恰当地评判为不能完全成真。同理，尽管下面这句话

（25）你我私下说说，温德尔这一阵不太正常

高声喊出，肯定会使听众感到不合适的，但是，其问题看来并不能在描述准确性这个层面找到。毫不奇怪，关于某些推理之合理性的直觉证实了这些结论。例如，当伴有'我不是你，咱俩都不是温德尔'这个前提时，下面这个句子

（26）我在咱俩间私下断言，温德尔这一阵不太正常

系统意义确保下面的结论：

（27）至少有三个人。

然而，即使带有前面提到的额外的前提，（25）的系统意义也不能提供任何保障，以确保每当（25）成真。时，（27）也必定成真。一言以蔽之，仿照第 3 节中关于呼语的结论：（23）和（25）关涉温德尔本人，而不是关于你或我的。

在（23）和（25）中使用的'坦率地（说）'和'你我私下说说'是英语表达式的使用，规约性地赋予了意义，这一点是不言而喻的。因此，鉴于其在真值条件上不起作用，它们为偏性理论阐释提供了进一步可资利用的实例；非常粗略地，借由关于讲话者'讲话方式'的语境限制：例如，可以认为，（23）仅由某人在提供关于温德尔的开放性直接信息时说出才是恰当的，而（25）要

---

13 在生成语义学的鼎盛时期，正是言语行为副词在真值条件中的无用，结果证明对于所谓的'施为性假设'是尤其成问题的（在很多参考文献中，参见 Ross 1970, Lakoff 1972, Lewis 1970, Sadock 1974 以及 Boer 与 Lycan 1980）。

求它出现其中的会话交流只能由讲话者和听话者获及。同样无可争议的是（以前面非严格的近似表征为模）这个概念，即这种偏性能够基于由有关副词通常做出的真值条件贡献获得。例如，假若（23）相关于坦率地讲话的要求，这肯定也是同下述事实有关，即假如出现在诸如（22）这样的句子中，亦即假如起着真值条件作用，该副词涉及坦白率直的特性。

在第 4 节关于呼语的论述引导下，这些初步提示指出了下述处理所谓'言语行为副词'的方向。为了眼下的目的，现将诸如（23）这样的句子表征为：

(k) *言行*（坦率地说）（温德尔这一阵不太正常）

其中，句子'温德尔这一阵不太正常'前面缀有处于特定算子*言行*辖域中的词'坦率地说'（同以前一样，或许在表层以标点符号或句法结构体现）。按照记录在诸如（23）中作为*言语行为*副词的'坦率地说'的通常描述中的思想，对于*言行*算子语义性质的分析要求舍弃第 3 章第 4 节引介的、对于用法更加完整的描述，即同表达式与语境一起还包括语力——正如下面关于我断言地使用（23）的表征：

(l) *<(23), c, 断言>*。

于是，*言行*的系统意义可以通过以下断言表征，即对于任何副词 *a*、句子 *s*、语境 *c* 与境况 *<w,t>*，

(m) [[言行 (*a*)(*s*)]]$_{c,w,t}$ = [[言行 *(a)*]]$_{c,w,t}$ ([[*s*]]$_{c,w,t}$)

[[言行 (*a*)]]$_{c,w,t}$ = [[言行]]$_{c,w,t}$ ([[*a*]]$_{c,w,t}$)

[[言行]]$_{c,w,t}$ = 恒定函数 *j*, 从而对于任何副词 *a,j*

([[*a*]]$_{c,w,t}$) = *id,* 真值的同一性函数

（学究味地说，*言行*的系统意义是恒定函数⋯⋯等等。）

至于偏性，正如对于更高层面的偏性*呼语*那样，*言行*的意义在这个实例中对诸如以下概念的结果负责，即某个语境是*言行*(*坦率地说*)(*s*) 的断言语境，仅当 *s* 的内容以直率的方式被断言；亦即，

(n) *c* ∈ *CU*(言行 (*坦率地说*)(*s*)), 断言) *仅当* c_a 在 *c* 中以坦率的方式断言 内容 $_c(s)$。[14]

---

14 当然，如果忽略我的模式的细节，这一点与普遍接受的观点是一致的。这个观点有时表达为概念性（或表征性）意义与程序性意义之间的区分（在许多文献中，参见 Blakemore 1987, Wilson 与 Sperber 1993 以及 Fraser 1996）。对于这个框架的讨论与批评，参见 Rieber 1997 和 Bach 1999。按照其他人的观点，言语行为副词旨在影响'陈述行为'（Davison 1983: 505），这些副词关乎'言语情景的语用学'（Mittwoch 1977: 177）。在讨论言语行为副词（'修饰言语行为的副词'），萨多克提出，这些表达式所影响的是'施事行为的适切条件'（Sadock 1974）。有趣的是，戴维森指出了'如果你需要我，我全天都会在家'中的一个歧义。"在第一个小句后面不作停顿的理解中，倾向性的理解是使状语修饰陈述、告知等行为"（Davison 1983: 505）。并参见 Potts 2005；有关批评，参见 Amaral 等 2007。

这一切都进行得迅捷而*平淡无奇*。一则，我对关于言行结构的各种重要限制绝对保持沉默。毕竟，并非任何老的副词都能够出现在*言行*的辖域中的，而且也许甚至并非任何可以合理地用于告知、断言等动词的老的副词能够在这种辖域内出现。因此，例如，

（28）赶快，老板是个笨蛋

看来是不合语法的，或者至少是不合语义规则的，无法自然地做出这样一种理解，即这个句子的使用限于讲话者快速讲话的语境。[15]这一点不仅适合于言语行为副词：如果我不只是考虑了那些包含专名使用的呼语，而是探讨更广泛类型的呼语的情形，我就会发现如下的证据，即尽管比方说，'大夫，手术是成功的'是正确的，而'外科大夫，手术是成功的'就不那么典型了，'这位大夫，手术是成功的'显然是不合语法的。[16]换言之，在这种或那种充实手段辖域中对这种表达式的限制需要独立地加以评价，而且需要在关于呼语、言语行为副词或其他高层偏性的实例的任何理论中占据独立的位置。

列举我关于'坦率地说'和其他言语行为副词快速分析中的另一个显见的空白：这一分析仅仅针对断言做出，忽略了可能涉及其他言语行为，如在下例中：

（29）你我私下说说，老板是个笨蛋吗？

(29)这个例子富有启迪意义，可以认为，这还因为它表明（n）无法仅仅通过选择言语行为——比如说，仅仅通过以'断言'取代'询问'——就能使之适应于非断言情景。毕竟，（29）通常传达的不是我私下问你一个问题，而是我期望你给我一个私下的回答，这个回答的确将限于'你我私下说说'。[17]

---

15 一些允许的实例，参见 Mittwoch 1977: 183。事实上，正如她指出的，"在我看来，下面这种例子极不可能使用"："你老婆是个泼妇，尽管你不会再同我说话"，或者"你为什么迟到了？既然你不道歉"(Mittwoch 1977: 185)。

16 还可参见脚注 12。兹维基指出了下面两句的差异："大夫，告诉我，我的腋窝为什么痒？"与*"内科大夫，告诉我，我的腋窝为什么痒"(Zwicky 1974: 790)，尽管他也转述了农贝格的评论，即"内科大夫，治愈你自己！"是可以接受的 (Zwicky 1974: 799)。在这方面，下面这一对照也许值得注意，诸如 'ragioniere, si sieda qui' 或者 'geometra, le presento mia moglie' 这样的句子在意大利语中是可以接受的，相形之下，其英文翻译 'accountant, sit down here'（会计，请坐这儿）与 'surveyor, let me introduce my wife to you'（勘查员，向你介绍一下，这是我夫人）却是不自然的（也可参见第 5 章脚注 19）。这种差异显然属于社会语言学的研究范畴，不大可能提供任何同语义学有关的证据。

17 经过重要的修订，类似的机制可以按照 Predelli 2009c 的方式，应用于所谓的饼干条件句（关于饼干条件句，也可参见 Austin 1961，Bach 1999，DeRose 与 Grandy 1999 以及 Siegel 2006）。也许类似的阐释至少还可用于归入'元语言否定'的某些现象及类似手段——消解关于'不'的假定（'语义'或'语用'）歧义的传统争论，支持那种产生于充实的系统歧义观。注意，在这方面，在讨论否定之后，霍恩持有一种假设，即"其他逻辑算子应当以类似的对子出现，除了表述性用法之外，还体现元语言用法"，他明确提到了饼干条件句 (Horn 1989: 379-80)。

倘若我仅对言语行为副词本身感兴趣的话，我大概至少需要尝试寻找这些（以及其他）问题的解决办法。但我并非这样。相反，我迫切想要回到我在本章中关注的问题，即顽固概念。在本书剩余部分，这个概念将是讨论的核心论题。

第 6 节 我现在何处？

我对呼语的分析揭示了将在整个第三编发挥突出作用的概念资源：指示性表达式顽固使用的概念。顽固指示语是被赋予非恒定系统意义的表达式，但这些表达式的语境混乱性不在使用层面出现。之所以如此，是因为取决于这个或那个顽固手段，诸如呼语、日期或者签名，指示语的顽固使用可能仅适用于指称指定的人、时间或地点。

在本章的后半部分，我还讨论了呼语的偏性与所包含的名字之系统意义之间的关系。因此，我探讨了偏性理论中某些更多的手段：高层偏性的概念与充实的观点。可以商榷的是，我指出了充实概念如何对某些表面上的歧义性做出系统阐释，以及这个概念如何可以用于分析言语行为副词。

第三编的剩余部分解释我研究非真值条件意义的路径，尤其是顽固这个概念，如何可以用于探究语言中各种'自反'用法，分析诸如纯引语或者示指这类现象；下一章从探讨源于奎因、涉及用于画家乔尔乔内的不同名称的著名例子入手。

第9章
信号词与乔尔乔内

我们称之为玫瑰的东西，叫做任何其他名字都会同样馥郁芬芳。

（莎士比亚《罗密欧与朱丽叶》）

第1节 指源代词与引语

本章和下一章的主要目标旨在探讨语言哲学中两种具有相对重要影响的理论主张：这一章讨论格雷厄姆·福布斯关于奎因'乔尔乔内'句子的论述，下一章阐述唐纳德·戴维森关于引语的示指并列结构观。我在这一章和第10章的结论是，若要系统论述福布斯与戴维森提出的观点，就应当诉诸我在分析非真值条件意义（尤其是第8章中的顽固指示性概念）时引介的概念手段。

显然，假如我认为这些立场是无望成功的，我就不会费事讨论其理论主张。事实上，我对福布斯和戴维森感兴趣，这是因为我深信他们对所讨论的现象提供了重要的尽管很不成熟的洞见。不过，我不想花很多精力为有关的观点做出论辩或者抨击目前流行的不同观点——像通常那样，我主要关心的不是这个或那个特定现象，而是有关现象与第一、二编中提出的普遍框架可能具有的关系。

因此，在下一节，我从概述福布斯的'指源词的'方法的主要特征入手，继尔讨论初步看来这一方法的某些根本问题。在第3节，我继续解释偏性与顽固性的概念如何能对福布斯的难题提供解决办法，并且继续阐述指源词正确的语义处理路径（指源词到那时将重新命名为'信号词'，正如在本章的标题中那样）。在第 4 节，我在结尾处对我关于语义原则之路径带来的结果做出某些反思；这种路径在有些人看来，受到了由奎因实例提供的证据的挑战。在第 10 章，我按照戴维森示指 – 并列结构性分析范式，着手探讨纯引语的相关问题。

第 2 节 信号词：问题

下面这句话

（1）乔尔乔内被这样称呼是因为他的个头儿

提供了关于文艺复兴时期的某位画家及其名字等情况的真实描述：/Giorgione/（乔尔乔内）中的 /-one/ 是一个巨称后缀，事实上这位大高个儿叫这个名字正是因为他的身高。然而，

（2）巴尔巴雷利被这样称呼是因为他的个头儿

显然就行不通：尽管'乔尔乔内'和'巴尔巴雷利'是同一个人的两个名字，（说出）后一句话没有任何内容表明个头（Quine 1961）。

可以认为，对于（1）与（2）语义性质的分析*关键*是'so'（这样），这个代词的指称对象显然没有一定之规：出现在前一句中时，指称句子中的某个对象；但出现在后一个句子中时，这个词又指称另外某个对象。此外，这一点显然必定基于下述事实，即名字'乔尔乔内'出现在（1）的句首，而'巴尔巴雷利'标志着（2）的开头。[1] 因此，诉诸某种'锚定'手段，大致基于由出现在有关句子结尾处的回指性代词'他的'所提供的模式，对这两个句子中的'这样'的性质做出阐释，这看来是很自然的。

不过，'*大致*'理应用斜体加以强调。尽管在某种模糊的意义上，像'他的'的理解一样，'这样'的理解依然取决于'乔尔乔内'或'巴尔巴雷利'，而在其他方面'这样'与'他的'在性质上具有根本性的差异——这正如下述事实间接证实的那样，即同前一句不同，后一句并不会由于选择不同的称谓称呼该画家而受到影响。倘若前面假设的语义依赖性借由通常所用的下标手段记录，那么明智的选择可能是，通过适当的不同陈设标明有关的差异。坚持使用字母表中部的常用字母表示回指联系，字母表上间隔足够远的某种东西应当能够表明这种差异，正如下面对（1）的表征所示：

---

1 这样的表述不严谨却无大碍——表达式与其发音未做清晰区分，这可望在后面的讨论中得到纠正。

（a）乔尔乔内 $_{s,i}$ 被这样称呼是因为他的 $_i$ 个头。

就（1）中的'他的 $_i$'而论，至少就所讨论的假设来说，可以充分直截了当地做出阐释：使用'他的 $_i$'（相关于 c 与 $<w, t>$）最终指称 $[[e_i]]_{c,w,t}$，即其标有'i'的先行语的语义值。据此，'他的 $_i$'最终理解为在（1）和（2）中都包含对乔尔乔内的指称，这是因为乔尔乔内是'乔尔乔内 $_i$'和'巴尔巴雷利 $_i$'的指称对象。但是'这样 $_s$'的情况又怎样呢？

'乔尔乔内'（或'巴尔巴雷利'）与'这样'之间某种语义学上有趣的关系应当在恰当的句法层面得到记载，这种观点得到了福布斯的倡导，他通过把'这样'称作指源代词标明'他的'与'这样'之间的区别 (Forbes 1990, 1996, 1997, 2006)。这种词源学上的动因是十分显见的：'这样'将理解者带回到这个或者那个'词'，以提示其发音而非其理解。然而，福布斯的术语选择并不是特别贴切的，因为'指源词'这个术语的一种不同用法当前在语言学家中相当普遍。于是，为了避免可能引起的混淆不清，我用'sign'（符号）代替福布斯的'词'，并且谈论'*semaphores*'（信号词）与*信号联系*（顺带地说，我因此而选择's'作为下标附于（a）中的'so'（这样））。

福布斯的信号策略让我感到尤为合理，至少表面上是*有道理的*。然而，更加密切地加以审视就会发现，'这样'作为信号使用的观点并不像乍看起来那样无懈可击。英语中的'so'（这样）在诸如下例中的其他用法看来也许提供了一个初步地有希望的启示：

3）小姐，你剪刀握得不对…… 刀口这样倾斜

（T. 哈代《远离尘嚣》）。

至少对于我在此的目的，'这样'的这个用法相对是没有问题的：正如以下事实所证实的那样，如果不伴随着示范握剪刀的方式，（3）在语义上显然就不完整。'这样'是一个示指词，其指称对象只能相对于语境确定。这儿的细节很可能由于独立的原因而并非没有争议，围绕我在第 11 章中讨论的那些常见示指词语的争论就证明了这一点。不过，对于眼下的目的，下面的表征就足矣：对于任何语境 c 和境况 $<w, t>$，$[[这样]]_{c,w,t} =c_d$，其中 c_d 是 c 的一个专用参数，即为语境中的'示指对象'。（如果第 11 章的路子正确的话，这个表征对于*所有语义目的都能奏效*；但在这个阶段，这一富有争议的看法可以搁置一旁。）因此，正如直觉上所希望的那样，基于通常的组合规律性，（3）在语境中的使用最终得以满足，当且仅当所说的那位年轻女子按照讲话者示范的方式将剪刀倾斜。

既然这一切对于（3）都很顺利，人们肯定极想将出现在（1）和（2）中

的代词'这样ₛ'与上一段中的指示词'这样'同化。毕竟，人们也许会认为，那些不愿意接受这样一种同化的人可以获得的唯一选择是关于表层'这样'的词汇歧义性这种很不可信的主张——这一主张不仅像通常那样，是处理语义学问题的"懒汉办法"（Kripke 1977：260），而且还同各种其他语言中指示词与信号词之间的相似性所提供的证据相抵牾。既然'这样'的明显示指性用法的语义性质相当清楚且无可争议，为何不径直将之也用于'这样ₛ'的情形，从而一石二鸟，以一块语义之石解决两个代词呢？这是福布斯无法拒绝的提议：关于信号词的语义学应当如何构建，他提供的唯一明确的线索体现在下面这个自信的断言中，"不难构建一种一阶语义学……仿照 LD 体系"，亦即仿照开普兰的指示性与示指性语言的语义学（Forbes 1999: 88）。

遗憾的是，这种自信是不成熟的：'这样ₛ'假若在许多方面类似于示指性'这样'，却也在一个重要方面与其深刻地不同。毕竟，示指词的一个区别性特征是其指称性质具有语境依赖性，所以尤其是，（3）的话语最终指称的对象正是讲话者恰巧示指的任何东西（至少在'示指'的某种宽泛意义上如此，参见第 11 章）。当然，事实上所示指的东西很可能正是所评价的句子或话语，这正如当我用非常清楚的声音或者用一种怪异的口音说出下面这句话：

（4）小姐，讲的方式不对…… 你应当这样说出你的话

然而，尽管有可能，但这一点显然不是必然的：像其他有价值的示指词一样，（3）中使用的表达式'这样'仍然可以自由漫游，四处寻找指称对象。²

基于福布斯对（1）和（2）阐释方法的假设，正是这种自由似乎同'这样ₛ'中的下标手段施加的限制存在张力。非形式化地表述：假如没有进一步的语境

---

2 正如 Crimmins 1992 中指出的那样，在奎因式句子中'这样'也可以伴有示指动作，这正像在说出（2）时伴随着指向写在黑板上的'乔尔乔内'例型（Crimmins, 1992: 143）。根据克里明斯的观点，对奎因原来场景的解释因而类似于对（3）或（4）的解释。他写道："黑板上写的字迹由正被指着这个*语用的*语境事实，将名字贡献给该陈述。我认为，在奎因原来的例子中，'乔尔乔内'所起的第二个作用同样地是语用的和语境性的。正是由于使用（1）的周围环境中缺少任何其他相关的名字，使得在该句中使用的名字'乔尔乔内'突显出来"（Crimmins, 1992: 143）。也许如此。当然，假如那就是对奎因实例的完整阐释，那么对于信号词以及对于我因教学目而关注福布斯假设就更加糟糕——尽管到了第 11 章就会清楚，涉及句子的真值条件与其成真的使用之间的区别，我写的很多内容可以从克里明斯的视角重述。不过，至少乍看起来，克里明斯的纯示指路径与包含回指联系或者省略现象的实例中的'这样'之性质是相抵触的。因此，例如，如果'这样'是一个纯示指词，那么'乔尔乔内被这样称呼是因为他的个头，佩皮诺也是一样'就只可能理解为是说乔尔乔内和佩皮诺共有某个（示指的）名字，他们叫这个名字是因为他们的个头。另一方面，信号词阐释至少在原则上能够说明这个句子不严谨的理解——事实上，包含任何'复制'规则，这种规则对于回指性的'乔尔乔内爱他的母亲，佩皮诺也一样'的典型理解已经发挥作用（参见 Montalbetti 2003）。

信息，就无法知道（3）或（4）言说什么，但仅仅根据句法编码的信息，你显然的确知道如何理解（1）——亦即只要认为（1）应当像在 (a) 中那样分析，你就知道如何理解这个句子。所以，尽管诸如（4）的真值条件由诸如下述条款恰当地体现：

　　(b) 成真 $_c$(4)，当且仅当 c_v 在 c 中应当像 c_d 那样讲话

但是，指出类似的分析对于（1）是不能奏效的，这至少初步看来是合理的。毕竟，假若实际情形是成真 $_c$(1)，当且仅当乔尔乔内因为个头而被叫做 Q，那么，我们最终就会相对于乔尔乔内因为个头而被叫做'巴尔巴雷利'（或就此而论，叫做'蒂希安'（Titian）或无论什么名字）的任何语境 c 将（1）评价为成真的，只要这个或那个发音最终是 c 中的示指对象。这个异议推断，这一点对于愿意像在（a）中那样阐释（1）的任何人来说都是行不通的：简单的示指立场使得共标手段在真值条件层面完全失效，从而破坏了福布斯理论的整个要旨。

　　上一段中（条件性）异议得到很好的认同，意思是说，人们不能满足于福布斯自信地诉诸 LD：倘若'这样 $_s$'的*所有*方面都能由 LD（或者任何其他足以解释指示语和示指词的体系）提供的资源解释，信号词理论的要旨就会丧失。但是，我认为，所说的异议并不能基于上一段提出的理由而成为正确的。事实上，正如我在下一节中论述的，可以有一种解决办法，这种办法确实将由简单的示指路径产生的真值条件赋予（1），但同时也承认示指性'这样'与信号性'这样 $_s$'之间的重要区别。

第 3 节 信号词：使用的问题

总之，这是愿意接受以下两种关于（1）和（2）中使用的'这样'之可能假设的任何人都会面临的困境：(i) 这些使用的理解应当通过考虑与出现在句首的表达式之间的联系、按照（a）的方式做出；(ii)'这样'作为示指词发挥作用。问题在于，信号性与指示性相互之间似乎存在张力。如果'这样'是示指词，它对于由这个或者那个下标句法地表达的对解释的限制没有用处。相反，假如它是一个信号词，就满足于先行语假定提供的任何东西，而无需在语境中四处寻找示指对象。归根结底，信号词在'仿照 LD 的一阶语义学'中加以处理，亦即更加普遍地说，用我在第 1 章中描述的那种真值条件框架进行分析，看来远不是没有问题的。

　　当然，一种选择是抛弃福布斯的信号词式分析与 / 或（1）、（2）与（3）、

（4）的类比。然而，正如前面提到的那样，我在此的观点并非必须主要与对于奎因语句这种或那种处理的可靠性相关，而是至少以福布斯建议的精神相关于某种方法的纯粹融贯性。这是因为，尽管上一段正确地强调了某种表面上的张力的严重性，但是，信号性与指示性之间的不相容确实只是表面上的。同样地说，'仿照 *LD*' 构建一种信号词语义学尽管也许并不容易，因而不值得进一步探讨，但事实上却是可能的。

其要义并不只是一种形式操作。信号性*加上*指示性不仅至少得到第 2 节中强调的初步类比的最初佐证—— 一方面是回指词，另一方面为示指词。更加重要的是，这还是生发一种语义图景的一对，这种语义图景有趣地类似于第 8 章中揭示，而且在第三编剩余部分从各种其他语义问题的视角进一步探索的语义图景。从同第 8 章的论题（呼语）的相似性入手，回忆一下诸如下面这样的句子：

（5）哦，莫里，你处在你的第二个童年

（第 8 章中的句（10））。这个句子包含典型地按照指示语方式发挥作用的表达式：'你' 与 '你的' 同语境中的受话者 c_y 相关。然而，在某种另外的意义上，这些表达式在（5）中的使用在语境中是无可商榷的：每当（5）恰当地使用时，所指称的必定是莫里，即由出现在呼语位置上的表达式提及的那个人。第 8 章中提出的解决办法诉诸顽固的概念：由于规约性地编码于*呼语（莫里）*中的偏性的作用，（5）的所有使用语境 c 如此，即 c_y 是莫里。因此，从真值条件的角度看，亦即从*句*（5）的系统意义的角度看，可以获取的是前面提到的直接的指示性结果：对于任何 c，成真$_c$(5)，当且仅当 c_y 处于 c_y 的第二个童年。然而，从使用论的观点看，语境可变性就让位于确定的语义结果：对于所有 $c \in$ CU(5)，成真$_c$(5)，当且仅当莫里处于莫里的第二个童年。

福布斯的难题具有类似的性质。如果 '这样' 是一个示指词，（1）的真值条件必定是那些由简单的示指理解所识别的真值条件：*句*（1）成真$_c$，当且仅当 c_d 是那位极为低产的文艺复兴时期的画家因为其个头而获得的名字。我即将做出的阐释中诉诸顽固性概念，并不抛弃这个结论，而是说明为何尽管表面也许不是如此，但实际上这与下述直觉并无二致，即（1）的使用必定关涉 '乔尔乔内'——事实上，这些使用之所以必定对说出这个名字感兴趣，正是因为在诸如（a）的设计中所记录的信号边界。

在第 8 章，将出现在呼语位置上的表达式处理为顽固性的，诉诸专用顽固性手段*呼语*。一种类似的策略在此是适宜的：将有关的词项标作*顽固*$_s$，（1）在语义上可以通过诸如以下设计处理：

(c) 乔尔乔内 ₛ 被*顽固* ₛ（*这样*）称呼是因为他的个头

（为简单起见，忽略'乔尔乔内'与'他的'之间的显见的回指性联系）。³ 那么，如果要追求同*呼语*的类比，下面就是对这个结构应当做出的理解。

首先，(c) 中出现在圆括号内的词是简单的不带下标的示指词'这样'，前面针对（3）做过讨论。这是一个指示性表达式，其系统意义是相关于任何语境 c 产生其示指对象参数 c_d 的函数。这个示指词出现在一个顽固性标志*顽固* ₛ 的辖域内，与在主语位置上的名字'乔尔乔内 ₛ'共标。这里同在第 8 章中一样，顽固性表达式符合真值条件上无作用的形式：就真值条件而论，（1）像在 (c) 中那样处理，就同诸如（3）或（4）一样显然是示指性的。更加确切地说，对于任何示指词 d、下标 s、语境 c 以及境况 $<w, t>$，

(d) $[[顽固_s(d)]]_{c,w,t} = [[顽固_s]]_{c,w,t}([[d]]_{c,w,t})$

$[[顽固_s]]_{c,w,t}=id$（针对个人的同一性函数）。

然而，这里正像在第 8 章中那样，顽固性手段在偏性层面具有生命力：大致说来，对于任何包含*顽固* ₛ 使用的句子 s，c 是 s 的使用语境，仅当 c 的示指对象是所说出的标有 s 的先行语。（为关于 s 的含糊其辞致歉：显然，当作为下标出现时，其作用是反映有关的信号联系，但当出现在通常位置时，像通常那样，代表句子。）稍微正式一点地表述（忽略某些细节，这些细节不出现并不影响理解），

(e) $c \in CU(s(顽固_s))$，仅当 $c_d = 发音(e_s)$

其中，$s(顽固_s)$ 是一个包含所使用的*顽固* ₛ 的句子，e_s 是恰当的先行词，*发音 (e)* 就像在第一编中那样是表达式 e 的发音。因此，仅当 c 的示指对象是恰当的发音时，$<s(顽固_s), c>$ 是一个使用。结果，借由(d)，在(c) 中阐述的*句*(1)成真 $_c$，当且仅当（在 c 中）乔尔乔内由于其身高而被叫做 c_d。然而，通过(e)，任何对之的使用最终都成真 $_c$，当且仅当乔尔乔内因为这个原因而叫做发音为 / 乔尔乔内 / 的名字。同样，再次地说，*句*（2）成真 $_c$，当且仅当 c_d 是那位意大利画家因为其个头而得到的名字。然而，对于（2）的任何使用语境，可以根据（在 c 中）他因为个头而被叫做发音为 / 巴尔巴雷利 / 的名字这一不同条件，获得成真性。鉴于事情的实际情况，前一种使用结果成真，而后一种用法则不能成真。

所列述的条款只是提供了关于信号词的稍微更加精确的阐析。然而，与

---

3 我在第 2 节讨论呼语时，将顽固性手段定义为句子算子。在此，我默不做声地从这个定义转向在其辖域中带有一个单称词项的算子概念。既然在这个阶段对呼语的分析只是一种教学手段，所以，我的这种转变不大可能造成严重混乱。

其对细节加以完善，我倒不如在这一章的结尾部分就我基于顽固性概念研究信号词的路径做出若干评论，从这一节的剩余部分开始，对'能产性'做出某些思考，接着在第 4 节简要讨论替代性及其相关问题。

第一点的提出，是通过对比信号词观点与一种（应当承认是不成熟的但以其稍微更加精致的形式并非没有听说过的）不同的*双筒假设*实现的。再次从以下直觉入手，即（1）或（2）中的'这样'必定指称一个句法类型（一个发音），而且通过诉诸其句子环境中其他某个表达式的使用选择这个类型。据此，双筒假设者推断这些先行词应当处于做出*双重真值条件贡献*的位置：不只是其指称对象，而且本身的发音。于是，根据这种观点，有关先行词之意义的部分真值条件相关性特征，即其系统意义的一部分，必定恰当地指向发音。因此，例如，名字'乔尔乔内'的语义贡献必定是双重性的，在对诸如'乔尔乔内是一个画家'的实例做出评价时，仅仅关涉该画家；而就诸如（1）的实例来说，还涉及这个名字本身。[4]

双筒假设在未经充分解释的形式语言中的模式论实施突出表明这种假设作为对英语句子（1）的阐释是不可接受的——实际上，突显了这一假设对某种形式的*误置系统意义谬误*的坚持。考虑一下包含专名和信号代词的语言片断 L，其句法以显见的方式允许附标手段。将双筒假设加以修改，使之适于这个形式框架 L 的模式 M 应当包含通常的一组个人 U^M、一组发音 A^M 以及*两个解释函数* u^M 和 a^M，从而

(f) 对于任何名字 n，$u^M \in U^M$ 和 $a^M \in A^M$

对于任何信号词*这样*$_i$，$u^M(\text{这样}_i) = a^M(n_i)$，其中的 n_i 是标有 i 的先行词

对于任何名字或者信号词 t，$[[t]]^M_{c,w,t} = u^M(t)$。

给定（为数不少的）进一步的乐观假设与适应性修改，初步看来，这一些可能产生正确的真值条件。例如，（1）最终成真，只要乔尔乔内（'乔尔乔内'的英语 u- 理解）因为个头而被叫做 /Giorgione/（该名字的英语 a- 解释）。

但是，注意这个结果是如何基于无望的高压手段取得的。特别是，按照双筒假设，信号词的指称对象基于关于英语的假定原始事实获得；这个事实在所描绘的未经解释的情景中必须由模式的解释函数明确地加以考虑：该事实为，'乔尔乔内'的发音碰巧是 / 乔尔乔内 /。因此，不熟悉制约名字之规约的讲话

4　这一点可能接近于奎因的思想，即'乔尔乔内'在（1）的使用不纯粹是指称性的 (Quine 1961: 18)。

者不仅无法确定其指称对象（'乔尔乔内，谁？'），而且可能同样无法认识所假定的任意的额外语义贡献（'叫做什么？'）。但那无疑是错误的：我可能从来没有听说过佩皮诺，而且当面对下面这样一个用法时，

（6）佩皮诺因为其个头而被这样称呼

我很可能无法识别主语位置上的名字的指称对象。但是，就'这样'的信号性使用的指称对象而言，我决不会一无所知：只要我不是有听力障碍，讲话者例型地使用的发音很容易通过名字的使用获得，而不是通过英语的规约获取。

正是这种基于使用、非规约性地诉诸发音，为任何愿意承认使用信号代词用法的示指方面之观点所简明地揭示——而且这更是极其简明地反映在我做出的信号示指加上顽固的阐释之中。并且就这个非常有趣的语义现象而言，正是部分地由于*纯粹引语*的类似性质，使得一种类似的顽固示指阐释尤为可取。继下一节简要评述'乔尔乔内'实例对于替代性原则的重要性之后，我将在下一章转而讨论纯粹引语的现象。

第 4 节 替代性及相关问题

根据替代性原则，共指性名字的替换能够保持真值：对于任何句子 s_a 和 s_b，这两个句子的不同仅在于所使用的共指性名字 a 与 b，相关于所有语境 c，成真 $_c(s_a)$，当且仅当成真 $_c(s_b)$。探讨这条原则的有效性很大程度上标志着哲学语义学的开端，因为这在弗雷格的涵义与指称转变理论以及罗素的摹状词理论中占据着相对核心的地位 (Frege 1892；Russell 1905)。自那之后，替代原则的假定失效一直引起哲学家和语义学家的兴趣，关于这个论题的文献汗牛充栋就证实了这一点。[5]

至少从那些文献中最为经常探讨的问题判断，替代性典型地用作所谓'透明'境况的试金石。据此，诸如认识算子或者模态算子这种通常认为引起模糊的手段，经常假定导致出现使共指名字替代失效的情形。大概奎因对'乔尔乔内'实例感兴趣的主要原因之一就在于对这个结论提出挑战，或者也许更为恰当的是，为了表明模糊性可能比乍看起来更加普遍。毕竟，奎因似乎认为，（1）和（2）是替代性原则的反例，尽管没有同模态算子或者认识算子即使有

5　作为一小部分抽样，例如参见 Church 1954，Putnam 1954，Kripke 1979，Barwise 与 Perry 1983，Salmon 1986，Soames 1987a 和 1987b，Crimmins 与 Perry 1989，Crimmins 1992，Richard 1990 以及 Predelli 2000。

半点相似性的任何东西至少表面上出现在这些句子中。[6]

然而，假如关于（1）和（2）的信号词处理对路，奎因关于替代性原则"不应当扩展"到这些句子的结论肯定是不正确的 (Quine 1961: 17)。毕竟，这两个句子的信号词分析：

（7）乔尔乔内$_s$因为他的个头而被这样$_s$称呼

与

（8）巴尔巴雷利$_s$因为他的个头而被这样$_s$称呼

在真值上不同，这个事实与下面两句中（9）成真而（10）成假这样的语义不一致性同样地不足为奇：

（9）蒂希安$_i$羡慕乔尔乔内$_j$，因为他$_i$是他的$_i$老师。

与

（10）蒂希安$_i$羡慕乔尔乔内$_j$，因为他$_i$是他的$_j$老师。

换言之，正像（9）与（10）不能提供任何反对复述规则的证据那样，（7）与（8）几乎也无法对替代性原则构成挑战。毕竟，（10）不是（9）的复述，因为它在回指联系上不同。（8）与（7）的差异不仅在于使用了'巴尔巴雷利'而非共指性'乔尔乔内'，而且还在于同'这样$_s$'的理解有关的*关系项*。

我对信号论的阐发证实了这个为替代原则做出的前理论回应。其理由在于，根据第 3 节的语义分析，事实上的确是，对于所有 c，成真$_c$(7)，当且仅当成真$_c$(8)：其中任一句子成真$_c$，当且仅当该大个儿威尼斯画家因为其个头而被叫做 c_d。在我看来，这一点正是应该得到的结果，因为（7）和（8）的关*键*显然必定同发音的问题相关，但就诸如替代性这种真值条件原则而言，这些问题绝对是无关紧要的。因此，以与前一段非形式化表征相类似的精神，我接着简要地且有点随意地论及一些现象。这些现象在某种意义上接近于信号词'这样'；假如不当地反映在真值条件层面，可能会提供十分荒谬的证据，即使是用于反驳比替代原则更为明确的原则。看一下下面这个受本章正文前引语的启发列举的例子：

（11）an attorney（律师）叫任何其他名字都不会这样昂贵。

（11）的任何使用最终都会成真，当且仅当某些个人会以较低的收费提供服务，如果他们不以'律师'的名字称呼。但对于以下的使用而言，类似的结果则是不合适的：

---

6 奎因所考虑因素的一个有趣镜像由克里普克'关于信念的难题'提供 (Kripke 1979)：涉及通常看作模糊境况的问题与替代性并无任何直接关系，因为替代性可以基于大概无害的原则——诸如翻译和去引号引用——加以复制。

（12）a lawyer（律师）叫任何其他名字都不会这样昂贵。

这个句子成真，当且仅当法律服务如果由不叫做'lawyer'的人提供就不会这样昂贵。比如，在某个语境中，某人以'attorney'之名出现通常会有理由比不以这个名收取更高的费用，那么，前一个句子可能成真，而后一个却不能成真。然而，假如这一点能够作为什么证据的话，那么，就会对甚至没有本节讨论的原则那样富有争议的替代形式构成挑战——因为'lawyer'和'attorney'是（或者针对这个例子，完全可以假定是）完全同义的；相当普遍地认为，同义词是可以*保持真值*地互换的。

或者以一个更加极端的例子结束，以帕斯卡尔的下述思想为例：

（13）信念不同于证据。证据是人的，而信念是神赐的。

假若应当相信帕斯卡尔的告诫，那么他对（13）的使用就成真。但是当然，下面这句的使用就不能成真：

（14）证据不同于信念。信念是人的，证据是神赐的。

然而，我相信没有哪个理智健全的人会将这种证据看作对非同一性之对称性的反驳。

让我们不要耽于没有根据的非正统论调。同义词是可替代的，非同一性是对称的，复述是尽可能保持真值的；回到我在本章中的主题，奎因的例子不是替代性原则的反面证据。始终是这样，奎因哲学直觉是对路的：对（1）和（2）的研究确实为我们提供了关于共指名字互换的启示。但是，这个启示远非表明替代性'不应扩展至'的领域，相反却突显了支持这条原则的实例。究其原因，至此应当清楚，现在表明，从（1）和（2）的对照大致证明替代性原则无效这一步骤本身是*误置系统意义谬误*极其严重的一例。特别是，仅仅（1）的使用真实地描述了北意大利专名学的实际历史，这个直觉如果恰当地理解，同对单称词项系统意义的任何处理依然都是相容的，这样的处理坚持共指名字在真值条件上的不可区分。

第 5 节　我现在何处？

在这一章里，我探讨了我认为是阐释奎因的'乔尔乔内'句子有希望的方法的理论主张，即信号性分析。正如在第 2 节中说明的那样，信号论作为纯真值条件阐释是成问题的。只在基于偏性和顽固性资源的处理方法，就像第 3 节中勾勒的那种，能够充分利用加在示指词'这样'之后的信号附标手段的资源。此外，正如第 4 节中所阐释的，这种分析表明，至少只要将替代性原则正确理解为对有关句子系统意义的限制，奎因的'乔尔乔内'与'巴尔巴雷利'之对照就不能提供共指表达式可替代性的反例。

在下一章，我接下去将探讨一个有趣的类似现象：纯引语。讨论将从戴维森的示指－并列理论的观点进行。我的结论将同这一章的结论相呼应：假如不伴之以从偏性与顽固性观点对引语加以理解，戴维森的分析就无法理解。也许更加令人意外的是，这种呼应也反映在替代性方面：*任何*两个表达式，更不用说两个共指名字，在非透明性的传统典型（即引号）中确实能够*保持真值地*相互替代。

第 10 章
戴维森式引语

生活本身是个引语。

　　（J. L. 博尔赫斯，引自 J. 博德里亚尔《冷记忆》）

第 1 节 戴维森与引语

按照戴维森的观点，
若要代替：'艾丽丝昏厥了' 是一个句子
我们可以写成：艾丽丝昏厥了。这是该表达式的例型，是一个句子。(Davidson 1979a: 91)

我尽管几乎想不出任何人会同意戴维森关于 '我们可以 [如何用英语] 写' 的看法，好几位语言哲学家认为他那仅凭印象的话指向引号的（至少某种用法的）正确理论。事实上，人们只需考虑一下（同样没有充分阐发，却远不那么有希望的）当前流行的其他理论就会相信，如果能对所谓的*纯引语*做出任何有意义的阐释，这种阐释必须遵循戴维森示*指 – 并行性*提示的指导原则。[1]

1　注意，对于示指理论的某些传统的反对意见在下文中径直忽略了，主要因为我认为这些反对意见在文献中业已得到恰当的论述。特别是，我十分满意卡珀朗与莱波雷对 '缺少引号' 异议的回应，（Washington 1992，Saka 1998，Cappelen 与 Lepore 2007: 第 4 章），'悬垂单称词项' 异议（Recanati 2010，Cappelen 与 Lepore 2007: 112-13），以及重复问题（Washington 1992，Saka 1998，Cappelen 与 Lepore 2007: 115–17）。

戴维森完全意识到其论述是不完整充分的。然而，他的确相信他的阐释方法可以容易地"结合到关于语言句子真值的普遍理论之中"(Davidson 1979a: 89)，至少在下述范围内如此，即这样一种理论十分完备，足以处理示指语言。

> 我认为很明显，示指理论将结构赋予包含引语的句子，这些句子可以在简明的真值理论中加以处理——当然，假定的确存在处理示指词的方法……(Davidson 1979a: 91)

然而，戴维森如果尝试这个'明显的'方法，马上就会发现，尽管的确有一种方法处理示指词，但是，就引语而论，一种"简明的真值理论"并未对为数不少的细节做出解释。我在下一节指出关于引语的纯示指阐释的主要问题，之后在第 3 节转而讨论这个问题的解决办法。在那一节里，我对戴维森分析中的并列结构方面做出一种基于顽固性的分析。

第 2 节　示指观：问题

首先，一点防止误解的说明。戴维森自己的*分析项*诉诸有定摹状词，有定摹状词转而提及例型使用过程：'这是该表达式的例型'。关于这两个细节都可以（实际上已经）说出很多东西：人们也许可以合理地追问，所涉及的是否必定是'表达式'、示指对象是否确实恰当地表征为'例型'、以及更加普遍性说，摹状构念对戴维森的目的是否合适。[2] 然而，从我在此的观点看，将戴维森方法加以简化是可取的，这既是为了简洁，也是为了避免可能引起混淆的额外复杂问题。因此，我将戴维森的表征
　　(1) '艾丽丝昏厥了'是一个句子
简单地复述为：
　　(2) 这是一个句子。艾丽丝昏厥了
并且假定将（2）开头的示指词理解为*专用*示指词，其对象范围比通常的示指词的范围要窄。（显然，基于对引语手段任何合理的示指性阐释形式，在'艾丽丝昏厥了'上面加上引号的结果不能通过这样一个表达式加以分析，这个表

2　以供备案，我同情对这些担心以*顺从性明示*的精神所做的回应："指称对象通过某种语境显示的关系获得；在默认情形下，这种关系会是：…… *例示语言类型* ＿＿＿＿，但还存在其他可能性……"(García-Carpintero 2004: 675)。也可参见 Quine 1968，García-Carpintero 1994，Reimer 1996，Borg 2002，Caplan 2002 以及 Sorensen 2008。

达式在某些语境中可能指称我的杯子或者角落里那个男子，其指称方式即是'这个'的花园类使用可以指称的方式。）我还进一步推敲地利用下述概念，即有关示指词'专用'于的词项是一个句法类型，即发音，大致像（2）的左边的表述那样按照如下方式：

（3）这是一个句子（的发音）[3]

强调显见的一点：所有这些很可能*总的说来*无一像我使之显现得那样无碍。然而，对于我在这个阶段的主要目的则是绝对无碍的。我在这个阶段的主要目的是讨论（2）的两个重要方面的关系——用习惯的术语来说，即为戴维森关于引语论述的*示指性*方面与*并列结构性*方面。

作为示指词，（2）中的'这'必定被赋予了语义敏感性系统意义。而且，作为一个专用示指词，必定对特定的语境参数敏感——这些参数诸如语境中的'优先发音'、'突显的句法类型'，或者诸如此类的东西。将这种词项称作 c_e（采用'e'很大程度是因为下标快用光了），其真值条件性质可能由下列条款表征：

（a）$[[\,这\,]]_{c,w,t} = c_e$。

于是，出现在（2）左面的句子的真值条件是可以直接产生的：那个句子成真$_c$，当且仅当在 c 中，c_e 是一个句子。

鉴于'这是一个句子'的其他特征格外显见，看来剩下的唯一语义任务关涉（2）的剩余部分，即涉及句号右边的句子。然而，从真值条件的观点看，对这一部分进行语义分析可能绝对是徒劳的。毕竟，假如引语在任何程度上适于系统的阐释，处理（1）的戴维森方法必须通过诸如下述分析复制，即把

（4）'艾丽丝'是一个名字

或者，就此而言：

（5）'xyz'是三个字母长

分别分析为：

（6）这是一个名字（的发音）。艾丽丝

和

（7）这是三个字母长（的发音）。xyz。

然而，没有任何出现在（6）和（7）右边的东西可以在任何程度上做出真值条件性评价——事实上，就（7）来说，根本没有任何独立的语义贡献。一言以

3　这个表述有点不严格，因为严格地说，发音是*表达式的*发音。在这一节里，我也已经讨论了将引号附加到诸如'xyz'的语符列上。我在第 4 节将以一种更加适当的中性方式重新提及'语符列'。

蔽之,在(2)、(6)和(7)中,真值条件性解释的任务必定完全落在出现'在句号之前'的表达式上。

注意,出现在戴维森表征右边的东西体现了本来出现在引号中的*被分析项*:即分别为'艾丽丝昏厥了'、'艾丽丝'和'xyz'。因此,从这些考虑可以推论,根据示指分析方法,这种材料必定在真值条件上是惰性的。[4]结果,一旦这些真值条件上惰性的内容从真值条件记录中删除掉,诸如(1)、(4)或者(5)这样的句子中指称的责任就完全落在了假定由'这'代表的表达式——引号的肩上。换言之,正如戴维森所述,在引语背景中'起着所有指称作用'的东西是引号本身 (Davidson 1979: 90)。

因此,从(a)中'这'的处理到(1)、(4)或者(5)的真值条件评价的步骤是直接的。将出现在这些句子主语位置上的结构(即包括引号在内的材料)称作 *q-项*,那么可以推论,根据戴维森的示指论,

(b)对于任何 *q-*项 q,$[[q]]_{c,w,t}= c_e$

据此,按照戴维森的观点,只要 c_e 是一个句子,(1)就证明成真 $_c$;(4)只要是一个名字就评价成真 $_c$;(5)最终成真 $_c$,每当它是三个字母长。

当然,这里存在我在本章第 1 节提及的示指方法*表面上的*问题。注意我在两句话之前对(b)的非形式化释义中使用的回指性'它'——即注意那个条款中'结构的丧失'。根据(b),对 c_d 的指称通过*任何* q-项获得,无论其'内部成分'是什么。结果,从其对真值条件的贡献来看,(1)、(4)和(5)中的q-项最终是一致的:其系统意义由鉴别 c_e 的能力穷尽。然而,人们也许认为,这些 q-项从指称的角度看不应当一致:例如,只有其中的一个显然指称某个三个字母长的发音,而其中只有两个同罗马字母表中的第一个字母相关。

考虑一下诸如下面的例子,以更进一步理解这个质疑:

(8)'Alice'五个字母长

和

(9)'Humpty'五个字母长。

显然,人们可能会申辩,这两个句子真值条件并不一致——因为,鉴于实际情况,前一句成真,而后一句则成假。然而,根据(b),根本无法觉察两者语义

---

4 这个隐喻同一句熟悉的口号产生共鸣,即在戴维森的分析中,引述的内容'在语义上是惰性的'(参见 Cappelen 与 Lepore 1997: 440 以及 Saka 1998: 118)。顺带地说,真值条件惰性的概念看来是奎因(也许热情地夸大的)下述信念的根本动因,即比如,'西塞罗'出现在"西塞罗"中纯粹是偶然性的,以及"[在"西塞罗"中以'图利']代替['西塞罗']会跟在'牛'的语境中用'猫'来替代一样没有道理"(Quine 1961: 18)。

上的差异。事实上，根据示指阐释，对于所有真值条件目的，（8）和（9）几乎是无法区别的：两者在主语位置上都包含一个 q- 项，后面接着意义清晰的谓语'五个字母长'。结果，成真$_c$(8)，当且仅当 c_d 是五个字母长，当且仅当成真$_c$(9)，从而相对于所有语境，（8）和（9）都成真，即两者最终被赋予完全相同的系统意义。

乍看起来，这似乎表明几乎所有对于示指分析重要的东西都把事情搞得十分错误，（8）和（9）的整个目的正在于讨论对于不同的项目情况会如何。我在下一节探讨对这一质疑的一个回应。在下一节里，戴维森分析法中的示指成分与并列维度相结合——转而（你猜到了）借由偏性与顽固概念加以分析。

第 3 节 解决办法：并列顽固

直觉地看，第 2 节结尾提供的结果的错误就在于，根据初步印象这一结果同下述直觉相抵牾，即我们在使用（8）时，表达了某种成真的东西，但使用（9）却不能成功地得到类似的成真性。

当然，的确存在句子 s_1 和 s_2 的使用在真值上不同，这个观点本身几乎并不依赖于这两个句子在真值条件上是否等值的问题。毕竟，比方说，下述事实本身显然并不足以表明通过某种句法转换所获取的语义效果，即我使用'that is a man'（那是一个男人）与'a man is what that is'（一个男人是那个所指）在真值上不同（因为我碰巧指着不同的人）。然而，戴维森示指理论的问题并不那么容易消除。事实上，这个问题只不过是一种更为基础性担忧的引人注目的后果；这种基础性担忧关涉对引语所做的任何示指（从而包括指示性）阐释。这种担忧的内容是，假如赋予 q- 项以非恒定的系统意义，这些词语出现其中的句子应当呈现一种恰当形式的语境依赖性。然而，诸如（8）或（9）这种句子表面看来似乎具有任何句子可望具有的语境独立性：无论讲话者身处何处、无论其指向性食指指向什么，等等，讲话者话语的真值条件始终不移地关涉同一客本的组成，在一句话中涉及某个含有五个字母的发音，在另一句中针对一个不同的稍长些的发音。因此，也许很想推断，像示指理论那样将 q- 项当作指示语的理论，无一可能做出正确的阐释。

然而，假如第 8、9 章中的结论是正确的，这种推论中的谬误至此应当是显而易见的：表达式的指示性系统意义与对其使用所做评价的语境独立性是相容的 两者的相容性是顽固指示性的标志。于是，任何引语示指论若要能够消除前面概括的直觉上的抵牾，就必须成为支持将引号阐释为*顽固地*出现的示指符号的示指论。

尤其注意，q- 项使用中直觉上的非语境敏感性产生于其对出现在引号中之材料的持续兴趣：这里所希望获得的不只是非语境敏感性，而且是那样一种非语境敏感性，它产生于 q- 项对碰巧出现在其'内部结构'中任何成分的一对一的关注。在戴维森的非形式化表征中，q- 项的这个维度并没有被遗忘：相反，在他奇特的两部分*并列*结构中，它被移至'后一半'。这自然地表明的是，每个 q- 项的顽固性目标必须基于'句号之后'出现的东西准确地确定：尽管左边的指示性句子照料真值条件方面的问题，它所包含的示指词必须由右边呈现的任何发音在非真值条件层面'加以控制'。

'呈现发音'的非正式概念是明确地基于使用的概念，根植于本书第一编中提出的考虑因素：虽然就发音而言，任何表达式的真值条件分析都是盲目的，仅仅依赖于其系统意义，但是，每次使用，发音的有关方面必定获得了生命（例型地体现）。戴维森的并列方法在排印上的美感源于他的以下愿望，即引人注目地将 q- 项组合的适当部分——'引号中的'发音——从真值条件记录中去除，并且将之重新安置在专用'示指舞台'上。继续使用这一隐喻：每当包含该发音的 q- 项得到使用时，这就是一个确保由所需发音占据的舞台。

然而，尽管恰当的发音确保在使用层面出现，但发音的出现不只是诸如第一编中所讨论的那些非语义现象的结果。毕竟，讲话者没有意识到诸如（8）中 q- 项的任何使用正是通过其内部复杂性指称 / 艾丽丝 /，显然就是不完全熟悉引语手段的意义。这样，在本书后面几章中并列策略的目的理应得到充分阐释。这几章集中探讨某些表达式意义的非真值条件方面，这些方面转而可以借由偏性表征；就 q- 项而言，正如下述条款所示：

(c) $c \in \mathrm{CU}(q_z)$ ，仅当 $c_e = z$

其中 q_z 是将引号附于 z 所产生的 q- 项，与前面相同，c_e 是恰当示指词的指称对象。

结果，诸如（8）中出现的 q- 项的意义可以表征为 <*系统意义，偏性*> 对；在这个对子中，与前面提及的示指系统意义一起，*偏性*做出限制，只允许其示指发音是 / 艾丽丝 / 的语境对于该词项的使用才是可以接受的。当然，该意义有别于赋予出现在（9）中的不同 q- 项的意义，这个意义包括完全相同的系统意义但涉及的偏性同 / 艾丽丝 / 无关，而所关注的是 / 汉普蒂 /。结果，这些句子在真值条件上等值依然与关于这些句子可以在不同场合使用、而且是成真地使用这个直觉相容。尤其是，没有下述这种独特的语境 c，在这种语境中存在 <(8), c> 与 <(9), c> 的使用（而且是成真的使用），尽管给定任何语境，

成真 $_c$(8)，当且仅当成真 $_c$(9)。[5]

第 4 节 形式论：去引号、近指与替代性

作为至此提出方案的概括，对于人工语言 L_q 的简单形式化处理也许是有用处的。（仅仅为了简单起见）考虑一些引用内容，包含一串字母（也许还有几个其他符号），比方说，包含罗马字母表中字母联结而成的语符串 STR 的类。设 L_q 的词库包含引号与一批一位谓词 F^n（对于所有 $n \in N$）。L_q 的句法包括下面两个条款，用于定义 q- 项和句子的范畴（像通常那样，元语言中的角引号与常规引号省略）：

- 对于所有 $z \in$ STR，'z' 是一个 q- 项
- 对于任何 q- 项 g 和谓词 F，$F(q)$ 是一个句子

L_q 的模式 M 是一个以下述形式出现的三元组：M = <U^M, C^M, I^M>，其中 $U^M \subseteq$ STR，$C^M \subseteq U^M$。（换言之，该模式的论域是一些语符串，而且与第 2 节论述的更加复杂的情况并无两样，是语境决定 '优先串'。事实上，既然 L_q 的语境仅仅需要处理引号，我忽略了更多的语境参数，避免不自然的附有下标的标记 c_e，并且将语境理解为一个优先串。）

就 I^M 而言，情况就跟对于下述这样一种语言可以做到的那样直截了当，在这种语言中只有一位谓词的字母有待该模式决定如何理解：

- 对于任何谓词 F，$I^M(F) \subseteq U^M$

相对于一个模式与一个语境，谓词语义值的定义同样不令人惊奇：

- 对于任何谓词 F，$[[F]]_{M,c} = I^M(F)$

q- 项语义值的定义遵循第 2 节中（b）的形式，正如下列表述所示：

- 对于任何 q- 项 q，$[[q]]_{M,c} = c$

鉴于所述形式语言片断的贫瘠，下列显见的条款：

- 对于任何 $F(q)$ 形式的句子 s，$[[s]]_{M,c} = T$ 当且仅当 $[[q]]_{M,c} \in [[F]]_{M,c}$

概括了真值条件的情况。这样，结果得到的阐释反映了我受戴维森启发所提出路径的示指部分：给定语境 c，将引号附于一个语符串的结果就带有 c 的恰当参数作为其语义值。

---

[5] 顺带地说，在我看来，对*纯引语*的这种阐释可以作为理想的指导，作为一种有希望的研究路径，阐释引号的另外一种用法，即所谓的*提醒性引号*。我在其他地方，针对这种现象做出了一种多命题阐释，我现在觉得这种阐释应当从偏性理论框架的角度重述与修订（参见 Predelli 2003a 和 2003b）。

戴维森对引语阐释的并列部分在偏性层面记录下来。让我们设定，对于任何模式 M，语境 $c (\in C^M)$ 是 $F(q)$ 形式的句子 s 的使用语境，并且 q 是 'z'($z \in STR$) 形式的 q- 项，当且仅当 c 由出现在引号中的语符串构成，亦即，更加简明地说：

- $c \in CU^M(s)$ 当且仅当 $c = z$

(参见条款 (c))。于是，在 '$[[x]]_{M,c} = y$' 的意义上写作 'x 指称 $_{M,c}$ y'，据此推论，对于任何 M 与使用语境 c，由将引号附于一个语符串 z 所产生的 q- 项指称 $_{M,c}z$。因此，例如，对于所有 M 与 c，

'xyz'

指称 $_{M,c}$ 语符串 xyz。

依据英语在相关方面依循 L_q 这一假设，就可以推论，例如，英语句子

(10) "xyz" refers to 'xyz'（"xyz" 指称 'xyz'）

'使用时始终成真'，亦即，用我的术语说，是确定的。

这一阐释路径的真值条件部分唯一乍看起来引人注目的结果值得提及，然后我将结束关于引语的附带讨论，并在下一章回到更加明显的指示形式。按照 L_q 的语义学，所有 q- 项都符合一种独特的语义性质：指称语境中的语符串。在较之 L_q 稍微丰富一些的任何语言中，对于为这个或者那个词项提供发音的语符串来说，情况更是如此。特别是，如果英语引语符合本章勾勒的模式，由将引号附于诸如 '艾丽丝' 和 '汉普蒂' 所产生的 q- 项必定共指。这一点同样更加不容置疑地适用于所谓的共指性名字，例如，在 q- 项中说出的那些名字：

'乔尔乔内'

和

'巴尔巴雷利'。

据此推论，按照这个方法，下述两个句子：

(11) 'Giorgione' 确切地包含 9 个字母

和

(12) 'Barbarelli' 确切地包含 9 个字母

在系统意义上是无以区别的。既然这一点适用于所有共指性专名，那么就可推论，引号中共指性词项的替代可以保持成真性。

乍看起来，这的确是一个不同寻常的结论，鉴于就我所知毫无例外，所有人至此都同意，引语是替代失败的无可争议的典型背景。似非而是的是，一旦对这一点做出如下理解，至少其某些令人惊讶的色彩就会不复存在；即将之

理解为一个更加振聋发聩之主张的直接结果：在我的戴维森理论的版本中，*每个表达式（事实上，每个语符串）可以置于引号内，而不产生明显的真值条件后果*。毕竟，任何具有一点常识的人假如愿意为这种取向的观点做出辩护，就肯定要做出进一步考虑，至少旨在消除坚持不加限制的替代性原则所带来的令人生厌的色彩。对于那些一直跟随我至此的读者，没有根据地相信我的常识可以代之以偏性理论提供的资源：(11) 和（12）的使用尽管在系统意义上无以区别，但并不等值，因为（11）必定成真，而（12）则不能成真。

于是，最后这几段的要义更多地同一个方法论教益相关，在研究替代性时应当牢记。这一教益在关于信号的那一章接近结尾处已经浮现，而且由引语促其更加紧迫地突显出来。显然，存在着句子的使用，这种使用的差异仅由于共指名字的出现，而且直觉地赋予了不同的真值。例如，我说出 (11) 的话语与'乔尔乔内因为其个头而被这样称呼'成真，而我说出 (12) 的话语与'巴尔巴雷利因为其个头而被这样称呼'则不能成真。或者引用一个不那么新颖的例子，你很可能通过使用'汉穆拉比相信长庚星在傍晚的天空闪烁'获得成真性，而不是通过使用'汉穆拉比相信启明星在傍晚的天空闪烁'得到。这些差异*确实*需要说明。但是，只有意识不到*误置系统意义谬误*才能促使从这种证据径直在替代性之真值条件性通常意义上得出关于替代性这个概念的结论。事实上，就引号与信号词而言，关于替代性失败的结论不啻缺乏根据，而且假如我在本章和前一章阐述的理论对路的话，这种结论也是绝对错误的。至于汉穆拉比……

第 5 节 我现在何处？

我在第 8 章对于呼语的分析揭示了研究指示性与语境依赖性的一种重要手段，即顽固性概念。正是这个概念对于我在第 9 章研究信号词、在本章探究引语中发挥了核心作用。尽管我感到福布斯和戴维森对于这些现象的分析路子正确，但我提出，只有将信号词'这样'和引号当作顽固指示性语符，这些分析才是充分的（事实上才是可以理解的）。

在下面两章，我继续探讨偏性与顽固性机制在其他方面的应用前景，首先在下一章研究示指与示指词语之间的关系，最后在第 12 章以关于'hereby'（特此）与自反性的简要评述结束。

第 11 章
示指词语与示指

白领保守者沿街飞奔，他那根塑料手指指着我。

（吉米·亨德里克斯，《如果六是九》）

第 1 节　意义与示指

看来不言自明的是，（在下述意义上，即如果伴以足够的宽容，捉摸不定的话语成为自明之理）示指词语与示指（行为）在语义上有着某种密切的联系。假如当我说'我的车是蓝色的'时，伸展胳膊和手指，你可能把这个动作理解为我患有地中海夸大狂的症状，或是一阵无意识的痉挛，再或者，顶多是将之看作表示某种支持我的话的外在证据。但是，如果相反我说的是'那是蓝色的'，你会很自然地朝我所指的方向看，并沿着那个方向寻找最可能的物体。你也很可能会出于'真正语义上的'原因而这样做——事实上，因而看来，正是为了完成确定我所使用的'那个'之指称对象这一真正语义上的任务，你会这样做。

　　基于对'示指'的一种足够宽泛的理解，实际情况甚至可能是，示指不仅是示指词语*恰当的*伴侣，而且事实上是使用词语所*必需的*。如果这种必要性论点真是合理的，这种理解的确必然是宽泛的。来重复一下一个老调重弹的例子，毕竟，我可以双手插在口袋里说'那个声音真大'，却仍然可以明确地指称紧接在我说出这句话之前发生的爆炸。不过，只是因为示指爆炸声的这个任务是由某种恰当的环境特征处理的，所以我才可能不动用胳膊和手指头。用一句通俗（极其空无解释作用）而包涵甚广的话来说：在那种情形下，作为示指的是爆炸的*凸显性*。

这种凸显性具体是什么？它是怎样实现的？又是如何可能用来服务于交际目的的？这些都是心理和认知方面的问题，很可能具有独立的趣味。但在本章，我无需关注这些问题。究其原因，无论讲话者的'指向性意向'可能如何表现，也不管可能怎样引导听话者的注意力，我在本章伊始提出的那个观点仍亟需澄清。这一章同本书的其他部分一样，所考虑的是一个条件句：用开普兰的话讲，*如果*'一个没有伴随示指的示指词语在语义上是不完整的'（Kaplan 1977: 490），那么就示指词语与示指的紧密联系而言，会出现什么结果呢？也就是说：不管一个物体如何可能获得一定的显著性，那种语言外关联性是如何影响我在伴随境况中碰巧说出的某些词语的语义理解的呢？至关重要的是：对于研究这些表达式的意义和真值条件贡献，示指词语和示指之间的关系具有怎样的重要性？

在下一节，我将勾勒对这些问题做出的几种可能的回答；首先探讨开普兰在《示指词语》和《事后的想法》中的观点，接着在第 3 节讨论当前流行的一些不同观点。然后，我在第 4 节强调了一个影响所有这些观点的重要问题。在第 5 节和第 6 节，基于本书前几章所阐述的观点，我进而提出对于示指做出的一种不同的处理方法。在本章结尾部分，我解释了如果我对示指的看法是正确的，那么，要对示指词语做出恰当的语义分析，就必须沿着所谓的*裸骨*路线进行。

第 2 节　开普兰的两个'Dthat'

在《示指词语》一书中，开普兰透过*示指－替代语*阐析示指。示指－替代语是在句法层面表征示指获得指称对象之方式的限定描述语。例如，假如将示指简单地理解为指向的行为，那么诸如'在我手指所指方向最近的物体'这样的描述语便能起到这个作用。或者，对于所有那些充分满足于诉诸'凸显性'的人而言，某种大致像'此时此地最凸显的物体'这样的描述语可能是更加合适的选择。或者也许，根据开普兰本人的提议，人们应当接受'我此刻意指的物体'或者其他一些暗指讲话者意向状态的描述语。[1]

---

[1] 示指、示指词语和意向之间的关系问题引发了热烈的争论；例如，参见 Reimer 1991a，1991b，1992，以及 Bach 1992。在这方面，卡普兰在《示指词语》和《事后的想法》两本书之间想法似乎有所改变：'我现在倾向于把指向性意向——至少就感知示指词语而言——视为一种标准，并把示指仅看成是对该内在意向的外化。这种外化有助于交流，就像更加缓慢、更加大声地说话那样，但却无语义上的重要性'（Kaplan 1989: 582）。

既然示指的确切性质（相应地，还有关于最恰当的描述替代语的具体细节）对于我在此的目的无关宏旨，我有意选取了下列中性的词语作为典型的示指–替代语，借此开始讨论开普兰关于这个论题的立场：

（1）此时此地的示指对象。

当然，这个表达式遵循限定描述语的一般语义形式——这里，为了简单起见，正如下列条款所示：

（a）$[[(1)]]_{c,w,t} = i$ 当且仅当 i 是在 w 中、在 c_t 和 c_t 所示指的唯一物体。（如果存在任何一个这样的 i——为简洁起见，我在这一章里忽略这个*防止误解的说明*，但参见脚注10）。从开普兰 *LD* 的观点看，通过为这些个体选择性手段佐以一些合适的示指词语——特别是标准示指词语'that'——的表达，那么，某些表达式和示指之间的关系就可以在句法层面得到体现。按照开普兰的方法，这个目标是通过引入'*dthat*'算子实现的，这个算子的名称体现了其含义；正如在'dthat（此时此地的示指对象）'中，该算子接受在其辖域内的描述语。

这个思想是，*通过其辖域内之描述语做出的指称*，dthat-词项（即'dthat'和描述语的结合）最终将指称某个个体，这正如现实生活中的示指词语会根据讲话者手指所示的方向、讲话者的意向等而最终指称这个或那个物体。既然示指词语做出严格的指称，然而，正如（a）所规定的那样，限定描述语（1）却并不严格指称，所以，至少'dthat'的部分语义作用必须是'严格化词语'所起的作用。通常而言，在开普兰的 *LD* 中，这种严格化的结果是通过将境况参数值'重置'为由语境所决定的境况而获取的。结果就得到下面这个语义条款：

（b）$[[dthat(d)]]_{c,w,t} = [[d]]_{c,c_w,c_t}$

（d 为一个限定描述语）。那么，特别是，如果 i 恰巧是讲话者在语境 c 所示指的对象，他所使用的示指词语的表达'dthat(l)'最终就会像我们所希望的那样严格指称 i。

正如在第1章简要提及的那样，开普兰最终不再一味坚持他在《示指词语》中对 *LD* 的某些方面的论述，转而支持以结构命题这种思想为中心的语义分析。开普兰之所以赞同这个理论框架，原因之一在于它能够反映纯粹严格性同*直接性*的差别；而直接性这个概念转而借由单称场合意义概念阐析。由于在开普兰看来（出于某些我无需在此论述的原因），示指词语不仅具有严格指称性，还有着直接指称性，因此，他最初处理'dthat'的方法也需要做出调整，以确保由 dthat-词项生成的命题最终是单称命题。并且，既然示指仍然表征为限定描述语，即一些通常生成一般命题的表达式，据此，'dthat'也必然要由一个算子取代，该算子能避免出现在场合意义层面的语义贡献。不那么隐晦地说，借助于熟悉的两阶段模式的术语表述：不管和（1）搭配的是什么，现在都需要确保，描述语在语境中选取指称对象之后，有关的描述条件始终'不被记录在*场合意义中*'（Kaplan 1989: 581，582）。[2]

鉴于在开普兰后期的观点中，成为示指对象的条件仅限于在语境中选取某个对象这一功能，（1）所运作的语义层面必定是系统意义层面。实际上，开普兰引入的这个新算子（为清楚起见，以下将其重新命名为'dthat*'）的作用正是要确保在命题层面除了个体以外别无其他任何东西出现。

因此，开普兰写道，当示指－替代语出现在'dthat*'辖域以内时，会'*补全相关* [dthat] *的系统意义*，而不对场合意义做出任何语义贡献。'（Kaplan 1989: 581）。简而言之，对任何摹状词 d，

(c) dthat*(d) 的系统意义是函数 f_d，从而对于任何 c，$f_d(c)$ 是唯一的 i，从而 $[[d]]_{c,c_w,c_t} = i$，并且

相对于 c，i 是 dthat*(d) 的场合意义。

那么，就同示指词语相关的具体情形而言，'dthat*(1)'的系统意义对这样一个句子的场合意义产生语义贡献，在该句子中，'dthat*(1)'作为在当下语境中唯一地示指的对象之物体出现。[3]

'dthat'和'dthat*'都想当然地将限定描述语当作示指的一个表征，即，作为示指的表达式。在《事后的想法》的某些段落中，开普兰给人的印象是，他不仅对将示指词语仅仅看作严格指称而非直接指称的做法不满，同时也对把示指的句法表征看作限定描述语的想法感到不满：他附带地写道，一个指向的动作'作为语言外成分，几乎不可能成为句法特征的一部分'（Kaplan 1989: 581）。我并不清楚开普兰在此的意旨。紧接这个附带说明之前，他还坚持认为在 dthat*- 词项内的描述语的作用是'补全示指的替代成分'（Kaplan 1989: 581）。而且在同一段里，他明确提醒读者示指－替代语尽管不被记录在场合意义中，却不是与语义完全无关的，因为如前所述，示指－替代语在系统意义层

---

2 从场合意义的观点来，示指－替代语现在已几近消失，成为仅仅能听到余音：'像耳语的旁白或手势，描述语也被认为不被正式记录在案（即，不被记录在场合意义中）'（Kaplan 1989: 581）。

3 当然，我将继续使用广义上的'示指'，指'补全'示指词语用法的任何东西——例如，《事后的想法》所说的讲话者的'指向性意向'。这与狭义的'示指'（比如，伸出的胳膊或指向某物的手指）相对照，卡普兰现在认为这种狭义的'示指'在语义上是完全无关的：'我早期的做法是，认为示指不被记录在场合意义中，而在确定系统意义时却是语义上相关的。我现在认为，在示指词语的语义特征中，示指是完全不被记录在案的'（Kaplan 1989: 582。脚注 35）。

面上还是很活跃的。换言之，示指－替代语如果是句法外的成分，那也必定是基于对'句法'的一种特殊理解而如此，即把句法成分理解为与场合意义内容直接接口，而不是广义地把句法成分理解为语言编码的材料；而对这样的语言编码材料，语义分析应当做出反应。[4]

尽管这样，我在这里提到开普兰的句法外示指意在引介处理示指词语和示指的一类不同的处理方式；不同于开普兰的 dthat- 和 dthat*- 词项，这些方式的确旨在彻底抛弃示指－替代语。那么，假如示指不再表征为某种表达式、却被认为在真值条件中发挥重要作用，就必须采取下述两个选择中的一个：要么接受一种非正统的'句法'观，将语言外因素（特别是示指）理解为与表达式相伴出现；要么，按照更加传统的方式，将示指从句法中完全剥离开来，而将其包括在语义评价必须对之敏感的参数之中。我在下一节转而依次对这两个选择的发展做一个简短的概括，接着提出我基于偏性的一种不同阐释及其理据。

第 3 节 开普兰之后

我前面提到的第一个选择最终很可能会导致一种立场，这种立场体现了弗雷格关于语境依赖性某些论述的精神。就指示语、特别是示指词语而言，弗雷格认为，'仅凭措辞……不能完整地表达思想'，并且'这里也应当包括用手指指向、手势、瞥眼'（Frege 1918: 358）。这些话隐含的意思可能是，无论最终什么作为语义评价的输入，肯定都是一种*混合*项目，其中既包括表达式，又包括'事物'。[5] 先将弗雷格认为什么包括'在完整的思想表达式中'这个问题搁置一旁，那么，下述内容可以用来例示第 2 节结尾提到的那个两难困境中的第一难。

以我使用'那个是蓝色的'为例。我说出这句的同时做着一个指向 i 的动作 d。用符号将我的话表达为混合逻辑式 $<\text{fthat}, d>$（'f'代表'Frege 弗雷格'）。那么，希望得到的语义结果看来可以通过诸如以下这种条款获得：

(d)　$[[<\text{fthat}, d>]]_{c,w,t} = d$ 在 c_w 中选择的物体。

因此，例如，我在指向 i 时使用的'那个是蓝色的'，最终包含对 i 的指称；根

4　事实上，我也并不确定，卡普兰关于示指的'语言外'维度的担忧是否值得那样认真对待。显然，示指同其替代语并不相同 —— 一个原因，(l) 包含六个单词，但我伸出的手指却并不如此。然而针对这样或者那样的目的，它们完全可以用这个或者那个表达式表征。

5　即在 Künne 1992 和 Textor 2007 意义上的'混合'。

据进一步（完全可能不那么弗雷格式）的细节，这最终完全可能是严格地或直接地指称。

然而，对于任何不愿意将示指纳入句法层面的人而言，最最自然的选择是沿着我论述开普兰那一节的结尾处提出的这个两难困境第二难之方向前进：不管句法，而将示指作为引起语义差异的语言外参数加以考虑。亦即，不仅像通常那样相对于语境和境况对表达式做出评价，还要相对于示指进行评价。最终得到的就是 $[[e]]_{c,w,t,d}$ 这个形式，其中照旧 c 代表语境，$<w, t>$ 代表境况，不过现在还有 d 代表示指。在将示指逐出句法之后，示指词语最终也可能被表征为独立的表达式，正如下述条款所示：

(e) $[[bthat]]_{c,w,d}$ = 唯一的 i，从而在 c_w 中，i 是 d 所示指的对象。
（'b' 代布朗，因为这样一种方法是 Braun 1996 阐发的。当然，在命题理论框架下，为了保证生成单称场合意义，需要对（e）进行相应的重新解释。）

注意，不论 'fthat' 还是 'bthat'（就此而论还有 'dthat' 和 'dthat*'）都是相对于通常的语境定义的，即，在其中任何一种情形下，将示指词语引入语言都不影响 c 的成分和结构。换句话说，就 'fthat' 和 'bthat' 而言，c 完全可能是第 1 章中介绍的那种简单的类型：一个为非示指性的指示语提供参数的 n- 元组合，诸如为 '现在' 提供时间，为 '这里' 提供地点，为 '我' 提供施事者。与此相关，还要注意，仅靠其本身，'fthat' 还有 'bthat' 最终都不具有系统意义，这个意思是说，都不能从前面提到的那种语境中鉴别某个个体。在其中任何一种情形下，真正能够鉴别个体的并不是单独的示指词语，而是一个包含示指的对子——遵从这样一种直觉，即倘若不伴之以示指，示指词语在指称上是没有作用的。[6]

只要把示指本身看作语境参数，就可以避免在上一段指出的那两种后果。例如：设语境 c 包含 '示指参数' c_i，这个参数能够在 c 的可能世界中产生一个个体——比如，像通常那样，在那个世界里作为示指对象的个体。再设将示指词语表征为表达式，这些表达式的系统意义产生该个体，大致如下：

(f) $[[sthat]]_{c,w,t} = c_i(c_w)$
（同样，在命题理论框架中稍加修改也是如此；'sdthat' 中的 's' 来自 '萨蒙'，因为（f）体现了 Salmon 2002 理论的一种简化版。）[7] 那么，按照这种观

---

6 因此，在形式上，正如在 Brawn 1996 中那样，示指本身可能表征为系统意义。
7 专注于复杂示指词语，萨蒙论述了通过约束变量的算子 'zat' 做出的分析方法。于是，根据这种分析，简单示指词语 'that' 可被表征为一个包含 '空' NP 的 zat- 词项，大致如 'zat(x)(x 为事物)'。有关复杂示指词语，还可参见 Braun 1994, Borg 2000, King 2001, Dever 2001, 以及 Predelli 2001c。

点，示指词语的确'单独地'带有系统意义，是从 c 到 $c_i(c_w)$ 变化的结果。然而，比起那些非示指性指示语通常具有的参数，这个变化结果域值内的项目更加复杂：这里还必须将一个示指专用的*相关项*，即语境中的示指考虑在内。

对于那些可以获得的有关示指词语的主要观点，这一节提供的条款仅仅反映了某些方面，而忽略了各种有独立趣味的细节。不过，这些方面足以揭示一个根本共识，这个共识源于在系统意义层面上解释示指词语与示指的联系这一共同愿望。在下一节，我将论述这个共有的假设是错误的，而更加充分的阐释应当诉诸偏性理论框架下的概念手段。

第 4 节 一切错误所在

第 2 节和第 3 节总结的所有观点阐释示指在真值条件层面的作用。用'dthat'，'dthat*'和'fthat'这一系列示指词语表征一类示指，这类示指处于句法范畴中，并最终用于真值条件评价机制——或者像'dthat'那样对场合意义做出贡献、与'dthat*'一样提供系统意义的条件，或者像'fthat'那样出现在混合句法中。另一方面，按照'bthat'或'sthat'的方式对示指词语做出的解释将示指看作获得真值条件结果所需的*相关项*中的内容——就'bthat'而言，作为专用参数；或者像在'sthat'中那样作为语境因素。

然而在评价示指性*句子*时，示指不应发挥这样的真值条件作用。究其原因，这是因为诸如：

（2）那个是蓝色的。

这样一个句子是否成真仅仅取决于某个特定物体的颜色，无论它在眼下的语境以及 / 或者境况中是否为示指的对象。的确，重复一下第一编的一些观点，即便是没有任何语言产生，没有人在说话，并且就此而论，没有出现任何形式的有智力的生命体，在这种语境以及 / 或者境况下，也应当允许（2）成真。那么，*正*是只要某个物体是蓝色的，这个句子便应当成真，即便没有任何人在示指任何事物——即使是在'示指惰性'的情形下，即没有手指做出指向，物体之间也不存在'凸显性等级差异'，也是如此。

通过凸显第 2、3 节中的观点共同坚持了某些不可取的结论，上述针对这些观点的初步反驳就会更加有力。这些不可取的结论是系统意义确保以及借由系统意义本身获得真值。例如，基于对这些观点的正确理解，从步骤（2）到步骤（3）

（3）某物是示指对象

这一步不应被看作是由系统意义确保的，因为每当某物是蓝色的，（2）就成真；而且当那个物体是蓝色的而又没有任何事物被示指时，更是如此。（当然，同样，类似'如果那个很大，那么某物是示指对象'这样的句子不应被提升到借由系统意义本身成真的程度——因为即使在后件不能成真的情形下，其前件仍然很可能成真。）然而，正如我在本节剩余部分所解释的那样，用'dthat'，'dthat*'，'fthat'，'bthat'或者'sthat'对（2）做出的一系列阐释全都不可避免地坚持了一个不想得到的结论：从（2）到（3）的论证是由系统意义确保的。[8]

首先，

（4）dthat（此时此地的示指对象）是蓝色的，

成真 $_c$ 当且仅当 [[此时此地的示指对象]] $_{c, c_w, c_t}$ ∈ [[蓝色的]] $_{c, c_w, c_t}$，故而仅当 c 中存在一个蓝色的示指对象 i。对于任何这样的 c，某物是示指的对象，从而成真 $_c$(3)。同理，

（5）dthat*（此时此地的示指对象）是蓝色的

（相对于 c）表达了单称场合意义 < i，蓝色的 >，其中 i 是 c 中唯一的示指对象。因此，对于所有 c，成真 $_c$(5)，当且仅当 c 中唯一的示指对象是蓝色的，从而又当成真 $_c$(3)，更是如此。同样，

（6）< fthat, d > 是蓝色的

成真 $_{c,i}$ 当且仅当 d 的对象是蓝色的，因此，再次地说，仅当 c 包含一个蓝色的示指对象。相对于任何这样的 c，如在前面两种观点中，成真 $_c$(3)。

在第 3 节中列出的最后两种立场尽管不愿意在句法内反映示指，但坚决将示指纳入真值条件相关的参数中。结果，先来看'bthat'，

（7）bthat 是蓝色的，

评价为成真 $_{c,d}$ 当且仅当相对于 c 和 d 'bthat'的语义值为蓝色的。然而，这里假定示指为'bthat'提供了基于示指的系统意义。因此，对于任何示指 d 和语境 c，赋予那个表达式的物体就是示指对象。结果，对于任何 c 和 d 从而成真 $_{c,d}$(7)，成真 $_{c,d}$(3)。最后，如果将 (2) 表征为

（3）sthat 是蓝色的，

可得到成真 $_c$ 当且仅当在应用于这个语境的境况时，c 的示指鉴别一个蓝色的

---

8 至少忽略由可能空洞的例型所造成的无关复杂细节——假如感到这个可能性很棘手，那就对这些例子做出相应的修改。

物体。由于 $c_i(c_w)$ 是示指 c_i 在 c_w 中选择的物体，每当该条件成立，(3) 最终也成真。

根据第 2 节和第 3 节的观点，由系统意义确保（以及，细节上加以必要的修改，借由系统意义本身成真）所导致的一些不可取的结果，应该对语义学家具有普遍性的启示。如果说这些阐释的错误之处在于期望在真值条件层面上反映示指的作用，则可推论，真值条件评价最终必然发掘到的结果不应与这个或者那个事物作为示指的对象有任何关联。*最初*，或许，对示指的真值条件路径的坚持乍看起来相当名正言顺：没有示指，示指词语不能指称。用开普兰的话来讲：

> 一个示指词语如果没有相关联的示指（行为）就是不完整的。那些支配
> 真正的示指词语使用的语言规则……并不足以在所有使用语境中确定其
> 指称对象，而必须提供一些其他的东西——一个相关联的示指（行为）。
> （Kaplan 1977: 490）

然而，假如本节的考虑是正确的，则就需要为所假设的单独示指词语的语义不完整性寻求另外一种解释，而非将示指看作真值条件理论框架的组成部分。

有趣的是，在我刚刚引用的段落中，开普兰本人的措辞十分适合作为一种解释导言；我假定，那种解释是每个愿意跟着我的思路走到这里的人至此所期待的：一个以非真值条件意义做出的解释。毕竟，最初的直觉一定是正确的：'支配示指词语*使用*之语言规则'要求一个示指行为相伴。然而，如若这些规则在真值条件上可能不诉诸示指行为，那它们就必须以某种方式结合到偏性层面。据此，我在下一节引入关于示指词语的偏性理论阐释，并讨论偏性示指词语和假定为非偏性*纯指示语*之间的区别。我在第 6 节中聚焦于含有多次使用的示指词语的句子，并进一步完善这个初步的观点。

第 5 节　偏性示指词语

设语境为一个 n 元组 $< \ldots c_d \cdots >$，其中包含一个个体 c_d（该语境的*示指对象*），该个体转而由示指词语 'that'（那）的系统意义指称，如下所示，

(g) $[[that]]_{c,w,t} = c_d$

（我以前偶尔采纳过这个观点，而现在已正式接受。）由于 (g) 将 'that' 的真值条件作用局限于选取语境中合适的指称对象，因此这个条款遵循了有时

称作示指词语的裸骨观。⁹当然，(g) 由于是*裸骨*的，所以就避免了第 2 节中讨论过的一些问题：类似（2）这样的句子结果成真$_c$，当且仅当在 c 中，相关物体 c_d 是蓝色的，无论那个境况中是否出现示指者和示指行为。

然而，同样清晰的是，对 (g) 置之不理就相当于把对示指敏感的婴儿连同系统意义的洗澡水一起倒掉。毕竟，正是由于为裸骨的，(g) 无法反映任何这样的意义，即因其意义本身，示指词语需要一个示指行为相伴。然而，根据第 4 节接近结尾时的暗示，问题不在于用 (g) 阐释示指词语的系统意义，而在于不能在其中添加任何有语义趣味的内容。只要语义学问题不可避免地被按照真值条件路径理解，总会得出这个否定性的结论。但是，每当借由非真值条件的偏性观点来研究意义问题时，就不会得到这样的结论。

那么，下面我来描述 'that' 的语义性质，这里我给 (g)——其系统意义的条款——配上一个对其偏性的阐释，初步如下述条款所示：

(h) $c \in \mathrm{CU(that)}$ 仅当在 c_w 和 c_t，c_d 是示指对象（参看后面的几点修正）。把 (g) 和 (h) 结合起来看，相关于任何语境 c，表达式 'that' 指称 c 为其提供的任何所指事物 c_d。然而，由于该表达式的偏性，借由这样一个事实，即在任何使用语境中，系统意义选取的项目必定会同那里出现的示指对象重合，所以，that 的*使用*不可避免地最终会指称示指对象。

我感到这些类形式之暗示背后的前理论内容具有充分的直觉性。就 'that' 的系统意义而言，如 (g) 所示，根本没有任何东西依赖于示指。在这方面，下述假设对我的路径都不重要，即假设示指词语应表征为单独指示语、假设没有表达式需要扮演示指–替代语的角色；然而在教学上，这些假设是有帮助的，因为在此正如在 'bthat' 或者 'sthat' 的情形中那样，任何与手势、背景凸显性等相对应的内容都不允许进入最终提供给真值条件评价的句法结构之中。此外，与在 'bthat' 或 'sthat' 的框架中不同，任何表征示指的内容都不允许在某种句法外层面上，或者作为独立的参数或者作为语境并列项，进入真值条件机制。意译一下开普兰非形式化的行话：根据 (g)，示指依然绝对 '不被记录在真值条件意义中'。这是因为，示指既然是语言外的，就 '几乎不能成为真值条件的一部分'。

然而，示指却是示指词语使用条件的一部分。在偏性理论层面上，(h) 中提出的要求让我再次感到前理论上是可能的。一种情况很可能是事实，即有些指示语（或许，比如 '现在'）作为非偏性表达式进入语言使用，这些指示语

9　该术语似乎源自 Salmon 2002；还可参见 Caplan 2003。

的语义性质完全受系统意义调控。那么，在这些情形下，确定适合于这种或者那种使用的指称对象的任务（例如，我使用'现在'假定应指称什么时间），则必须由完全语用的、外在于意义的考虑引导。这些考虑同下列内容相关：关联性假设、适度的宽容，以及／或者识别适合于该场合的'使用类型'（正像假设，我使用'现在'指称说话的时间，参见第一编）。然而，如 (h) 所限定的那样，示指词语并不是这种类型的指示语。的确，尽管识别我使用'that'的指称对象仍然必须依赖常识性的、非语义学的揣测，该表达式的意义却要求这种猜测应受制于一些相关示指提供的非任选的暗示。一言以蔽之：借由其偏性，示指词语要求说话者介入背景中，否则该背景在示指上就是惰性的了；并且相应地，示指词语是基于相关示指所针对的任何对象来识别其指称目标的。

于是，这里正是所谓'纯指示语'和示指词语的传统区别之所在。（假若存在的话）纯指示语是非偏性表达式：在下面这个含义上，其意义由系统意义穷尽，即但凡意义编码的内容对说话场合的表征均无任何提示。假如我说'现在天就要黑了'，你凭借语言能力，理解我的话成真，当且仅当在 c_t 天就要黑了，c_t 是适于表征我话语的语境中的时间参数。然而，至于那个语境（特别是那个时间）是什么，*语言上*仍有待确定。真正的示指词语则更进了一步。如果我说'那个是蓝色的'，由于你熟悉这个示指词语的意思，这不仅确保你决定将该词语理解为指称 c_d，而且致使你选择通过一个示指 c_d 的语境来表征我的使用。（不过，当然，在那个场景下具体*哪个*物体是示指对象很可能依然是进一步的完全为语言外的问题。）

这样，至少作为首个近似的表述，(h) 所描述的偏性出色地完成了任务，并且能够满足探讨我的研究路径与第 2、3 节中那些真值条件上要求苛刻的观点之差别的需要。为了获得独立地令人满意的示指词语理论，需要做出许多修正与改进。而在我结束这一章之前，其中一点至少值得一提。这主要由于其在'逻辑'问题上的一些影响：为了处理涉及某个示指词语多次出现的情形所需要做出的这类修正与改进。[10]

---

10 '那个'的意义中有一个维度看似非常适于偏性阐释，但我在此却径直将之忽略了。这个意义维度涉及'近指'问题，如英语中'这个'和'那个'的区别所示。在 Predelli 2012b，我也讨论了 (h) 的一个改进方案，该方案是解释卡普兰所谓示指的'空洞'使用和'不完整'使用之直觉上的区别 (Kaplan 1977: 491，还可参见 Braun 1996) 所需要的，这两种情形的区别如下所示：我（语言上无可非议地）使用'那个'并同时指向一个空荡荡的角落（比如，因为我幻想有一头大象），与（语言上可以质疑地）使用'那个'而不伴有示指行为。

＊第 6 节　多次出现

假如我说

（9）那个不是那个。

根据 (h)，'那个'指称 c_d，即语境中的*示指对象*。由于没有物体同其本身相区别，那么从 (h) 就可以推论，对于所有的语境，成假。(9)。然而，似乎我的话语仍可能成真——例如，假若我在说话的同时做出两个手势：一个手势指向某个物体，另一个手势指向另外某个物体。

裸骨方法通常以下述方式阐释示指词语的多次出现：用一个更加丰富的、包含一系列专指个体的结构替代 (h) 所采用的简单语境形式，如下所示：

（i）$c = <...< c_{d1}, c_{d2}, ...>...>$.[11]

这种形式转而由有关句子包含下标手段的句法表征相伴，如下所示

（10）那个 $_1$ 不是那个 $_2$

这基于以下这样一种理解，即对于每个 n，'那个$_n$'解释为以明显的方式指称 c_{dn}。[12] 那样，我对偏性的定义就可以同样直接按照以下的方法修订：对任何包含某个示指词语 n 次出现的句子 s，

（j）$c \in CU(s)$，仅当在 c_w 和 c_t，存在一个示指 d_1，其对象为 c_{d1}，……，存在一个示指 d_n 其对象为 c_{dn}

结果　正是在直觉地期待的条件下，即每当不同的个体被恰当的示指指称时，(9) 的使用最终成真。

---

11 类似的条件句结论还可能适用于除示指词语之外的指示语。例如，由于'现在别开枪，现在开枪'可以（慢慢地）说出，以传达不相矛盾的命令。如果用一个句子－语境对表征这句话语，那么语境最好能为句子中两次出现的'现在'提供不同的时间参数。然而，比起如 (9) 这样的情形，这个条件句的前件常常让人感觉基础并不那样牢靠：诸如'现在别开枪，现在开枪'这类情形通常被看作所谓'句中语境转换'的用法实例，即可通过诉诸两个不同的语境来表征，其中每个语境包含一个独特的时间参数。有关通过语境转换方法阐释示指词语多次出现的详细论述，参见 Braun 1996。

12 也许值得指出，数字标记的提出并不是（像布朗对裸骨分析的第二个解读那样，Braun 1996：149）用作示指－替代语。相反，引入数字标记是为了完成句法任务，即标记'that'的连续出现，此处'连续'的含义同个人偏好的句法分析相关。因此，例如，即便假设 (9) 的使用可由同一个示指相伴，'that$_1$ 不是 that$_1$'在句法上也是不可接受的。类似 (10) 这种表征也不应理解为声称'that'存在词汇歧义（原谅我同布朗关于裸骨路径的第一个解读（Braun 1996：148）看法不同）。相反，恰当层面的表征现在包括一个由没有歧义的示指词语'that'和一个数字组成的对子，在这里一个 <that, n> 对子（相对于 c）解读为指称 c_{dn}。于是，更加切切地说：'那个'的独特'系统意义'是函数 f，从而对于任何的 n 和 c，$f(n)(c) = c_{dn}$。当然，严格地说，这并不是一个卡普兰式的系统意义，因为它并不是一个仅以语境为参数的函数。但是，这只是术语上的问题：按照裸骨路径的要求，对于示指词语的一次出现，其确切的真值条件作用由这次出现和语境提供的个体之间的关系所穷尽。

忽略若干细节（当然，也忽略我对偏性的诉求），这个阐释足够熟悉。然而，从我在此的观点看来，借由裸骨路径研究多种示指所产生某些后果，至少值得一提。首先，以其前件和后件恰好各出现一次的'那个'之论证为例，比如，

（11）那个是蓝色的；因此，那个是蓝色的。

显然，直觉上 (11) 的'特殊'性质一定与保持真值有着*某种*联系——至少表面看来，该论证是那个十分直接的推理规则——重复——简单的自然语言实例。同样显见的是，借由系统意义确保的最明显的形式，从裸骨路径的视角也可以自然地解释这一点：对于所有 c，(11) 的后件成真$_c$ 当且仅当其前件成真。

但是，下面考虑与（11）十分相近的一个例子，句子（12）：

（12）如果那个是蓝色的，那么那个是蓝色的。

鉴于前面对（11）的评述，自然会期待（12）借由系统意义本身结果成真，而与示指词语指向不同物体的可能性无关，这就像我在说出（11）的第一句话以后可能转移我的视线是不相干的那样。然而，根据 (i)，对于所有 c，（12）并不都成真$_c$，因为它对于所有 c 都成假$_c$，从而 $c_{d1} \neq c_{d2}$。

我想这个问题需要无情的力量加以解决，即鉴于示指词语多次出现导致的复杂现象，考虑对借由系统意义本身成真的观点做出*相应调整*。初步地说，这个想法是：使诸如（12）这样的指示性句子能够适于描述为'借由系统意义本身成真'，当且仅当它对于所有*一致性语境*皆成真$_c$，这里语境 $c= < \ldots <c_{d1}$, $c_{d2}, \ldots, c_{dn}> \ldots >$ 具有一致性当且仅当 $c_{d1} = c_{d2} = \ldots = c_{dn}$。

一旦恰当地理解了几段之前引入的下标手段的作用，无情力量的使用（以及以上段落中相伴的那些累赘的说法）都可以证明是合理的。毕竟，如果被赋予系统意义的不是指示性表达式，而是一些示指词语和数字的对子，比如'那个$_1$'或者'那个$_2$'，那么，按如下方法分析（12）：

（13）如果那个$_1$是蓝色的，那么那个$_2$是蓝色的。

看似同所期待的意义确保真值的那类结构就不相一致。然而，在某种意义上，(12) 的表层结构很可能被看作带有某种特殊的成真倾向——亦即，这是可能的，只要对那类语境施加适当的限制；相对于这类语境，对（12）做出评价。

类似的观点可直接应用于本节开始时列出的句子，即

（14）那个是那个，

的否定；该观点大概与那种形式问题与语义问题之间的'霍布森选择'有关，很明显，开普兰对此十分困惑。从 (14) 的角度修改他的措辞：

我们可以意在使第二次出现‘那个’作为对第一次出现的‘那个’的回指，在那种情形下，（14）借由系统意义本身成真，但实际上却不是 $a=a$ 的一个实例。或者，我们可以集中注意力，努力不眨眼睛，努力专注于同一个示指对象。在这种情况下，句子的形式实际上是某种类似于‘那个$_1$是那个$_2$’的东西，从而并非借由系统意义本身成真。这个难题的根源在于这个原则，这个正确原则，即示指词语在句法上每次新的出现都要求有自己的示指。（改编自 Kaplan 1989，589–90）

按照本章所辩护的观点，无论是这个‘正确原则’还是说话者不变的凝视，都不能对真值条件问题产生任何影响，更不用说对借由系统意义本身成真的问题产生影响了。在这方面真正有影响的是对（14）的内在裸骨分析，这一分析不可避免地无法成为任何具有更大逻辑价值的逻辑式‘实例’，也同样不可避免地无法与任何崇高的语义地位相关联。然而，这个结论充分地无害：如果有任何原因致使语义学家期望得到‘形式确保的’真值（从这个术语任何恰当的意义上讲）的结果，这一定是（14），而非‘那个$_1$是那个$_2$’这种不加区分的句法结构。就前者而言，对一致性语境的限制会起到同样好的作用。

无论怎样，顺带地说，注意对于这个修改过的‘借由系统意义本身成真’的意义，事实不仅如我在这本书中始终坚持认为的那样，有些在使用时必定成真的句子也许不能借由系统意义本身成真，而且一些借由系统意义本身成真的句子使用时也会成假，（14）就是这样一个例子。这些，纯粹只是为了满足那些沉迷于那个例子中表面对称性的人们而做的概念修改的结果，是平淡无味、不足为奇的。这是因为，使用 s 的那类语境尽管是所有语境类的一个子类，却并不一定是所有一致性语境类的子类，从而允许系统意义确保成真的句子能够（在修改后的意义上）成假地使用。

第 7 节 我现在何处？

正如我在此章所论述的，示指词语是偏性的：至少，如果它们和示指之间的关系如许多人所认为的那样密切，那么这种关系应当在一个外在于系统意义的意义层面上得到记载。相反，就真值条件而言，一切都可以按照这个裸骨路径的明显高效的原则来进行。因此，与通过其使用所做出的指称相反，一个示指表达式的指称性作用是由其与一个专用的语境参数结成的关系穷尽的。换个方式，如果像在第 6 节那样处理多次出现，那么通过描述它与恰当地置于这个语

境中的示指对象列表中的项目的联系，一个示指词语的一次出现对真值条件的
贡献便可得到充分的描述。

因此，示指词语经常和呼语、日期或引号一起出现，用来例证偏性理论
的这个或者那个特征。这些东西可能并不像第一眼看上去那样混杂不当。这是
因为，通过这样或那样的方式，第三编中所讨论的所有现象都和某些'自反性
评论'相关。讲话者可能使用这些评论，以引导听话者正确表征讲话者所说的
话语。根据第 8 章的论述，呼语和日期将表明与意指语境中的受话者和时间相
关的信息置于语言记录中；按照第 10 章的讨论，引号中的内容展示了那些依
赖于语境的符号应当选择的对象；而根据本章的阐述，示指提供了一些语言外
线索，这些线索修改了一个原本未加区别的背景，从而使理解者注意讲话者所
指的物体。

通过考虑我的偏性理论的最后一个词条——副词'hereby'，便可以进一
步揭示这种'自反性'的某些方面。在本书的下一章中，我将转而讨论这个表
达式。我在那一章中提出，一旦将那种'基于用法'的真值条件分析搁置一旁，
而这种分析独立地看是不充分的，那么，唯有基于第三编中提供的框架才能获
得正确的结果。

第 12 章
顽固性与自反性

从我捡起你的书那一刻开始，直至将其放下，我震颤不已直至放声大笑。某日，我打算一读。

（G. 马克思《生活》杂志）

第 1 节 'Hereby'（特此）与示指词语

在言语行为理论的鼎盛时期，'hereby'（特此）在语言哲学领域地位显赫，是检验 J. L. 奥斯汀称之为'显性施为语'的试金石。[1] 不论是奥斯汀还是他的追随者都未曾想到要为这个词的意义做出系统的分析——鉴于他们的目标，此处空白很容易理解。然而，正如我在这一节所解释的那样，'hereby'之所以有趣，却与其所假设的在言语行为理论中的作用及其同显性施为语的关系都不相干。

按照惯常的词典定义，'hereby'的意义可以解释为诸如'由此'（《牛津英语词典》）、'以此方式'（《韦氏词典》），或者'通过此行为'（《美国传统词典》）。正如这些释义初步表明的那样，'hereby'的语义性质似乎同语境依赖性表达式的性质有趣地相联系，这些语境依赖性表达式诸如简单示指词语'这个'或者复杂示指词语'这个方式'或'这个行为'。当'这'出现在'hereby'的这些定义中时，更加精准地确定'这'指的是哪个物体或事件，或在一个适

1　在许多文献中，参见 Austin 1962，Lewis 1970，Bach 与 Harnish 1979 和 1992，Recanati 1987，以及 Searle 1989。

当的复杂示指词语中哪种名词应同它一起使用，这很可能是一个具有独立趣味的活动。但是，这个问题依然*独立地*具有趣味，在此也许可以迅速地搁置一旁，而转向借由'专用的'示指词语这个简单的方法，旨在鉴别语言*使用*——大致如在这些表达中：'通过这个用法'，'由于实施了这个言语行为'，'借由说出这句话语'，或诸如此类的东西[2]。像通常那样，还忽略关于复杂示指词语的各种复杂情况，那么，'hereby'中的示指成分从而也许可以通过下段中阐明的（至此已经熟悉的）简单方法处理。

设语境中配有通常的'专用'示指对象参数，这一次，参数 c_u 非正式地理解为语境的（相关的，凸显的，或无论什么名称）使用（抑或言语行为、说出话语，或无论什么名称），并且，设'hereby'可分解为一个指称成分'here-'和一个副词后缀'by'。依据前述简化方案，'here-'的系统意义问题便很容易解决：对于所有的 c，w，和 t，

(a) $[[here\text{-}]]_{c,w,t} = c_u$

从而*系统意义 (*here-) = 函数 f，从而对于任何语境 c，$f(c)$ = （产生恒定内涵）c_u。

的确，'hereby'必定是语境敏感的。例如，可以通过将 Warpe 对于句 (1) 的使用 u 与 Wistfull 对该句的使用 v 相比较以强调这一点：

(1) 我特此宣布你们结为夫妻

直觉地看，u 表达的是 Warpe 正在通过实施 u 为两个人缔结婚姻。另一方面，v 做出不同的断言，其中一个断言关涉 Wistfull 的宣布，而非 Warpe 的宣布。正像 (1) 中主语位置上的词，其可变性很明显可借由其非恒定系统意义来解释，那么至少初步地看，从 u 到 v 指称的转变必定可被简约为一个指示性的问题——其最简单形式，就'hereby'中的指称性成分而言，有如 (a) 所示。

不过，对'hereby'的指示性分析，相应地关于'here-'和示指词语的相似性，这两者模糊了'hereby'的一个重要特性：其内在的*自指性*用法。下述

2　'我特此宣布你们结为夫妻'典型地恰当使用，似乎与一种言语行为相关，即说话者通过说出那个句子在实施的行为；因此，这种用法大致可以分析为'我正是通过实施这个言语行为，宣布你们结为夫妻'。另一方面，其他一些不那么普通的含有'hereby'的例子可用某种非完备的言语行为的东西加以解释，例如，当'某人做了一个对声音信号敏感的传感器，借助于这个传感器，当他站在他的车旁说："我特此发动汽车，车就发动了。'（Searle 1969，脚注 5）。因为，至少表面上看来，这个例子似乎等同于诸如这种情形："我通过发出这些声音发动汽车"，因而也等同于仅包含一个语音行为，作为相关的所指。就显性施为语或一些有趣的'特殊'类型的言语行为而言，在研究'hereby'在其中可能发挥或者可能不发挥的作用时，'hereby'最终针对的对象上的差异可能会产生一些有趣的影响。（事实上，塞尔的汽车情景的要旨正是要强调，并非所有包含'hereby'的句子都能用于实施'宣告'行为的。）

两种情况尤为清晰地揭示了这一点，即一方面通过对比'here-'的直觉性行为与包含直接示指词语的实例；另一方面通过比较能使其产生自指性结果的各种涵义。为了具体起见，在以下几段中我从两个情景入手。在这两个情景中，某人（这一次为库比契克）说出了一个明显为示指性的句子

(2) 这句话几乎听不清。

然后，我接着强调下述两个方面之间的语义对照：一方面是库比契克的困境，另一方面是 Warpe 或 Wistfull 使用的 (1)——倘若'here-'的语义特征由 (a) 穷尽，这一对照就会依然无法得到解释。我随即推断，尽管 (a) 是对路的，却并不完整。在第 2 节中附带讨论一个不具有充分教育意义的假设之后，我进而在第 3 节简要解释 (a) 将如何加以充实：通过为有关系统意义配上适当的自指偏性。

首先设想库比契克说出 (2)，同时指向一个站在角落里喃喃低语的人。根据之前几段中的语境形式，库比契克的贡献可表征为 <(2), c> 对子，这里 c 是这样的，从而 c_u 是一个所示指的、轻声说出的事件。结果，由与'这句话语'的条款 (a) 相等值的东西可以推论，库比契克最终所言成真，当且仅当正如直觉上所希望的那样，喃喃低语者的话几乎听不清楚。另外注意，基于某种语用规律性，这个建议——即库比契克的用法应通过前面提到的语境类型表征——也同样无可争议地是合理的。特别是，在库比契克的场景中，角落里的喃喃低语很明显通过以下方式发挥着恰当的作用：作为他指向的对象，作为'他考虑的东西'，作为他的听话人所期待的一部分，诸如此类。

一种十分相似的阐释也适用于我的第二个场景，涉及了库比契克小声地说出 (2) 的用法 z，不过该用法不伴有任何外显的示指行为，而是伴有一个自指性的意图。既然在这个场景中，库比契克的话语与在前一个情景中喃喃自语者的低语行为相比其凸显程度并不更低，那么可以认为，某种语用因素证明将 z（库比契克本人的用法）认同于 c_u（在适当语境中的参数）是合理的。结果，再一次地，对 (2) 做出简单的指示性处理便产生了所需的结果：z 成真当且仅当 z 本身几乎是听不清的。

简而言之：库比契克的两个情景表明，'这句话语'的用法（或'这个用法'等等）*可能*（但是不一定）产生自指性的结果；如果产生自指性的结果，那也是通过（除了我模糊地提到的'某种语用规律性'之外）我们应当考虑在内的任何因素实现的。换句话说，在这种意义上，*句* (2) 没有任何内在自指性的特征；只要语义外因素将之置于有关场景中，其用法最终就可能具有自反性。

所有这些看来都不足以对'hereby'的自指性行为做出准确的解释，即在如下意义上——如我前面所写的那样——'here-'是*内在地*自指性的。特别

是，不啻是在*某些*合适的情境中，可以说出 (1) 以表达讲话者通过在那个场合中使用这个句子而为某人缔结婚姻——因为*每当* (1) 恰当使用时，亦即按照其意义使用时，情况必定如此。因此，例如，Warpe 使用 (1) *u* 必然涉及通过 *u* 为两个人缔结婚姻；而 Wistfull 对那个句子的使用 *v 始终*与 *v* 在那个仪式中发挥的作用相关。[3] 因此，即便是在包含某个第三方话语的情景中（比如在圣坛后咕咕哝哝的助理牧师），不管某人多么执着、多么引人注目地指向那个喃喃低语的牧师，他也根本不可能说出 (1) 以表达通过那个背景中的咕哝声而获得某些结果。事实上，*任何外显的示指*（或者诉诸相关性，或任何其他类似手段）根本都不适于伴随 'hereby' 的使用一起出现；任何人若想要寻找除了那个词*之使用本身*以外的*示指对象*，就不只是不能正确判断背景凸显性，而且将更加彻底地不了解 'hereby' 的意义。[4]

这就产生了一种有趣的（不过，对于任何一直跟随我至此处的人而言，也是熟悉的）矛盾：一方面，'here-' 在 'hereby' 中呈现的那种语境敏感性看似可以自然地按照一个指示性（示指性）模式解释，如 (a) 所示；另一方面，正如 (1) 和 (2) 的对照所阐释的那样，同普通示指词语的指称性质比较起来，'hereby' 中 'here-' 的指称性质向语境调适的开放程度仍然不那么高——事实上，甚至不及诸如 '这个用法'、'这句话'、或者词典中 '这个行为' 等复杂示指词语那样高。

最初，人们可能极想通过这种方式来化解这个矛盾，亦即将 'here-' 的特性反映为一个有点 '特殊' 的指示词，拥有不同于普通示指词语适用的系统意义。

我在下一节以*扩展的指示性假设*为题，阐发这一观点。我继而解释扩展的指示性假设为什么不尽如人意。接着在第 3 节，我基于偏性和顽固性的资源提出一个不同的解决方案。

第 2 节 扩展的指示性假设及其缺点

(a) 中的指示性阐释是对 'hereby' 中 'here-' 的系统意义所做的一个假设：

3　不考虑陈腐的用法：'我在此遵命将高贵的克拉伦斯公爵交予你们；此中用意我将不予推断，因为我将不为其负咎。'（莎士比亚《理查三世》第一幕，第四场：934）

4　在塞尔看来，在说出 '我特此命令你离开' 这句话时，'讲话者在某种意义上说这句话是一个命令。这种话语并不比诸如 "This statement is being made in English（这个陈述在用英语做出。）"（不）具有自指性'（Searle 1989, 543-4）。在我看来，这恰恰说明了 'hereby' 如何不能实现自指。

该系统意义是产生 c_u（'语境用法'参数）的函数。考虑若干（有着独立重要性，而在此却不相干的）细节，同样的系统意义证明适合于'这个用法'，或者更加普遍地说，适合于专门用于选择恰当地显著的说话事件的示指词语。然而，正如前面解释的那样，'hereby'和'通过这个（用法）'并非在意义上无以区分，因为只有前者通过其自身意义必然产生自指性结果。

任何不愿诉诸偏性资源（即外在于系统意义的意义）的人都处在这个阶段：无法摆脱关于'hereby'和'通过这个'尽管同样具有指示性却是不同指示语的结论——亦即两者被赋予不同的（尽管同样非恒定的）系统意义。这条建议自然地导致如下结论，即这些系统意义针对不同的语境参数：前面介绍的语境的'凸显用法'c_u 以及（由于缺乏更好的术语）我将称之为'自反用法'参数 c_r 的东西。于是，我将设想一个更加丰富的语境形式如下：

（b）$c = <\dots c_u, c_r \dots>$

继而考虑这样一个观点：通过把有关指示语锚定于适当地不同的并列项，对所期待的区别做出解释。为了简洁起见，我给这个假设起了一个冠冕堂皇的名字——*扩展的指示性假设*，并且在这一节剩余部分集中讨论这个假设。然而，我之所以对这个假设感兴趣，动因并不在于我即便不赞同其字面意义，至少是赞同它的精神。相反，扩展的指示性假设明显地体现了那种根本性的错误，而这个错误正是我在本书中通篇予以反对的——误置系统意义谬误。于是，基于偏性与顽固性的非真值条件资源，我对这个假设的反驳就自然可以作为我关于'hereby'的观点之初介。

根据扩展的指示性假设，遵循 (a) 中的模式的，正是普通（专用的）示指词语（'这个用法'，'这个行为'，等等），这与'hereby-'中的指称性成分形成对照，这个指称性成分现在定义如下：

（c）$[[here-]]_{c,w,t} = c_r$

这样，扩展的指示性假设推断，同第 1 节中记录的直觉上的差异相吻合，'here-'和普通示指词语最终在真值条件上不同。

到目前为止，乍看起来，一切顺利。以库比契克使用 (2) 的同时指向角落的那个人为例。这个案例最终由一个语境表征，在这个语境中那个人轻声说出的话语起着 c_u 的作用，从而正像所期望的那样，低语者的话只要几乎听不清，说出 (2) 的话语就可以成真。另一方面，库比契克在第二个情景中对 (2) 的使用 z 是这种情况：在这个用法中 c_u 认同于 z 本身——由于库比契克的自我指称性意向，等等。再一次地，一切都似乎沿着正确的轨道进行：z 成真当且仅当它几乎无法听清。而 Warpe 和 Wistfull 的情景却将'hereby'纳入考虑范畴，因此，扩展的指示性假设进而主张，这激发了对专用参数 c_r 的需求。例如，就 Warpe 对 (1) 的使用 u 而言，恰当的语义表征需要包含一个语境 c（该语境已确保包含处于 c_r 位置的 u），更是确保产生直觉上的自我指称性后果：u 成真，当且仅当凭借 u，Warpe 为两人缔结婚姻。[5]

然而，关于 c_r 确保为所要评价的用法这一主张，正是需要更加仔细地加以审视的。毕竟，从我在本书中通篇采用的语义框架的观点来看，这样一种确保必定是无法理解的。根据我的理论框架，语义评价的对象是句子－语境对子——这等于说，所评价的是相对于这个或者那个语境的句子（这里的'语境'是形式意义上的）。那么，从这个角度看，语境的内部结构完全不能确保将这个或那个参数认同于这个或那个'现实的'物体或者事件：唯有基于关于表征的语义外假设时，语境的并列项才与某个使用场合相'对应'。简而言之，就正在讨论的实例而言：将'hereby'所针对的参数称为'c_u'或者'c_r'或用其他任何你想象得到的下标表示，一旦该语义机制用于某个特定的说话事件，你都不会由此确保这个或者那个项目最终是有趣味的。你更不会由此得到任何保证，确保在任何给定情景中，那些用作语境自反性用法－参数的事物正是所评价的内容——换句话说，无法确保任何锚定于那个参数的表达式终将是自我指称性的。

这一点需要反复申明。假如扩展的指示性假设有一丁点儿让人满意的话，它都不会仅仅满足于记录'hereby'与'通过这个'之间的*某种*语义区别。这个假设关键必须解释这种区别如何是由以下事实引起的：只有前一表达式是内在地自我指称性的。而这些又是通过锚定于这个或者那个参数的系统意义实现的，并且仅仅基于下述保证，即每当所涉及的是一个表达式（句子）s 的用法 u 时，占据那个语境位置的正是 u 本身。这个保证转而仅可以在如下情形中获得：仅当语义分析的要点不是相对于这个或者那个语境评价 s，亦即评价句子－语境对子，而是直接评价 u。换句话说，扩展的指示性假设所需要的，并不仅仅是一个'语境工程'的事情，诸如引入这个或者那个额外的并列项。它所需要的是更加根本地抛弃真值条件语义学的经典概念，而代之以我下文称之为*基于用法的*范式。

非形式化地表述，该范式应是如下这个样子——为了具有普遍性，专注于一个片段，该片段不仅包含'hereby'和'这个用法'，还包含一个直接指

5　如果出于一些超出我理解范围的原因，你认为 u 不能正常评价为成真或成假，那就重新加以表述——要旨在于，文本可加以改编以适用于这方面的任何假设，只要愿意承认'here-'承担指称责任。在很多文献中，参见 Bach 1975。

示吾（如'现在'）。设 u_t 代表句子 s 在某个场合的使用；还设 u_t 表示 u 发生的时间；u_u 为说出 u 的人所示指的语言用法（或者在 u 的场景中所凸显的，或者诸如此类的东西）；设 u_r 代表 u 本身。进而将（s 中）出现的'现在'、'这个用法'以及'here-'评价为分别指称 u_t，u_u 和 u_r。最后，略微满意地指出，所有这些如何产生直觉上期待的结论：比如，我在 12 月 24 号使用'现在很冷'成真，只要圣诞节前夕（即我说出这句话的那天）很冷；你使用的'这个用法几乎无法理解'成真，当且仅当在你的场景中这个凸显的语言事件难以理解；至关重要的是，Wistfull 使用 u（1）成真，当且仅当他通过 u 本身为某人缔结婚姻。事实上，注意在后一种情况下如何确保实现自我指称：这里'here-'所针对的不是一个语境参数，这个语境参数可能，或者不可能，恰好是所评价的说话事件。相反，根据规定，这里'here-'所针对的项目必然与所分析的用法重合。

或许是这样。当然，如果我在第一编中一些考虑对路，这样一个建议很可能不会产生直觉上期待的结果，与'hereby'的特性无关——例如，假若'现在'有时可以直觉地理解为指称与其使用时间不同的时间。然而这个经验性观点在此可以搁置一旁，因为扩展的指示性假设是基于用法的阐释，受到更具根本性的缺陷困扰。我在第 3 节将放弃在真值条件层面体现'hereby'自我指称性质的任何努力；在此之前，我在这一节剩余部分解释我的保留意见。

由于这个问题具有普遍性，比较可取的做法是以这样一个例子入手，这个例子不涉及'hereby'，而同前面提到的对'直接指示性'副词'现在'的处理相关。考虑一下如下论证：

（3）现在很冷；因此，'现在不冷'不是真的。

看来清楚的是，这个论证呈现了一个'有趣的形式'，这个形式不为诸如下述论证所共有：

（4）现在很冷；因此，月亮是奶酪制成的。

当然，与（4）没什么不同，（3）在下述意义上也很可能允许某种类型的'保真性失效'，即说出其前提的成真话语之后很可能跟随着其结论的成假话语（比如，由于气温突然升高）。但是，同样没有争议的是，通过认识（3）的'特殊性质'，而这种性质不为（4）共有的，应当可以获得具有语义学意义的*某种东西*——这种东西至少与论证中出现的某些表达式的意义有着密切的联系。显然，在此，就（3）的情形而言，起到这个作用的正是*系统意义*；而首先是否定表达式的系统意义。

这里的观点并没有看上去那样富有争议。以下做法无疑是合理的：依然不

为 (3) 相对于 (4) 具有的特性所动，而着迷于这样一个事实，即在另外某种意义上，比起诸如下面这个句子，(3) 同 (4) 更为接近：

(5) 二加二等于四；因此，除了四以外，二加二不等于任何其他的数。

事实上，(3) 和 (5) 的区分不仅同表达式－语境框架是相容的，而且在该框架内很容易解释：就 (3) 而非 (5) 而言，所包含的对句子使用的表征最终可能前提话语成真，而结论话语成假。但是，若要禁止在另外某个分析层面上得出任何关于 (3) 的有意义的结论，这就不合常理了——要对之加以禁止，就值得研究'现在'的'逻辑'（在这个术语某种明显合理的意义上）。而这里，再一次地说，传统的方法十分完备：相对于任何独特的语境，论证 (3) 中的两个句子必然共有真值。

另一方面，对'现在'所做的基于用法的处理其问题在于，缺乏完成这个任务所需要的资源。根据这个处理方法，就第一个前提的任何用法 u_1 而言，那个句子中出现的'现在'指称 u_1 出现的时间。同样，对于结论的任何话语 u_2 而言，句中包含所使用的'现在'指称 u_2 的时间。而这些很*可能*是同一个时间——例如，假若前提和结论同时说出，比如，通过快速闪现写有这些句子的卡片（或者，就此而言，如果'现在'代表的时间跨度足够大。）但是，两者不一定是同一个时间。假如说 (3) 有任何特殊之处的话，它的独特味道也只有在吐字迅速的说话者的口中才能查觉。

注意，只要采用反事实方法分析这个论证，坚持认为基于用法的观点中可能反映 (3) 的逻辑可靠性就是徒劳的：假如结论与前提话语同时出现，结论的使用本*可能*包含指称前提代表的同一时间。这些很可能获得预期的结论，但只是要以抛弃基于用法的处理方法为代价，代之以借由句子－语境对子进行的经典分析方法。其原因在于，现在所涉及的问题已经不再是结论的使用，而是一个*不同*的用法。这种用法本可能出现的，假如在所设想的时间使用了那个句子的话。当然，这只不过是说，应当相对于同一个语境对前提与结论做出评价——亦即，这只不过是说，重要的是（相对于一个确定的语境）理解论证中的*句子*，而不是句子的实际用法。

就扩展的指示性假设提出的基于用法研究'hereby'的方法而言，这个问题就变得愈加紧迫。考虑一下下面这个关于重复的例子：

(6) 特此休会；因此，特此休会。

设'here-'按照扩展的指示性假设的思路定义，如 (c) 所示。重复并重新命名如下：

(d) $[[\text{here-}]]_{c,w,t} = c_r$

因此，当且仅当 u_1 造成休会的结果时，(6) 的前提的任何用法 u_1 才能获得成真性。同样，结论的任何用法 u_2 评价为成真，则基于不同的条件，即造成那个结果的是 u_2 而非 u_1。根据日常生活的变化，比如，根据说话者在 u_1 和 u_2 之间是否被降职，只有前一种用法很可能最终成真。

　　若是拒绝将由重复确保的这类逻辑可靠性归于 (6)，那显然会是十分怪异的。既然扩展的指示性假设以及普遍的基于用法的研究路径看来都坚持这种拒绝，因此不同任何这样的路径沾边也许我们的境况会更好。这样的说法转而可由下一点加以证实：这些路径的对立观点（即语境中的句子框架）能够轻而易举地引发具有由系统意义确保之清晰特征的那种论证——事实上，就 (6) 而言，在极其平凡的意义上，对于所有并且仅仅是那些它的确成真的语境中，'特此休会'这个句子成真。不过，剔除扩展的指示性假设之语义奢华、采纳 (a) 中所示的更加简单的语境敏感性，这样做并不足以对 'here-' 做出经验上适当的处理——因为，正如业已论述的那样，这些完全没有考虑到该表达式的自我指称性倾向。然而，扩展的指示性假设的缺陷表明，通过摆弄 (a)，或者更普遍地说，通过将手头的任务压在系统意义上，不可能在这方面获得任何有希望的理论阐释。如果语境中的句子范式有一点可能反映 'hereby' 直觉上的自我指称性，那么，它也需要非系统意义编码的意义资源辅助。因此，我在下一节转而简单勾勒对 'hereby' 中 'here-' 的偏性论述。

第 3 节　偏性阐释

我想，对于任何愿意费事阅读本书至此的人而言，我在第 2 节对扩展的指示性假设所做的批判并没什么令其惊讶之处——就此而言，在我最初讨论用法的异常性和与其类似的最有害的谬误（即误置系统意义谬误）时，任何设法保持兴趣的读者也是如此。在我最后一章的这几节里缺少一些令人惊讶而难忘的结论，可望由美学上令人宽慰的协调感得到弥补；这种协调感可以通过不断重复中（至少些许）的多样性而获得：同样的，就 'hereby' 而言，用法上的自反性仍然无法从指示性系统意义的观点达到，而必须从外在于真值条件的层面追寻。

　　既然这里正像在整个第三编所讨论的案例中那样，这种自反性显然是由意义编码的，所以，根据我提出的核心假设，它可以在偏性理论中得到恰当的反映。而至于针对 'hereby' 这一特定实例，这种理论应当如何阐发，这个问题像通常那样，可能最终证明或者是一个相当复杂的经验上的问题（至少对那些有兴趣记录看来伴随该表达式用法之所有细节的人如此），或者是一个极易回答的问题（至少对那些仅仅将'hereby'看作占据第三编中心的那个更宽泛类别的又一个样本而对之感兴趣的人如此）。

在本书最后一节中，我不再对两难困境中的第二难做出进一步的阐述；我把细节的阐发作为练习留给读者（理想的话，这样的读者比我更加熟谙现代英语中'hereby'的正确用法）。特别地，我勉强接受对'hereby'指称对象简单直白的'句法'标识：不像在词典中那样标识为'（通过）这个行为'，而是大致（可商榷地）标识如下：

(7)（通过使用）这个句子（所实施的行为）。

给定这个或者任何其他可能的（示指性）观点，那么就能相当直接地推论，就系统意义而言，一个语境参数足矣——在这个实例中，该参数大概独立地为直接示指性表达式所需；其原因在于，'专用'示指词语在某种程度上类似于'这个句子'（当然，以表达式'这个句子'作为所谓'复杂示指词语'之性质可能产生的任何结果为模）。因此，按照第 1 节中 (a) 的形式，重复并更换序号字母如下：

(e) $[[\text{here-}]]_{c,w,t} = c_u$

像通常一样，这里实际起到 c_u 的作用的是这样一个句子，这个句子在所讨论的语境中由于某种原因而结果是凸显的（或者是突出的、相关的，等等）。在此同前面一样，'凸显性'、'突出性'与'相关性'为在解释不起作用的天国中夺得一席之地的竞争，令人困惑不已。可是，这个问题跟我的目的无关，我要讨论的是那些编码于意义中的成分，这些成分应当伴随 (e) 中的简单指示性处理。

事实上，这里正如第 9 章的信号词或者第 10 章中的戴维森引语，有关的'凸显性'（在'凸显性'的任何意义上，只要能使某一项目成为 (e) 中系统意义的对象）通过规约性地赋予'here-'并构成其意义成分的偏性获得，大致如下：

(f) 对任何含有'here-'使用的句子 s，$c \in \mathrm{CU}(s)$，仅当 $c_u = s$。

细节上加以扩展（可能运用第一编中那种稍微更加复杂的机制）从而获得诸如 (1) 的使用，重复并重编序号如下：

(7) 我特此宣布你们结为夫妻

每当说话者通过使用这个句子为两人缔结婚姻时，(7) 结果就成真。除了我始终拒绝讨论的所有具有独立趣味性的细节之外，基于 (e) 中的直接指示性分析，将必然获得所期待的自我指称。

所有这些反映出一个作者疲惫的态度，他更加迫切地想要完成其语义学宣言，而不想将精力花费在选择下标手段及其附带的复杂细节之上。但是，这也提供了一个自然的借口，让我继续前行，以达致我更加模糊地承诺的结论。

第 4 节 我将从这里走向何方？

接下来做什么？几乎所有我讨论过的内容都值得独立研究，主要因为这些内容在偏性棋盘上都起着卒的作用。例如，在涉及各种与词汇语义学相近的问题（特别是充实）时，我更多地旨在指出一些有趣的研究领域，目的并不在于提供一个完整（抑或甚至只是部分）的理论。我关于表态类话语的'逻辑'仍处在一种简单的水平上，可能还有进一步的锦囊妙计。从'现实'语言学的观点来看，许多有趣的问题（粗俗、轻蔑语、诋毁词……）都被细致地除掉了其"津津风味"，并且用于作为语义学家所青睐的那种典型地乏味菜单的一部分。

对于我在这本书中所阐述的任何观点，我更有兴趣对之加以拓展，而非细微调整。将这些观点应用于焦点、标点符号、插入语、'非纯'引语、若干'特殊'专名，甚至应用于虚构性话语与信念转述，都像塞壬的歌声一般诱人。有的人可能建议我要适当考虑女巫喀耳刻的忠告。我依旧嗤之以鼻：因为偏性理论的朋友不屑于隐瞒自己的观点与目的。他们公然声明，唯有通过有力地推翻真值条件的专制，他们的目的才能够达到。让那些误置系统意义的受害者在这场语义学革命中颤抖吧！偏性理论的朋友失去的只是系统意义的锁链；他们将赢得的是一种意义理论。

参考文献

Åkerman, J. 2009. A Plea for Pragmatics. *Synthese* 170: 155-67.

Allan, K. 1990. Some English Terms of Insult Invoking Sex Organs: Evidence of a Pragmatic Driver for Semantics. In S. L. Tsohatzidis (ed.), *Meanings and Prototypes, Studies in Linguistic Categorization*. London: Routledge, 159-94.

Allan, K. 2007. The Pragmatics of Connotation. *Journal of Pragmatics* 39: 1047-57.

Allan, K. and K. Burridge 2006. *Forbidden Words: Taboo and the Censoring of Language*. Cambridge: Cambridge University Press.

Amaral, P., C. Roberts, and E. Allyn Smith 2007. Review of *The Logic of Conventional Implicatures* by Chris Potts. *Linguistics and Philosophy* 30(6): 707-49.

Ameka, F. 1992a. Interjections: The Universal Yet Neglected Part of Speech. *Journal of Pragmatics 18: 101-18*.

Ameka, F. 1992b. The Meaning of Phatic and Conative Interjections. *Journal of Pragmatics* 19: 245-71.

Anand, P. 2007. Re-ExSpressing Judgment. *Theoretical Linguistics* 33: 199-208.

Anderson, L. and E. Lepore 2013. Slurring Words. *Nous* 47: 25-48.

Aoun, J. and L. Choueiri 2000. Epithets. *Natural Language and Linguistic Theory* 18: 1-39.

Arsenijević, B. 2006. Disapprobation Expressions as Vocative Epithets. *ACLC Working Papers* 1: 87-98.

Atkin, A. 2006. There's No Place Like 'Here' and No Time Like 'Now'. *American Philosophical Quarterly* 43: 271-80.

Austin, J. L. 1961. Ifs and Cans. In J. L. Austin, *Philosophical Papers*. Oxford: Oxford University Press, 153-80.

Austin, J. L. 1962. Performative-Constative. In C. E. Caton (ed.), *Philosophy and Ordinary Language*. Chicago: University of Illinois Press, 22-54.

Austin, J. L. 1975. *How To Do Things With Words*. Oxford: Oxford University Press.

Bach, K. 1975. Performatives are Statements Too. *Philosophical Studies* 28: 229-36.

Bach, K. 1981. What's in a Name. *Australasian Journal of Philosophy* 59: 371-86.

Bach, K. 1992. Intentions and Demonstrations. *Analysis* 52: 140-6.

Bach. K. 1999. The Myth of Conventional Implicature. *Linguistics and Philosophy* 22: 327-66.

Bach, K. 2002. Giorgione Was So-Called Because of His Name. *Philosophical Perspectives* 16: 73-103.

Bach, K. 2006. Review of Potts, The Logic of Conventional Implicative. *Journal of Linguistics* 42: 490-5.

Bach, K. and R. Hamish 1979. *Linguistic Communication and Speech Acts.* Cambridge, MA: MIT Press.

Bach, K. and R. Harnish 1992. How Performatives Really Work: A Reply to Searle. *Linguistics and Philosophy* 15: 93-110.

Bar-Hillel, J. 1954. Indexical Expressions. *Mind* 63: 359-79.

Barton, D. and N. Hall (eds) 2000. *Letter Writing as a Social Practice.* Amsterdam: John Benjamins Publishing Company.

Barwise, J. and J. Perry 1983. *Situations and Attitudes.* Cambridge, MA: MIT Press.

Bayley, J. 1964. Vulgarity. *British Journal of Aesthetics* 4: 298-304.

Bex, T. 1995. *Variety in Written English: Texts in Society, Societies in Text.* London: Routledge.

Blakemore, D. 1987. *Semantic Constraints on Relevance.* Oxford: Blackwell.

Boer, S. E. and W. G. Lycan 1980. A Perfonnadox in Truth-Conditional Semantics. *Linguistics and Philosophy* 4: 71-100.

Bolinger, D. 1989. *Intonation and its Uses: Melody and grammar in discourse.* Stanford: Stanford University Press.

Borg, E. 2000. Complex Demonstratives. *Philosophical Studies* 97: 229-49.

Borg, E. 2002. Pointing at Jack, Talking About Jill: Understanding Deferred Uses of Demonstratives and Pronouns. *Mind and Language* 17: 489-512.

Braun, D. 1994. Structured Characters and Complex Demonstratives. *Philosophical Studies* 74: 193-219.

Braun D. 1996. Demonstratives and Their Linguistic Meanings. *Nous* 30: 145-73.

Burge T. 1978. Self-Reference and Translation. In Guenther-Reutte and Guenther (eds), *Translation and Meaning.* London: Duckworth.

Burton-Roberts, N. 1989. On Horn's Dilemma: Presupposition and Negation. *Journal of Linguistics* 25: 95-125.

Burton-Roberts, N. 1990. Trivalence, Gapped Bivalence, and Ambiguity of Negation: a Reply to Seuren. *Journal of Linguistics* 26: 455-70.

Burton-Roberts, N. 1993. Apposition. In R. E. Asher and J. M. Y. Simpson (eds), *The*

Encyclopedia of Language and Linguistics. Oxford: Pergamon Press.

Burton-Roberts, N. 1994. Sentence, Utterance and Ambiguity: A Representational Approach. *Transactions of the Philological Society* 92: 179-212.

Burton-Roberts, N. 2007. Varieties of Semantics and Encoding: Negation, Narrowing/ Loosening and Numericals. In N. Burton-Roberts (ed.). *Pragmatics.* Basingstoke: Palgrave, 90-114.

Burton-Roberts, N. and P. Carr 1999. On Speech and Natural Language. *Language Sciences* 21: 371-406.

Burton-Roberts, N. and G. Poole 2006. Syntax vs. Phonology: a Representational Approach to Stylistic Fronting and Verb-Second in Icelandic. *Lingua* 116: 562-600.

Busse, B. 2006. *Vocative Constructions in the Language of Shakespeare.* Amsterdam: John Benjamins.

Caplan, B. 2002. Quotation and Demonstration. *Philosophical Studies* 111: 69-80.

Caplan, B. 2003. Putting Things in Contexts. *Philosophical Review* 112: 191-214.

Cappelen, H. and J. Dever 2001. Believing in Words. *Synthese* 127: 279-301.

Cappelen, H. and E. Lepore 1997. Varieties of Quotation. *Mind* 106: 429-50.

Cappelen, H. and E. Lepore 2007. *Language Turned on Itself. The Semantics and Pragmatics of Metalinguistic Discourse.* Oxford: Oxford University Press.

Carlson, G. and F. Pelletier 1995. *The Generic Book.* Chicago: University of Chicago Press.

Carston, R. 1996. Metalinguistic Negation and Echoic Use. *Journal of Pragmatics* 25: 309-30.

Carston, R. 1998. Negation, 'Presupposition' and the Semantics/Pragmatics Distinction. *Journal of Linguistics* 34: 309-50.

Castañeda, H.-N. 1957. Some Nonformal 'Logical' Relations. *Philosophical Studies* 8: 89-92.

Chan, T. 2010. Moore's Paradox is Not Just Another Pragmatic Paradox. *Synthese* 173:211-29.

Chapman, S. 1996. Some Observations on Metalinguistic Negation. *Journal of Linguistics* 32: 387-402.

Church, A. 1950. On Carnap's Analysis of Assertion and Belief. *Analysis* 10: 97-9.

Church, A. 1954. Intensional Isomorphism and Identity of Belief. *Philosophical Studies* 5: 65-73.

Clark, H. 1992. *Arenas of Language Use.* Chicago: University of Chicago Press.

Cohen, L.J. 1950. Mr. O'Connor's 'Pragmatic Paradoxes'. *Mind* 59: 85-7.

Colteijohn, J. and D. Macintosh 1987. Gerald Vision and Indexicals. *Analysis* 47: 58-60.

Corazza, E. 2002a. 'She' and 'He': Politically Correct Pronouns. *Philosophical Studies* 111: 173-96.

Corazza, E. 2002b. Temporal Indexicals and Temporal Terms. *Synthese* 130: 441-60.

Corazza, E. 2005. On Epithets *Qua* Attributive Anaphors .*Journal of Linguistics* 41: 1-32.

Corazza, E. 2011. Unenriched Subsentential Illocutions. *Philosophy and Phenomenological Research* 83: 560-82.

Corazza, E., W. Fish, and J. Gorvett 2002. Who is I? *Philosophical Studies* 107: 1-21.

Crimmins, M. 1992. *Talk About Beliefs.* Cambridge, MA: The MIT Press.

Crimmins, M. and J. Perry 1989. The Prince and the Phone Booth. *Journal of Philosophy* 86: 685-711.

Crowley, T. and C. Bowern 2010. *An Introduction to Historical Linguistics*, 4th edn. Oxford: Oxford University Press.

Cruse, D. A. 1986. *Lexical Semantics.* Cambridge: Cambridge University Press.

Cuenca, J. M. 2000. Defining the Indefinable? Interjections. *Syntaxtis* 3: 29-44.

Davidson, D. 1979a. Quotation. *Theory and Decision* 11: 27-40. Reprinted in D. Davidson, *Inquiries Into Truth and Interpretation.* Oxford: Clarendon Press, 79-92.

Davidson, D. 1979b. Moods and Performances. In A. Margalit (ed.), *Meaning and Use.* Amsterdam: Reidel Publishing Company. Reprinted in D. Davidson, *Inquiries Into Truth and Interpretation.* Oxford: Clarendon Press, 109-21.

Davis, H. 1989. What Makes Bad Language Bad? *Language and Communication 9:* 1-9.

Davison, A. 1983. Linguistic or Pragmatic Description in the Context of the Performadox. *Linguistics and Philosophy* 6: 499-526.

DeRose, K. and R. E. Grandy 1999. Conditional Assertions and 'Biscuit' Conditionals. *Nous* 33: 405-20.

Dever, J. 2001. Complex Demonstratives. *Linguistics and Philosophy* 24: 271-330.

Dickey, E. 1997. Forms of Address and Terms of Reference. *Journal of Linguistics* 33: 255-74.

Donne lan, K. 1972. Proper Names and Identifying Descriptions. In D. Davidson and G. Harman (eds), *Semantics of Natural Language.* Dordrecht: Reidel, 356-79.

Dummett, M. 1973. *Frege: Philosophy of Language.* London: Duckworth.

Durkin. P. 2009. *The Oxford Guide to Etymology.* Oxford: Oxford University Press.

Egan, A. 2009. Billboards, Bombs and Shotgun Weddings. *Synthese* 166: 251-79.

Elugardo, R. and R. Stainton 2004a. *Ellipsis and Nonsentential Speech.* Dordrecht: Kluwer.

Elugardo, R. and R. Stainton 2004b. Shorthand, Syntactic Ellipsis, and the Pragmatic Detenninants of What Is Said. *Mind and Language* 19: 44-471.

Fillmore, C. 1975. *Santa Cruz Lectures on Deixis 1971.* Indiana University Linguistic Club.

Forbes, G. 1990. The Indispensability of *Sinn. The Philosophical Review* 99: 535-63.

Forbes, G. 1996. Substitutivity and the Coherence of Quantifying In. *Philosophical Review* 105: 337-72.

Forbes, G. 1997. How Much Substitutivity. *Analysis* 57: 109-13.

Forbes, G. 2006. *Attitude Problems.* Oxford: Clarendon Press.

Forston, B. W. 2003. An Approach to Semantic Change. In B. D. Joseph and R. D. Janda (eds), *The Handbook of Historical Linguistics.* Oxford: Blackwell.

Fraser, B. 1996. Pragmatic Markers. *Pragmatics* 6: 167-90.

Frege, G. 1879. Conceptual Notation. In G. Frege, *Conceptual Notation and Related Articles.* Oxford: Clarendon Press.

Frege, G. 1892. On Sense and Reference. In P. Geach and M. Black (eds), *Translations from the Philosophical Writings of Gottlob Frege.* Oxford: Basil Black- well, 56-78.

Frege, G. 1897. Logic. In H. Hermes, F. Kambartel, and F. Kaulbach (eds), *Posthomous Writings: Gottloh Frege.* Oxford: Blackwell, 1979.

Frege, G. 1918. The Thought. In P. Strawson (ed.), *Philosophical Logic.* Oxford: Clarendon Press.

García-Carpintero, M. 1994. Ostensive Signs: Against the Identity Theory of Quotation. *The Journal of Philosophy* 91: 253-64.

García-Carpintero, M. 2004. The Deferred Ostension Theory of Quotation. *Nous* 38: 674-92.

García-Carpintero, M. and M. Kölbel (eds.) 2008. *Relative Truth.* Oxford: Oxford University Press.

Gazdar, G. 1979. Pragmatics: Implicature, Presupposition, and Logical Form. San Diego, CA: Academic Press.

Geeraerts, D. 2010. *Theories of Lexical Semantics.* Oxford: Oxford University Press.

Geurts, B. 1985. Generics. *Journal of Semantics* 4: 247-55.

Geurts, B. 1997. Good News About the Description Theory of Names. *Journal of Semantics* 14: 319-48.

Geurts, B. 1998. The Mechanisms of Denial. *Language* 74: 274-307.

Glanzberg, M. 2002. Context and Discourse. *Mind and Language* 17: 333-75.

Gorvett, J. 2005. Back Through the Looking Glass: On the Relationships Between Intentions and Indexicals. *Philosophical Studies* 124: 295-312.

Green, K. and R. Kortum 2007. Can Frege's *Farbung* Help Explain the Meaning of Ethical Terms? *Essays in Philosophy* 8: article 10.

Green, M. and J. Williams 2007. Introduction and Historical Context. In M. Green and J. Williams (eds), *Moore's Paradox: New Essays on Belief, Rationality and the First Person.* Oxford: Clarendon Press.

Grice, P. 1991. *Studies in the Way of Words.* Cambridge, MA: Harvard University Press.

Grim, P. 1981. A Note on the Ethics of Theories of Truth. In Vetterling-Braggin 1981: 290-8.

Haegeman, L. 1994. *Introduction to Government and Binding Theory.* Oxford: Blackwell.

Halliday M. A. K., M. McIntosh, and P. Strevens 1964. *The Linguistic Sciences and Language Teaching.* London: Longman.

Harada, S. I. 1976. Honorifics. In M. Shibatani (ed.), *Syntax and Semantics Vol. 5, Japanese Generative Grammar.* New York: Academic Press, 499-561.

Harris, R. 1987. Mentioning the Unmentionable. *International Journal of Moral and Social Studies* 2: 175-88.

Hart, W. D. 1970. On Self-Reference. *Philosophical Review* 79: 523-8.

Heal, J. 1994. Moore's Paradox: A Wittgensteinian Approach. *Mind* 103: 5-24.

Hintikka, J. 1962. *Cogito, Ergo Sum:* Inference or Performance? *Philosophical Review* 71: 3-32.

Holmes, J. 1992. *An Introduction to Sociolinguistics.* London: Longman.

Horn, C. 2008. The Semantics of Racial Epithets. *Journal of Philosophy* 105: 416-40.

Horn, L. 1989. *A Natural History of Negation.* Stanford: CSLI.

Hornsby, J. 2001. Meaning and Uselessness: How to Think About Derogatory Words. In P. French and H. Wettstein (eds), *Midwest Studies in Philosophy* 25: 128-41.

Hornstein, N. 1995. *Logical Form: From GB to Minimalism.* Oxford: Blackwell.

Hughes, G. 1991. *Swearing: A Social History of Foul Language, Oaths, and Profanity in English.* Oxford: Blackwell.

James, D. 1998. Gender-Linked Derogatory Terms and Their Use by Women and Men. *American Speech* 73: 399-420.

Jucker, A. H. 1993. The Discourse Marker *well*: A Relevance-Theoretical Account. *Journal of Pragmatics* 19: 435-52.

Kamp, H. 1971. Formal Properties of 'Now'. *Theoria* 37: 227-73.

Kaplan, D. 1977. Demonstratives (ms.). Reprinted in J. Almog, J. Perry, and H. Wettstein (eds), *Themes from Kaplan.* Oxford: Oxford University Press, 481-563.

Kaplan, D. 1986. Opacity. In L. E. Hahn, P. A. Schilpp, and W. V. Quine (eds), *The Philosophy of Quine.* La Salle, IL: Open Court, 229-68.

Kaplan, D. 1989. Afterthoughts. In J. Almog, J. Perry, and H. Wettstein (eds), *Themes From Kaplan.* Oxford: Oxford University Press, 565-614.

Kaplan, D. 1990. Words. *The Aristotelian Society*, Supplementary Volume, LXIV.

Kaplan, D. 1999. What Is Meaning? Explorations in the Theory of Meaning as Use. Brief Version, Draft 1. Ms.

Katz, J. 1990. Has the Description Theory of Names Been Refuted? In G. Boolos (ed.), *Meaning and Method: Essays in Honor of Hilary Putnam.* Cambridge: Cambridge University Press, 31-61.

Katz, J. 1994. Names Without Bearers. *The Philosophical Review* 103: 1-39.

Kennedy, R. and T. Zamuner 2006. Nicknames and the Lexicon of Sports. *American Speech* 81: 387-422.

King, J. 2001. *Complex Demonstratives: a Quantificational Approach.* Cambridge, MA: MIT Press.

King, J. and J. Stanley 2005. Semantics, Pragmatics, and the Role of Semantic Content. In Z. Szabó(ed.), *Semantics vs. Pragmatics.* Oxford: Oxford University Press, 111-64.

Kissine, M. forthcoming. *From Utterances to Speech Acts.* Cambridge: Cambridge University Press.

Kneale, W. and M. Kneale 1962. *The Development of Logic.* Oxford: Oxford University Press.

Kölbel, M. 2002. *Truth Without Objectivity.* London: Routledge.

Krasner, D. A. 2006. Smith on Indexicals. *Synthese* 153: 49-67.

Kratzer, A. 1999. Beyond Ouch and Oops: How Descriptive Content and Expressive Meaning Interact. Ms.

Kratzer, A. 2006. Interpreting Focus: Presupposed or Expressive Meanings? *Theoretical Linguistics* 30: 123-36.

Kripke, S. 1977. Speakers Reference and Semantic Reference. In P. A. French, T. E. Uehling, and H. Wettstein (eds), *Contemporary Perspectives in the Philosophy of Language.* Minneapolis: University of Minnesota Press, 6-27. Reprinted in A. P. Martinich (ed.), *The Philosophy of Language.* Oxford: Oxford University Press, 249-68.

Kripke, S. 1979. A Puzzle About Belief. In A. Margalit (ed.), *Meaning and Use.* Dordrecht: Reidel.

Kripke, S. 1980. *Naming and Necessity*, 2nd edn. Cambridge, MA: Harvard University Press.

Kripke, S. 2011. The First Person. In S. Kripke, *Collected Papers Vol. 1*. Oxford: Oxford University Press.

Kürne. W. 1992. Hybrid Proper Names. *Mind* 101: 721-31.

Lakoff, G. 1972. Linguistics and Natural Logic. In D. Davidson and G. Harman (eds), *Semantics of Natural Language*. Dordrecht: Reidel.

Lakoff, R. 1975. *Language and Woman's Place*. New York: Harper and Row. Excerpts reprinted in Vetterling-Braggin 1981: 60-7.

Lasersohn, P. 2005. Context Dependence, Disagreement, and Predicates of Personal Taste. *Linguistics and Philosophy* 28: 643-86.

Lasersohn, P. 2007. Expressives, Perspective and Presupposition. *Theoretical Linguistics* 33: 223-30.

Lawlor, C. andj. Perry 2008. Moore's Paradox. *Australasian Journal of Philosophy* 86: 421-7.

Levinson, S. C. 1983. *Pragmatics*. Cambridge: Cambridge University Press.

Lewis, D. 1970. General Semantics. *Synthese* 22: 18-67. Reprinted in D. Lewis, *Philosophical Papers, Volume I*. Oxford: Oxford University Press.

Lewis, D. 1975. Languages and Language. In Keith Gunderson (ed.), *Minnesota Studies in the Philosophy of Science, Volume VII*. Minneapolis: University of Minnesota Press, 3-35.

Lewis, D. 1980. Index, Context, and Content. In S. Kanger and S. Öhman (eds), *Philosophy and Grammar*. Dordrecht: Reidel. Reprinted in D. Lewis, *Papers in Philosophical Logic*. Cambridge: Cambridge University Press.

Ludlow, P. 2004. A Note on Alleged Cases of Nonsentential Assertion. In Elugardo and Stainton 2004a: 95-108.

Lycan, W. G. 1974. Eternal Sentences Again. *Philosophical Studies* 26: 411-18.

McCawley, J. 1988. *The Syntactic Phenomena of English*. Chicago: University of Chicago Press.

McCawley, J. 1991. Contrastive Negation and Metalinguistic Negation. *Chicago Linguistic Society* 27: 189-206.

McEnery, T. 2006. *Swearing in English. Bad language, Purity and Power from 1586 to the Present*. London: Routledge.

MacFarlane, J. 2003. Future Contingents and Relative Truth. *The Philosophical Quarterly* 53: 321-36.

MacFarlane, J. 2005. Making Sense of Relative Truth. *Proceedings of the Aristotelian Society* 105: 321-39.

MacFarlane, J. 2008. Truth in the Garden of Forking Paths. In M. Kölbel and M. García-Carpintero (eds), *Relative Truth*. Oxford: Oxford University Press, 81-102.

MacFarlane, J. 2009. Nonindexical Contextualism. *Synthese* 166: 231-250.

McKinsey, M. 2005. Critical Notice of Scott Soames. *Beyond Rigidity. Canadian Journal of Philosophy* 35: 149-68.

Macià, J. 2002. Presuposicion y Significado Expresivo.*Theoria: Revista de Teoria, Historia y Fundamentos de la Ciencia* 3: 499-513.

McMillan, J. B. 1980. Infixing and Interposing in English. *American Speech* 55: 163-83.

Marti, G. 2002. Review of Scott Soames 'Beyond Rigidity: the Unfinished Semantic Agenda of Naming and Necessity'. *Notre Dame Philosophical Reviews,* 12.

Marti, G. 2003. The Question of Rigidity in New Theories of Reference. *Nous* 37: 161-79.

Matushansky, O. 2008. On the Linguistic Complexity of Proper Names. *Linguistics and Philosophy* 21: 573-627.

Mittwoch, A. 1977. How to Refer to One's Own Words: Speech-Act Modifying Adverbials and the Performative Analysis. *Journal of Linguistics* 13: 177-89.

Montalbetti, M. 2003. Reference Transfers and the Giorgione Problem. In A. Barss (ed.), *Anaphora, A Reference Guide*. Oxford: Blackwell Publishing.

Mount, A. 2008. The Impurity of 'Pure' Indexicals. *Philosophical Studies* 138: 193-209.

Neale, S. 1999. Coloring and Composition. In K. Murasugi and R. Stainton (eds), *Philosophy and Linguistics*. Boulder, CO: Westview Press, 35-82.

Neu, J. 2008. *Sticks and Stones: The Philosophy of Insults*. Oxford: Oxford University Press.

Nevalainen, T. and S. Tanskanen (eds) 2007. *Letter Writing*. Amsterdam: John Benjamins.

Norrick, N. R. 2009. Interjections as Pragmatic Markers. *Journal of Pragmatics* 41: 866-91.

Nunberg, G. 1990. *The Linguistics of Punctuation*. Stanford, CA: CSLI.

O'Connell, D. C. and S. Kowal 2005. *Uh* and *Um* Revisited: Are They Interjections for Signaling Delay? *Journal of Psycholinguistic Research* 34: 555-76.

O'Connor, D. J. 1948. Pragmatic Paradoxes. *Mind* 57: 358-9.

Padilla Cruz, M. 2009. Towards an Alternative Relevance-Theoretic Approach to Interjections. *International Review of Pragmatics* 1: 182-206.

Pelczar, M. and J. Rainsbury 1998. The Indexical Character of Names. *Synthese* 114: 293-317.

Perry, J. 1977. Frege on Demonstratives. *The Philosophical Review* 86: 474-97.

Perry, J. 1979. The Problem of the Essential Indexical. *Nous* 13: 3-21.

Perry, J. 2001. *Reference and Reflexivity*. Stanford, CA: CSLI.

Perry, J. 2003. Predelli's Threatening Note: Contexts, Utterances, and Tokens in the Philosophy of Language. *Journal of Pragmatics* 35: 373-87.

Picardi, E. 2006. Colouring, Multiple Propositions, and Assertoric Content. *Grazer Philosophische Studien* 23: 49-71.

Poggi, I. 2003. Mind Markers. In M. Rector, I. Poggi, and N. Trigo (eds), *Gestures, Meaning and Use.* Porto: Universidad Fernando Pessoa.

Poggi, I. 2009. The Language of Interjections. In A. Esposito etal. (eds), *Multimodal Signals.* Berlin: Springer, 170-86.

Potts C. 2005. T*he Logic of Conventional Implicatures.* Oxford: Oxford University Press.

Potts C. 2007a. The Expressive Dimension, *Theoretical Linguistics* 33: 165-97.

Potts. C. 2007b. The Dimensions of Quotation. In C. Barker and P. Jacobson (eds), *Direct Compositionality.* Oxford: Oxford University Press, 405-31.

Potts, C. 2007c. The Centrality of Expressive Indexes. *Theoretical Linguistics* 33.

Potts. C. and T. Roeper 2006. The Narrowing Acquisition Path: From Declarative to Expressive Small Clauses. In L. Progovac, K. Paesani, E. Casielles-Suárez, and E. Barton (eds), *The Syntax of Nonsentential: Multi-disciplinary Perspectives.* Amsterdam: John Benjamins, 183-201.

Potts, C., L. Alonso-Ovalle, A. Asudeh, R. Bhatt, S. Cable, C. Davis, Y. Hara, A. Kratzer, E. McCready, T. Roeper, and M. Walkow 2009. Expressives and Identity Conditions. *Linguistic Inquiry* 40: 356-66.

Predelli, S. 1996. Never Put Off Until Tomorrow What You Can Do Today. *Analysis* 56: 85-91.

Predelli, S. 1998a. I Am Not Here Now. *Analysis* 58: 107-15.

Predelli, S. 1998b. Utterance, Interpretation, and the Logic of Indexicals. *Mind and Language* 13: 400-14.

Predelli, S. 1999. Saul, Salmon, and Superman. *Analysis* 59: 113-16.

Predelli, S. 2000. Who's Afraid of Substitutivity? *Nous* 34: 455-67.

Predelli, S. 2001a. Art, Bart, and Superman. *Analysis* 61: 310-13.

Predelli, S. 2001b. Names and Character. *Philosophical Studies* 103: 145-63.

Predelli, S. 2001c. Complex Demonstratives and Anaphora. *Analysis* 61: 53-9.

Predelli, S. 2002. Intentions, Indexicals, and Communication. *Analysis* 62: 310-16.

Predelli S. 2003a. Scare Quotes and Their Relation to Other Semantic Issues. *Linguistics and Philosophy* 26: 1-28.

Predelli, S. 2003b. 'Subliminable' Messages, Scare Quotes, and the Use Hypothesis. *Belgian Journal of Linguistics* 17: 153-66.

Predelli, S. 2005a. *Contexts. Meaning, Truth, and the Use of Language.* Oxford: Oxford University Press.

Predelli, S. 2005b. An Introduction to the Semantics of Message and Attachment. *Croatian Journal of Philosophy* 5: 139-55.

Predelli, S. 2008. 'I Exist'. The Meaning of 'I' and the Logic of Indexicals. *American Philosophical Quarterly* 45: 55-63.

Predelli, S. 2009a. Socrates and 'Socrates'. *American Philosophical Quarterly* 46: 203-12.

Predelli, S. 2009b. The Demonstrative Theory of Quotation. *Linguistics and Philosophy* 31:555-72.

Predelli, S. 2009c. Towards a Semantics for Biscuit Conditionals. *Philosophical Studies* 142: 293-305.

Predelli, S. 2010. Malapropisms and the Simple Picture of Communication. *Mind and Language* 25: 329-45.

Predelli, S. 2011a. I Am Still Not Here Now. *Erkenntnis* 74: 289-303.

Predelli, S. 2011b. Subsentential Speech and the Traditional View. *Linguistics and Philosophy* 34: 571-88.

Predelli, S. 2012a. Indexicality, Intensionality, and Relativist Post-Semantics. *Synthese* 184: 121-36.

Predelli, S. 2012b. Bare-Boned Demonstratives. *Journal of Philosophical Logic* 41: 547-62.

Preyer, G. and G. Peter (eds) 2002. *Logical Form and Language.* Oxford: Oxford University Press.

Putnam, H. 1954. Synonymy and the Analysis of Belief Sentences. *Analysis* 14: 114-22.

Quine, W. V. O. 1960. *Word arid Object.* Cambridge: The MIT Press.

Quine, W. V. O. 1961. Reference and Modality. In W. Quine, *From a Logical Point of View.* New York: Harper and Row, 139-57. Reprinted in L. Linsky (ed.), *Reference and Modality.* Oxford: Oxford University Press, 17-34.

Quine, W. V. O. 1968. Ontological Relativity. *Journal of Philosophy* 65: 185-212.

Rawson, H. 1989. *Wicked Words.* New York: Crown Trade Paperback.

Recanati, F. 1987. *Meaning and Force: The Pragmatics of Performative Utterances.* Cambridge: Cambridge University Press.

Recanati, F. 1993. *Direct Reference. From Language to Thought.* Oxford: Blackwell.

Recanati, F. 2007. Indexicality, Context, and Pretense: a Speech-Act Theoretic Account. In N. Burton-Roberts (ed.), *Advances in Pragmatics.* Basingstoke: Palgrave Macmillan.

Recanati, F. 2010. *Truth-Conditional Pragmatics.* Oxford: Oxford University Press.

Reimer, M. 1991a. Demonstratives, Demonstrations, and Demonstrata. *Philosophical Studies* 63: 187-202.

Reimer, M. 1991b. Do Demonstrations Have Semantic Significance? *Analysis* 51: 177-83.

Reimer, M. 1992. Three Views of Demonstrative Reference. *Synthese* 93: 373-402.

Reimer, M. 1996. Quotation Marks: Demonstratives or Demonstrations? *Analysis* 56: 131-41.

Richard, M. 1990. *Propositional Attitudes: an Essay on Thoughts and How We Ascribe Them.* Cambridge: Cambridge University Press.

Richard, M. 2008. *When Truth Gives Out.* Oxford: Oxford University Press.

Rieber, S. 1997. Conventional Implicatures as Tacit Performatives. *Linguistics and Philosophy* 20: 51-72.

Romdenh-Romluc, K. 2002. Now the French Are Invading England! *Analysis* 62: 34-41.

Ross, J. R. 1970. On Declarative Sentences. In R. A. Jacobs and P. S. Rosenbaum (eds), *Readings in English Transformational Grammar.* Washington: Georgetown University Press, 222-72.

Ross, S. 1981. How Words Hurt: Attitude, Metaphor, and Oppression. In Vetterling- Braggin 1981: 194-213.

Rundle, B. 1983. Conjunctions: Meaning, Truth, and Tone. *Mind* 92: 386-406.

Russell, B. 1905. On Denoting. *Mind* 14: 479-93.

Sadock, J. M. 1974. *Toward a Linguistic Theory of Speech Acts.* New York: Academic Press.

Saka, P. 1998. Quotation and the Use-Mention Distinction. *Mind* 107: 113-36.

Saka, P. 2007. *How To Think About Meaning.* Dordrecht: Springer.

Salmon, N. 1986. *Frege's Puzzle.* Cambridge, MA: MIT Press.

Salmon, N. 1991. How *Not* to Become a Millian Heir. *Philosophical Studies* 62: 165-77.

Salmon, N. 2002. Demonstrating and Necessity. *The Philosophical Review* 111: 497-538.

Sauerland, U. 2007. Beyond Unpluggability. *Theoretical Linguistics* 33: 231-6.

Saul, J. 1997. Substitution and Simple Sentences. *Analysis* 57: 102-8.

Sayward, C. 1968. Propositions and Eternal Sentences. *Mind* 77: 537-42.

Schiffrin, D. 1988. *Discourse Markers.* Cambridge: Cambridge University Press.

Schlenker, P. 2003. A Plea for Monsters. *Linguistics and Philosophy* 26: 29-120.

Schlenker, P. 2007. Expressive Presuppositions. *Theoretical Linguistics* 33: 237-45.

Schourup, L. 2001. Rethinking Well. *Journal of Pragmatics* 33: 1026-60.

Searle, J. R. 1969. *Speech Acts. An Essay in the Philosophy of Language.* Cambridge: Cambridge University Press.

Searle, J. R. 1975. A Taxonomy of Illocutionary Acts. In K. Gunderson (ed.), *Language, Mind and Knowledge.* Minneapolis: University of Minnesota Press, 344-69.

Searle, J. 1976. A Classification of Illocutionary Acts. *Language in Society* 5: 1-23.

Searle, J. 1989. How Performatives Work. *Linguistics and Philosophy* 12: 535-58.

Searle, J. R. and D. Vanderveken 1985. *Foundations of Illocutionary Logic.* Cambridge: Cambridge University Press.

Seuren, P. 1990. Burton-Roberts on Presupposition and Negation. *Journal of Linguistics* 26: 425-53.

Seuren, P., V. Capretta, andj. H. Geuvers 2001. The Logic and Mathematics of Occasion Sentences. *Linguistics and Philosophy* 24: 531-95.

Sidelle, A. 1991. The Answering Machine Paradox. *Canadian Journal of Philosophy* 21: 525-39.

Siegel, M. 2002. *Like:* The Discourse Particle and Semantics .*Journal of Semantics* 19: 35-71.

Siegel, M. 2006. Quantification Over Potential Literal Acts. *Linguistics and Philosophy* 29: 167-203.

Smith, Q. 1989. The Multiple Uses of Indexicals. *Synthese* 78: 167-91.

Soames, S. 1987a. Direct Reference, Propositional Attitudes, and Semantic Content. *Philosophical Topics* 15: 47-87.

Soames, S. 1987b. Substitutivity. In J. J. Thomson (ed.), *On Being and Saying: Essays for Richard Cartwright.* Cambridge, MA: MIT Press, 99-132.

Soames, S. 2002. *Beyond Rigidity.* Oxford: Oxford University Press.

Soames, S. 2005. Beyond Rigidity: Reply to McKinsey. *Canadian Journal of Philosophy* 35: 169-78.

Sorensen, R. 1988. *Blindspots.* Oxford: Oxford University Press.

Sorensen, R. 2007. Can the Dead Speak? In S. Nuccetelli and G. Seay (eds), *Themes from G. E. Moore: New Essays in Epistemology and Ethics.* Oxford: Oxford University Press, 158-80.

Sorensen, R. 2008. Empty Quotation. *Analysis* 68: 57-61.

Sperber, D. and D. Wilson 1981. Irony and the Use-Mention Distinction. In P. Cole (ed.),

Radical Pragmatics. New York: Academic Press, 295-318.

Stainton, R. 1997. What Assertion Is Not. *Philosophical Studies* 85: 57-73.

Stalnaker, R. 1987. *Inquiry.* Cambridge, MA: MIT Press.

Stanley, J. 2000. Context and Logical Form. *Linguistics and Philosophy* 23: 391-434.

Stenner, A. J. 1981. A Note on Logical Truth and Non-Sexist Semantics. In Vetterling-Braggin 1981: 299-306.

Stevens, G. 2009. Utterance at a Distance. *Philosophical Studies* 143: 213-21.

Sutton, L. A. 1995. Bitches and Skankly Hobags: The Place of Women in Contemporary Slang. In K. Hall and M. Bucholz (eds), *Gender Articulated: Language and the Socially Constructued Self.* London: Routledge, 279-96.

Szabó, Z. G. 1999. Expressions and Their Representations. *Philosophical Quarterly* 50: 145-63.

Taylor, K. 1981. Reference and Truth: The Case of Sexist and Racist Utterances. In Vetterling-Braggin 1981: 307-17.

Textor, M. 2007. Frege's Theory of Hybrid Proper Names Developed and Defended. *Mind* 116: 947-81.

Thorne, T. 1990. *The Dictionary of Contemporary Slang.* New York: Pantheon Books.

Tirrell, L. 1999. Derogatory Tenns: Racism, Sexism, and the Inferential Role Theory of Meaning. In C. Hendricks and K. Oliver (eds), *Language and Liberation: Feminism, Philosophy, and Language.* Albany, NY: SUNY Press, 41-79.

Travis, C. 1997. Pragmatics. In B. Hale and C. Wright (eds), *A Companion to the Philosophy of Language.* Oxford: Blackwell Publishers.

Truncellito, D. A. 2000. Which Type is Tokened by a Token of a Word-Type? *Philosophical Studies* 97: 251-66.

Tzohatzidis, S. L. 1992. Pronouns of Address and Truth Conditions. *Linguistics* 30: 569-75.

Vetterling-Braggin, M. (ed.) 1981. *Sexist Language. A Modern Philosophical Analysis.* Littlefields: Adams and Co.

Vision, G. 1985. I Am Here Now. *Analysis* 45: 198-9.

Voltolini, A. 2006. Fiction as a Base of Interpretation Contexts. *Synthese* 153: 23-47.

Washington, C. 1992. The Identity Theory of Quotation. *The Journal of Philosophy* 89: 582-605.

Wettstein, H. 1995. *Has Semantics Rested on a Mistake?* Stanford, CA: Stanford University Press.

Wharton, T. 2003. Interjections, Language, and the 'Showing'/'Saying' Continuum. *Pragmatics and Cognition* 11: 39-91.

Wierzbicka, A. 1992. The Semantics of interjection. *Journal of Pragmatics* 18: 159-92.

Wilkins. D. P. 1992. Interjections as Deictics. *Journal of Pragmatics* 18: 119-58.

Williams, J. N. 1979. Moore's Paradox: One or Two? *Analysis* 39: 141-2.

Williamson, T. 2009. Reference, Inference and the Semantics of Pejoratives. In J. Almog and P. Leonardi (eds), *The Philosophy of David Kaplan.* Oxford: Oxford University Press, 137-58.

Wilson, D. and D. Sperber 1992. On Verbal Irony. *Lingua* 87: 53-76.

Wilson, D. and D. Sperber 1993. Linguistic Form and Relevance. *Lingua* 90: 1-25.

Wittgenstein, L. 1974. *Letters to Russell, Keynes, and Moore.* Ithaca, NY: Cornell University Press.

Woods, J. 1965. Paradoxical Assertion. *Australasian Journal of Philosophy* 43: 13-26.

Zimmerman, T. 1997. The Addressing Puzzle. In W. Künne, A. Newen, and M. Anduschus (eds), *Direct Reference, Indexicality, and Propositional Attitudes.* Stanford, CA: CSLI Publications, 133-53.

Zwicky, A. 1974. Hey, Whatsyourname! In M. W. LaGaly, R. A. Fox, and A. Bruck (eds), *Papers from the Tenth Regional Meeting, Chicago Linguistic Society.* Chicago: Chicago Linguistic Society.

Zwicky, A. 2003. The Other F Word. *Out* 115: 82-4.

Zwicky, A., P. Salus, R. Binnick, and A. Vanek (eds) 1971. *Studies Out in Left Field: Defamatory Essays Presented to James D. McCawley.* Edmonton: Linguistic Research Inc.

索　引